天

Borderless

下

博稽古今　融汇天下

天
Borderless
下

博
观

L'Ancien Régime et la Révolution

旧制度与大革命

[法]亚力克西 · 德 · 托克维尔 著

钟书峰 译

法律出版社 LAW PRESS · CHINA

北京

图书在版编目(CIP)数据

旧制度与大革命 / (法) 亚历克西・德・托克维尔著; 钟书峰译.——北京：法律出版社, 2019（2025.12重印）.
ISBN 978-7-5197-3088-8

Ⅰ. ①旧… Ⅱ. ①亚… ②钟… Ⅲ. ①法国大革命—研究 Ⅳ. ①K565.41

中国版本图书馆CIP数据核字(2019)第023536号

旧制度与大革命
JIUZHIDU YU DAGEMING

作　　者：［法］亚历克西・德・托克维尔
责任编辑：韩满春
装帧设计：贾丹丹
出版发行：法律出版社
编辑统筹：学术・对外出版分社
责任校对：杨锦华
责任印制：胡晓雅　宋万春
经　　销：新华书店
开　　本：A5
印　　张：11.875
字　　数：261千
版　　本：2019年3月第1版
印　　次：2025年12月第3次印刷
印　　刷：保定市中画美凯印刷有限公司
书　　号：ISBN 978-7-5197-3088-8
定　　价：68.00元

销售电话：010-83938349　客服电话：010-83938350　咨询电话：010-63939796
地　　址：北京市丰台区莲花池西里7号(100073)
网　　址：www.lawpress.com.cn
投稿邮箱：info@lawpress.com.cn
举报盗版邮箱：jbwq@lawpress.com.cn
凡购买本社图书，如有印装错误，我社负责退换。电话：010-83938349

作 者 简 介

亚力克西 · 德 · 托克维尔

Alexis de Tocqueville，1805 ~1859

法国历史学家、社会学家，出身贵族世家，亲历法国大革命五大时期（法兰西第一帝国、波旁王朝、七月王朝、法兰西第二共和国、法兰西第二帝国）。前期热心于政治，1848 年二月革命后曾参与第二共和国宪法的制定，1849 年一度出任外交部长。后对政治日益失望，退出政界，潜心写书。主要代表作有《论美国的民主》《旧制度与大革命》等。

译 者 简 介

钟书峰

生于 1969 年 5 月，江西省龙南县人，法学博士，已翻译作品二百余万字，代表译著有卢梭《社会契约论》、孟德斯鸠《论法的精神》、托克维尔《旧制度与大革命》、泰戈尔《萨达那：生命的证悟》等经典作品以及美国《不动产》《美国财产法精解》等专业书籍，在法学核心期刊发表论文若干。

目录

译 序

托克维尔的历史深思

——兼谈为何重译《旧制度与大革命》

在《旧制度与大革命》被主流媒体推荐阅读之前,这本书及其作者托克维尔,只是极少数象牙塔人士偶尔谈论的话题;在被推荐阅读之后,无论是学者还是读者,几乎都会不约而同地提到《旧制度与大革命》及其作者托克维尔,以至于倘若不提一提托克维尔及其著作,似乎就是一名不合格的学者,似乎就是不关心当下中国命运的读者。

一、料事如神而又矛盾分裂的托克维尔

托克维尔家族姓氏原为"克雷莱尔"。1661年,这个古老的贵族家庭在塞纳河畔的诺曼底取得托克维尔封地后,把姓氏改为"托克维尔"。托

克维尔的全称,一般写成亚历克西·德·托克维尔,其实完整的全名是“亚历克西·夏尔·亨利·莫里斯·克雷莱尔·德·托克维尔”。1794 年,托克维尔的曾外祖父——贵族马尔泽尔布由于担任国王路易十六的辩护律师,遭大革命政府处死;其正在度蜜月的父母受牵连,也遭大革命政府逮捕并被判处死刑,但因发生热月政变才得以获释。

托克维尔是法国历史学家、社会学家,历经法兰西第一帝国、波旁复辟王朝、七月王朝、法兰西第二共和国、法兰西第二帝国等五个“朝代”。托克维尔曾担任凡尔赛初审法院法官,后长期担任众议员,还一度短暂出任法兰西第二共和国外交部长。1851 年 12 月 2 日,路易·拿破仑·波拿巴发动政变,并下令解散国民议会。托克维尔与其他议会代表在巴黎聚集对抗政变,遭政变当局逮捕,但在被关押两天后,托克维尔即获释。此后,他对政治日益失望,与英裔妻子隐居乡间城堡,开始撰写《旧制度与大革命》,于 1856 年出版全书第一卷,第二卷尚未完稿就因病去世。

在《旧制度与大革命》之前,托克维尔就出版了给他带来盛誉的两卷本《论美国的民主》。在书中,他似乎有一种料事如神的本领,例如成功预测美国将发生南北战争、美国将吞并当时尚属墨西哥的得克萨斯、美俄两国将统治全球。在法国现实政治生活中,托克维尔同样具有预见性,例如,1848 年 1 月 27 日,他在众议院发表演讲时,就准确预见法国二月革命即将发生。因此,后世有人把托克维尔尊称为未来学奠基人。

倘若认真阅读托克维尔的著作尤其是《旧制度与大革命》,不难看出,有着显赫家世和复杂经历的托克维尔,虽然提出了诸多独特见解,但却是一个矛盾而分裂的历史人物。例如,阐述自由时无处不体现卢梭的普世自由和人权理论,却又似乎想竭力否认自己身上的卢梭印记而独尊孟德斯鸠；明明熟读伯克、梯也尔等人撰写的有关法国大革命的著作并从中受益良多，却又企图否认那些著作的影响，而且还时不时以尖酸刻薄的笔触讽刺挖苦他们及其著作；自身家族是法国大革命的受害者，却在多数时候能够冷静分析法国大革命；是法国大革命的辩护者，却又是法国大革命的批判者；从宏微观揭示法国贵族的堕落状况，却又认为唯有法国贵族保留了法兰西的自由种子；认同法国包括宗教革命在内的社会革命必然性以及社会革命与政治革命存在无法割断的联动关系，却又天真地梦想政治革命可以与社会革命截然分开；试图客观公正地评价历史事件，但是，一旦触及实际利益，却又把史学家的客观公正抛到九霄云外；极其崇尚民族自由，以辛辣之笔鞭挞外国在法国大革命后对法国内政的干涉，却又在现实中热烈欢呼英国对中国舟山的侵略行动……

二、视角独特而警醒世人的《旧制度与大革命》

托克维尔《旧制度与大革命》法文原著，于 1856 年出版，是一部研究与反思轰轰烈烈的法国大革命的专著，其研究视角比较独特。作者在前言中就开宗明义："目前出版的这本书，非写法国大革命史。该历史，早有人写得很精彩，我根本不会考虑再写。本书仅研究那场大革命。"我们应注意，与主流史学阶段划分不同，他把从 1789 年起至 1849 年路易・拿破仑・波拿巴上台止的六十年，视为一个整体，统称为法国大革命历史时期。

作者运用史学的档案资料研究分析方法、社会学的阶级分析方法、哲学的矛盾普遍性与特殊性和必然性与偶然性相结合的辩证方法等，主要探讨如下内容：(1)貌似繁荣昌盛的法国封建王朝，如何堕落衰败，如何不得人心。(2)追求自由、民主、平等的法国大革命,何以背离革命初衷,何以造成社会动荡。(3)旨在摧毁一切旧制度的新政权,为何不久又重现旧政权的不少法律制度、治国精神、习惯做法乃至思维模式。总而言之,托克维尔认为:势不可当的法国大革命,伟大而不美好。

寻章摘句表示自己曾经阅读某书并藉以表达读后感想,似乎是世界通例。作为译者的读者,权且也服从这一习惯,说说托克维尔在《旧制度与大革命》中的历史深思。

1. 果真是"最危险之时,往往就是着手改革之际"吗?

从网上网下来看,《旧制度与大革命》被人引用最多的一句话,就是:"最危险之时,往往就是着手改革之际。"有不少人据此引申出一个结论:不改革等死,改革找死。对于如此结论,相信九泉之下的托克维尔倘若有知,都会感到无比惊讶。

首先,应当注意,这句语出第三编第四章"旧王朝最繁荣的路易十六统治时期何以加速大革命降临"的完整原文,是"就坏政府而言,最危险之时,往往就是着手改革之际"。也就是说,托克维尔是针对坏政府而不是好政府作出的判断,好政府不存在这个问题。

其次,要联系上下文理解托克维尔的观点。18 世纪大革命前的法国封建王朝,貌似非常繁荣,其实不然,只是金玉其外、败絮其中。从史实上考察,就繁荣的主要指标之一财政状况而言,到路易十六统治时期,旧王朝遭遇前所未有的困难,财政总监走马灯似地换了一个又一个,仍然无法解决财政危机,从而被迫召开已停开一百多年的三级会议。托克维尔在前言中就指出:在法国旧王朝这种危害最大的专制社会中,"无所谓安居乐业,人人焦虑不已,渴望挤为人上人,唯恐沦为人下人;金钱,成为尊卑贵贱的主要标志,具有独特的流动性,不断转手,改变个人的社会地位,提升或者降低家庭的社会地位。"托克维尔在正文中进一步揭示,路易十六在位期间存在非常严重的阶层分裂、吏治腐败、司法不独立等重重弊端;在第二编第十二章,专门阐述贵族、有权人、有钱人纷纷抛弃农村迁往城市,农村无人过问,底层民众过着极度贫困的生活,其境况有时甚至比13世纪时期更糟糕。

最后,托克维尔在第二编第六章"旧王朝行政管理模式"中,就已明确指出:法国旧王朝政府,"罕见实施最需要实施的改革,或者很快就放弃此种改革。"历史也告诉我们:在1789年前,对于强烈要求实行改革的人民呼声,法国封建王朝政府一直采取漠视、反对甚至镇压的态度,政府与民众之间的积怨已经很深。因此,本质上,法国封建王朝是一个拒绝改革的政府,而且其不少所谓改革,是被逼到墙角时才实施的敷衍改革。

20世纪90年代初,苏联共产党及其治下的苏联,就是一个拒绝改革的典型,就是一个被逼到墙角都在拖延改革的政权。这样一个脱离人民、任由特权横行而无法提供公平正义的政党政权,轰然倒塌,竟然无一男儿为之挺身而出,是再正常不过之事,因为这根本不值得任何有理智的血性男儿为之呼吁、为之献身。

无论是高层政要,还是知名学者,抑或是普通读者,在阅读《旧制度与大革命》时,都难免会联系当前中国的社会现实。当然,中国的目前状况,很难与大革命前的法国旧王朝或者冷战末期的苏联简单类比。但是,遥想离我们年代久远的法国旧王朝,联想我们记忆犹新的苏联,作为本书译者,希望人们阅读《旧制度与大革命》后能够认识到,这三十多年建设成就巨大而问题积累也颇多的中国的出路,就是要搞真改革,就是要主动改革,就是要加快改革,就是要综合配套改革。

2. 警惕"大自由"之后会有"大奴役"

有位记者采访我时问,《旧制度与大革命》哪句话最令我印象深刻？答曰："追求过大自由，就会陷入过大奴役！"这句话，语出本书第三编第一章"文人何以在18世纪中期成为政治权威及其影响"。追求自由、民主、平等的法国大革命，是一场你方唱罢我登台的派系林立的革命，最终走向革命暴政，走向革命专制，结果导致滥杀无数无辜，非常血腥。用惨遭雅各宾派以莫须有罪名送上断头台的罗兰夫人的临终名言来说，就是："自由，自由，多少罪恶假汝而行！"

《旧制度与大革命》在这方面给我们的启示是，自由是有边界的，改革是有边界的，革命也是有边界的，不能不受任何约束，更不能搞一股脑儿地全盘否定，过于激进，过于极端，反而会事与愿违，最终会陷入奴役与被奴役的境地。

3."历史大事，近看不如远观"

"历史大事，近看不如远观"这句话，语出《旧制度与大革命》第一编第一章"大革命爆发之初人们褒贬不一"。它颇有苏轼《题西林壁》中"不识庐山真面目，只缘身在此山中"的诗句韵味。看历史，往往是越延后往回看，看得就越清楚。比如，评价给我们带来巨大浩劫的那场"文化大革命"，在1970年代，有比在1980年代公允吗？有比在21世纪的现在清醒吗？肯定没有。所以说，尽管在托克维尔之前，有梯也尔、米涅、米什勒、路易·勃朗、拉马丁等学者撰写的法国大革命史著作，或许这些著作都有比较全面的论述或者独到的见解，但是，不妨也读读托克维尔的《旧制度与大革命》，或许会有新的收获。

三、为何重译《旧制度与大革命》

上述两方面，可以说是促使我重译《旧制度与大革命》的两个原因。当然，重译本书，还有其他考虑。

2012年5月、7月,我先后翻译出版了孟德斯鸠的《论法的精神》(选译本)和卢梭的《社会契约论》。这两本书都是欧洲尤其是法国启蒙运动的代表作。早在2010年着手翻译这两本书时,我就在想,法国人究竟是如何评价在这两本书指导下发生的大革命以及大革命后的资产阶级政权的?要是翻译完这两本书后,有机会翻译出版反思与研究大革命的《旧制度与大革命》,就会是我翻译过程中的三部曲,就会是比较完美的围绕法国启蒙运动及其影响的翻译历程。因此,在那时,我就在做有关准备工作,并预计待拙译《论法的精神》与《社会契约论》出版后,一定会有书商或者出版社找上门来,邀请我翻译《旧制度与大革命》。到2012年8月左右,等来了中国长安出版社项目经理兼北京究竟文化传播有限公司总经理吴金岭先生,他非常恳切地找我翻译出版本书。再到后来,将拙译与商务印书馆译本的部分对照版发到网上后,主动找我或者争取我到其出版社出版拙译《旧制度与大革命》的出版社将近十家。

1992年,商务印书馆出版由冯棠译、桂裕芳与张芝联校的首个中译本《旧制度与大革命》,此时距其第一个法语原版问世整整过去了135年。2012年,该社虽然再版,但并无任何改动。

首先要感谢商务印书馆译本的译者,已经仙逝的老前辈从无路的茫茫森林地带,披荆斩棘,闯出一条路供我行走,而我只不过把这条路拓宽一些而已,只不过把其中的弯弯曲曲拉直一些而已。当然,商务版也给我留下了诸多改进空间:

第一,它的有些术语译文值得商榷。

例如,它把法文书名"L'Ancien Régime et la Révolution"译为《旧制度与大革命》,就值得商榷。问题出在"Régime"的理解翻译上,该词有"制度"之意,也有"政权"之意。在这里,取"政权"之意似乎更为合理,尤其在正文中,基本上都应取"政权"之意。考虑到大革命前的政权是封建王朝政权，因此，更确切的书名或许应是《旧王朝与大革命》。不过，考虑到商务版的巨大影响造成的既定事实，其书名似乎已在大众心目中固定，拙译书名就不作更改，仍然是《旧制度与大革命》，但是，正文中会采用更为合理的中译文，如译为“王朝”“政权”等。

又如，商务版第二编第一章最后一段译文：“封建制度已不再是一种政治制度，但它仍旧是所有民事制度中最庞大的一种。范围缩小了，它激起的仇恨反倒更大；人们说得有道理：摧毁一部分中世纪制度，就使剩下的那些令人厌恶百倍。”权且不说译文是否简洁通顺，其中的“民事制度”就疑为“社会制度”之误，而且商务版中的“民事制度”都疑为“社会制度”之误。

再如，商务版翻译的原著注释六中的“民政部门”系“政府部门”之误、“风车”系“磨坊”之误。

第二，它的有些人名或者专有名词译文前后不统一。

例如，法国旧王朝行省“Guienne”，商务版有的地方译为“吉耶纳”，有的地方译为“吉耶内”，有的地方译为“基耶内”，让人误以为是不同地名。又如，法国旧王朝的财政总监“Necker”，商务版有的地方译为“内克尔”，有的地方译为“内克”，同一个人不同译文，恐怕不妥。再如，法文“corvées”，商务版一会儿译为“劳役”，一会儿译为“徭役”，很不统一。

第三，它的有些译文令人费解。

例如，商务版第二编第一章第一段“……在各省由一个官员来领导一切大小事务；没有一个附属行政机构，或者说，只有事先获准方可活动的部门；一些特别法庭审理与政府有关案件并庇护所有政府官员……”其中的“没有一个附属行政机构，或者说，只有事先获准方可活动的部门”令人费解。其实，若换成如下拙译，就不难明白其意思：“……在各行省，都有一个代理人，统管一切大小事务;未经允许,其他任何下属,都无权擅自行动;有特别法庭审理与政府有关的案件并袒护政府官员……”

第四,它的有些译文疑欠提炼。

例如,前述的拙译译文“历史大事,近看不如远观”,对应的商务版译文是“近距离不如远距离更能准确地判断历史事件”。又如,本书前言第一段,商务版译文是:“我现在发表的这部书绝非一部法国大革命史;这样的历史已有人绘声绘色地写过,我不想再写。本书是一部关于这场大革命的研究。”拙译是:“目前出版的这本书,非写法国大革命史。该历史,早有人写得很精彩,我根本不会考虑再写。本书仅研究那场大革命。”一般而言,在汉语中,“发表”与“文章”等搭配,“出版”与“书”等搭配。再如,商务版章节译文,也可以考虑进一步提炼,以更符合汉语行文习惯。

当然,译自法国巴黎伽利玛出版社1952年法文版的拙译,肯定也存在诸多错译、漏译、硬译等问题,恳请诸位大家不吝指正,诚挚感谢!

钟书峰

2013年2月12日草于鹏城

前　言

目前出版的这本书，非写法国大革命史。该历史，早有人写得很精彩[1]，我根本不会考虑再写。本书仅研究那场大革命。

可以说，从来没有哪个民族，像1789年的法国人那样，企图决绝地把自身历史一刀两断、在过去与未来之间挖道鸿沟。为防止把任何旧东西带进新社会，他们高度警惕；为迥异于先辈，他们给自己设立了种种限制；为让自身面貌焕然一新，他们不遗余力。

我一直认为，他们在那独特事业中取得的成

---

〔1〕 在托克维尔之前，已有梯也尔、米涅、米什勒、路易·勃朗、拉马丁等撰述的法国大革命史。法兰西第三共和国首任总统并镇压巴黎公社起义的梯也尔，于1827年全部完稿出版的十卷本《法国大革命史》，成为畅销书。米涅于1824年出版的成名作《法国革命史》，以阶级斗争为主线，阐述法国大革命必然发生，震动舆论界。米什勒七卷本《法国革命史》以及路易·勃朗十二卷本《法国1789年革命史》、五卷本《法国十年史（1830—1840）》《1848年法国革命史》等，都颇有影响。法国著名诗人、政治活动家拉马丁于1847年出版的、以笔触细腻语言优美生动著称的八卷本《吉伦特派史》，也有一定影响。——译注

就,远较外界普遍认为的,甚至远较其当初预想的,小得多。我确信:他们不知不觉继承了旧王朝[2]的大部分思想、观念与习惯,甚至以此引导了摧毁旧王朝的大革命;他们利用旧王朝的残垣断壁建造了新社会的高楼大厦,尽管并非有意如此。因此,要真正理解大革命及其功绩,就必须暂时忘记眼前的法国,而去考察已逝去的、坟墓中的法国。我在此处努力完成的,就是这一工作,但其难度超乎意料。

早期君主制、中世纪以及文艺复兴历史,已有大量著述作了全面透彻研究。那些研究,让我们不仅了解到当时发生的种种历史事件,而且了解到当时的那些国家与民族的法律、习俗以及精神状态。但是,迄今无人甚至想过以同样认真仔细的态度,研究 18 世纪的历史。我们清楚地看见那熠熠生辉的光鲜表面,熟悉那些呼风唤雨人物的生平细节,读过生花妙笔的书评而知道 18 世纪赫赫有名的大作家著作,就自以为十分了解 18 世纪的法国社会。但是,对于公共事务的处理模式、各种制度的实施情形、社会各阶层的真实关系、受漠视底层的境况与感受,乃至当时风俗舆情,我们只有模糊认识,而且往往是错误认识。

我竭力摸索进入旧王朝心脏地带。它,在时间上离我们很近,只是被大革命遮盖了。

---

〔2〕 法语“régime”,既有“政权”“政体”之意,也有“制度”之意。窃以为,本书书名“L' Ancien Régime et la Révolution”以及本书前言、正文等处中的法语原文“régime”,从语境以及中文习惯而言,基本上都似乎宜作“政权”“政体”之解。从史学年代划分角度来看,“L' Ancien Régime”主要指 843 年至 1789 年大革命爆发前的法兰西封建王朝时期,这进一步佐证此处的“régime”宜作“政权”或者“政体”之解。因此,确切而言,本书应译为《旧王朝与大革命》,而不是《旧制度与大革命》。但是,考虑到商务印书馆译本《旧制度与大革命》的巨大影响已造成的既定事实,拙译书名仍然沿用商务印书馆译本的书名《旧制度与大革命》,但在其他各处,除偶尔沿用“旧制度”之译外,基本上都采用“旧王朝”或者类似的中译文替代“旧制度”的旧译。——译注

为此,我不仅重读了18世纪出版的名著,而且研究了许多不太有名也不该有名的著作,盖其无甚文采,但也许更能真实记录时代实情。尤其注意查阅大革命前夕法国人发表意见与观点的一切公共文告。我从全国三级会议〔3〕以及稍后出现的各省三级会议记录中获得了诸多启示。我特别注意三个等级阶层于1789年起草的陈情书〔4〕。长达数卷的陈情书手稿,是法国旧社会的绝笔书,是其愿望的最高体现,是其最终意志的真实反映,是独一无二的历史文献。当然,我的研究绝不会局限于此。

在这个政府强势之国,几乎没有什么思想、希望、痛苦、利益与感情,不会暴露于政府面前。因此,浏览其档案,不但可以准确了解其运转情况,而且可以了解整个国家状况。外国人倘若有权自由查阅内政部以及各辖区密件,很快就会比我们更了解法国。阅读本书就会知道,在18世纪,政府权力已经高度集中、非常强大、极其活跃。它不停地资助、批准、禁止这个或者那个项目;它做出

〔3〕 三级会议,最初指在法国大革命前,由国王召集的、三个等级阶层代表参加的全国性会议。神职人员,属第一等级阶层;贵族,属第二等级阶层;除前两个等级阶层以外的其他人,均属第三等级阶层。这种会议,通常是在国家遇到困难时,国王为寻求支持而召开的,因此是不定期的。1302年,腓力四世向教会增税而与教皇博尼法斯八世发生冲突。为了与教廷对抗,腓力四世于1302年5月10日召开了第一次全国三级会议。与此类似,法国有些行省也召开行省三级会议。在此后的487年中,全国性的三级会议还召开过21次。在百年战争时期,为抵抗外敌,三级会议有权监督政府。16世纪至17世纪初,专制王权得到加强,三级会议权力被削弱。从1614年到路易十六统治时期,三级会议中断175年。1789年,路易十六被迫召开三级会议,这是法国最后一次全国性三级会议。三级会议为欧洲近代议会民主埋下了伏笔,例如,路易十六因陷入重重危机而重新召开三级会议时,三级会议代表,尤其是第三等级代表,开始向国王发难,后来,由三级会议演变为国民议会和国民制宪议会。因此,在某种程度上而言,三级会议是近代欧洲大陆民主议会制度的起源之一。——译注

〔4〕 在召开三级会议期间,与会代表,按照所属阶层,各自开会讨论议案,可以各自向国王递交表达该阶层意见或者建议的文件,即陈情书。1484年,路易十一去世后法国召开的三级会议,不但在第三等级阶层首次出现农民代表,而且首次出现陈情书。——译注

诸多承诺，给予诸多东西；它的巨大影响涉及方方面面，大至公共事务，小至家家户户命运以及个人私生活。由于文件不公开，人们不忌惮坦陈最隐秘的不足。鉴于此，我花了很长时间研究巴黎以及若干行省遗留的政府档案。【注释一】[5]

果不其然，在那里，我找到了活生生的旧王朝：其观念，其情感、其偏见，其实践；感觉人人都畅所欲言而坦露心底想法；收集了当代人闻所未闻的旧王朝诸多信息，盖我看到的材料他们从未见过。

随着研究推进，我惊讶地发现，在昔日法国看到了今日法国的诸多突出特点。在那里，我发现原以为只来自大革命的思想、原以为只产生于大革命的习惯、原一直以为源于大革命的诸多情感；我发现，当今社会的一切都深深扎根于那片古老土壤之中。研究越逼近1789年，我就越清晰注意到大革命精神是如何产生、发展和壮大的。就这样，大革命全貌逐渐展露在我眼前。它的气质，它的特点，已然显现；它，就在那里。我从中不仅找到了大革命爆发初期的原因，而且更多的是发现了大革命最终结局的预兆。大革命分为两个截然不同阶段：第一阶段，法国人似乎想摧毁旧社会的一切东西；第二阶段，似乎想恢复某些已被他们抛弃的东西。旧王朝诸多法律制度与政治习惯，于1789年突然消失，若干年后又重现，犹如某些河流沉入地下后又在某处冒出地面，形成旧河之水流淌于新的两岸之间。

出版本书，乃欲阐明：几乎在整个欧洲同时酝酿的伟大革命，为什么只在法国而不在别处爆发，为什么会在即将摧毁的那个社会中自发产生；古老的君主制度，为什么会如此突然而彻底崩溃。

---

〔5〕“【注释×】”，系作者原注标注格式，全书同。作者原注因篇幅太长而统置正文后。——译注

我的设想是，这项已着手的研究工作不局限于前述内容。倘若时间与精力允许，我计划透过那场漫长而起起伏伏的大革命，追踪研究与我一样生活于旧王朝年代的如此熟悉的法国人，看看他们如何抛弃旧王朝塑造的自身、如何改造自身，顺应历史发展却又万变不离其宗，也就是说，想看看他们如何不断以不同面貌示人，却仍然可以让人一眼看出就是谁。

首先研究的就是1789年年初的他们。那时，他们心中所想的，就是热爱自由与平等；心中渴望的，不仅是建立自由制度而且是建立民主制度，不仅是摧毁种种特权而且是确认种种权利并使之神圣化。那个时代，洋溢着青春、激情、自豪、慷慨、真诚。尽管那个时代也犯下了种种错误，但是，人们会永远怀念它，而且在今后的岁月里，它还将让企图腐蚀或者奴役别人的那类人无法安眠。

在草草追溯大革命的过程中，我将尽力阐明：是哪些事件、哪些错误、哪些失策，导致法国人抛弃原定目标，忘却自由，而只想成为世界霸主[6]的平等奴仆；那比大革命所推翻的政府更强悍、更专制的政府，如何摄取并垄断所有政治权力，如何取消付出如此高昂代价换来的所有自由而代之以徒具其表的自由；如何剥夺选民的知情权、集会权和决定权而又标榜人民主权；在决定征税时，如何把议会的屈从和沉默吹嘘成议员自主投票决定；如何盗用大革命之名，取消国民自治权以及思想、言论、出版自由——此乃1789年争取的最珍贵、最伟大的成果——的主要法律保障。

本书一直研究到大革命似乎大功告成而新社会建立之时为止。此后，我会接着考察新社会，尽力分析新旧社会有何异同，探究那场翻天覆地的变化有何得失。最后，我将展望未来。

[6] 作者笔下的“世界霸主”，指横扫欧洲的拿破仑。——译注

第二本书已草写部分章节，尚不成熟而不宜公开。不知能否写完？谁说得准呢？较之国家命运，个人命运更加叵测。

我确信不带偏见但绝不会佯称不带激情撰写本书。一个法国人，谈到其祖国，回想其时代，竟然会无动于衷，怎么可能？我承认，从各个角度研究旧社会时，从未忘记当下的新社会。我不仅想弄明白人病逝之因，而且想看看当初可以如何救他一命。我像医生一样，试图解剖每个坏死的器官而寻找生命规律。我的目的，就是要创作一幅极其精确而具有警示意义的画卷。因此，每当在先辈身上发现我们如今几乎丧失而又极为需要的真正独立之精神、远大之抱负、对自身与事业之忠诚的崇高品德时，我均用画笔突出它们；与此类似，每当在那旧时代的法律、思想或者习惯之中发现摧毁旧王朝并在如今蚕食着我们的任何弊病迹象时，我都会不遗余力揭露它们，让人们明白，那些东西在我们身上产生的恶果，要以史为鉴、面向未来。

我不讳言，为了上述目的，不怕冒犯任何人、任何阶层、任何舆论、任何回忆，无论那是多么令人敬畏。如此行事，我常常感到内疚，但从不后悔。但愿那些也许受到冒犯者，看在我乃出于正直无私之目的而宽恕我吧。

也许有些人会指责，本书表露的自由之酷爱，完全不合时宜。他们要我确信，当下法国再也不会有人关心自由。

唯有恳求那些可能指责我的人们不妨想想，我酷爱自由之情早已有之。二十多年前，撰述另一社会[7]时，我就几乎写下了人们今天所看到的内容。

在未来的黑暗岁月里，有三条真理人们会看得很清楚：第一条

〔7〕“另一社会”，系指美国。托克维尔考察美国后，于1835年出版《论美国的民主》（第1卷），主要论述内容就是自由民主问题。——译注

是,有一股无名力量时缓时急推动着当今所有人去摧毁贵族制度。这股力量,也许可控但无法战胜。第二条是,在一切人类社会中,长期以来一直最难摆脱专制的,恰恰是那些从未以及无法存在贵族制度的社会。第三条是,无论在哪里,专制之危害甚于任何制度,盖较之其他制度,专制更易于助长可能产生的种种弊端,并必然朝着其固有的不良方向发展。

倘若不再通过阶层等级、家族行会等纽带而凝聚在一起,人们就会只考虑自己,就会只关心私利,就会只蜷缩于无视公共美德的狭隘个人主义之中。专制制度,不但不同这种倾向作斗争,而且任其畅通无阻,盖因专制制度取消了人类的一切共同情感、一切共识基础、一切相互需求、一切和谐共处机会,就是说,它把人们禁锢于个人生活。人们原本就具有彼此独立的倾向,专制则使人们坠入彼此孤立的状态;人们原本就具有彼此漠不关心的倾向,专制则使人们陷入彼此冷若冰霜的心态。

在专制社会,无所谓安居乐业,人人焦虑不已,渴望挤为人上人,唯恐沦为人下人;金钱,成为尊卑贵贱的主要标志,具有独特的流动性,不断转手,改变个人的社会地位,提升或者降低家庭的社会地位。因此,几乎人人都想拼命积聚财富、渴望不惜代价发财致富,热衷经商、贪图钱财、追求物质享受和安逸,就会成为专制社会最普遍的情绪。这种情绪,很容易弥漫于社会各阶层,甚至弥漫于素来与此无缘的阶层。倘若不遏制这种情绪,不久就会让整个民族萎靡堕落。可是,在本质上,专制是助长这种情绪的,而这种削弱斗志的情绪,也有助于专制统治:它促使人们的注意力远离公共事务,让人们一想到革命就不寒而栗。因此,唯有专制,能够为这种情绪提供荫护,任由人们贪婪无忌,任由人们不顾廉耻攫取不义之财。此种情绪,没有专制,也许会更强烈;有了专制,就占据统治地位。

自由却截然不同:唯有自由,才能与社会固有的种种罪恶作斗争,才能阻止社会沉沦;事实上,除了自由,没有任何东西可以促使人们摆脱因自主自立而必然导致的孤立,促使彼此亲近,以便讨论公共事务并达成妥协而形成共识;唯有自由,才能促使人们摆脱金钱崇拜,摆脱日常琐事的烦扰,从而让人们时时刻刻都感受到,祖国就在身边,祖国高于自身;唯有自由,能够在关键时刻以更强烈、更高尚的情感取代追求安逸的念头,能够让人们具有比发家致富更伟大的雄心壮志,能够点亮明灯让人们清晰辨别善恶。

没有自由的民主社会,也许是富裕、文明、华丽的社会,倘若考虑到平民百姓举足轻重的作用,甚至是壮丽而强大的社会;也许存在私人美德、家庭好男人、诚实商人和令人尊敬的地主,甚至有教养的基督徒——其祖国不在尘世,其信仰的荣耀就是在最坏政府统治下的最腐败社会中,培养有教养的基督徒。罗马帝国没落时期,就充斥着这种基督徒。但是,我胆敢断言,如此社会,绝对不可能产生伟大公民,更不用说产生伟大民族;我还胆敢断言,只要平等与专制结合,人们的心智水准就会永远下降。

二十多年前,我就是如此思考并呼吁的。从那时起到现在,并未发生足以让我另想另说一套的任何事件。自由受欢迎时,我公开称颂自由;自由遭抛弃时,我仍然称颂自由。因此,我无可指责。

此外,请诸位想想,即使在自由上,我与多数反对者的分歧,也许比他们认为的要小得多。是否存在这么一种人,他不遵守其亲自参与制定之法,而奴颜婢膝地主动迎合某些人的肆意妄为,却认为其国家拥有充分享受自由所必需的条件?我认为,不存在这种人。专制者并不否认自由美好,只不过他们欲独享自由,并妄称他人不配享有自由。对自由,是无所分歧的;有所分歧的,是对人之评价。因此,严格而言,爱戴专制乃蔑视祖国。让我拥抱此种情感,恐怕遥遥无期。

窃以为,可以毫不夸张地说,本书耗费了我诸多心血,甚至有的短短章节竟耗费了我一年多时间。本书数量不多的注释,原本可以采脚注形式,不过还是采尾注形式,并一一标注所注正文位置,[8]读者可以从中找到有关资料与例证。倘若希望得到更多资料,我愿意提供。

---

〔8〕 虽然作者明言,原著注释不多,但实际颇多,高达 73 条,而且相当多的注释篇幅很长,甚至比正文有些章节篇幅还长,有的甚至长达数页,有的竟然超过正文第一编篇幅。注释,是对作品中的词语、内容引文、出处等所作的说明,让人们更准确、更完整理解作品,一般起补充说明作用,不宜喧宾夺主。如此罕见的注释,一方面说明托克维尔为撰写本书费尽心思,另一方面也说明本书撰写疑似略显仓促。——译注

第一编

第一章
大革命爆发之初人们褒贬不一

除法国大革命外，没有任何事件更能警醒思想家、政治家务必谦虚谨慎，盖从未发生更深渊源、更充分酝酿、更伟大但更无法预测的历史大事。

天才般的弗里德里希大帝[1]，竟未预见濒临爆发的大革命。他触摸到了大革命的脉搏，却不明白那就是大革命，而且在它发生前，他就遵循其精神治国，是大革命的先驱与代理人。但是，他并

---

〔1〕 弗里德里希大帝，即弗里德里希二世（1712 年—1786 年），又译“腓特烈二世”，史称“腓特烈大帝”或者“弗里德里希大帝”，普鲁士国王（1740 年—1786 年），著名统帅。早年接受斯巴达式教育，但酷爱法国文化。在位期间实行“开明专制”，大力扩军对外征战，其军事思想在欧洲军事史上占有重要地位，对后世德国军国主义的形成和发展颇具影响。著有《给将军们的训词》《当代史》和《七年战争史》等。——译注

未意识到它即将降临。当它终于全面爆发时,呈现的是迥异于史上众多革命的独有新特征,故而当初无法察觉。

在国外,大革命举世瞩目。在各国人民心中,它催生了产生新时代即将降临的模糊概念,激起了变革与改良的朦胧希望,但却无人思考大革命应当怎样。各国君臣竟没有一丝预感:在大革命影响下,臣民骚动不安。那些君臣最初认为,大革命只不过是各国政体都会罹患的周期性疾病的发作,其唯一结果就是为邻国政治染指开辟新路。倘若有哪位君臣偶然道出大革命真谛,也是无意为之。1791 年,德意志几大君主聚集皮尔尼茨[2],并明确宣称,法国君主面临的威胁乃欧洲一切旧政权共同面临的威胁,各国与法国患难与共,但是,他们实际上根本不相信这番话。那时的秘密文件透露,这只不过是奸猾托词,旨在遮掩粉饰真正意图。

在那些君主看来,法国大革命只是转瞬即逝的局部事件,只要渔翁得利就行。基于这一考虑,他们秘密策划,多方筹措,暗地结盟;看到猎物时,争吵妥协,时分时合。总之,他们几乎什么都准备好了,就是没有准备好应对即将发生之事。

英国人,对自身历史记忆犹新,长期享有政治自由,富有经验与见识,透过重重帷幕看见了一场伟大革命正在逼近。但是,他们无法看清其形式,无法预测法国大革命将对英国与世界命运产生

[2] 皮尔尼茨,又译“匹尔尼茨”,德意志萨克森德累斯顿附近的一个城镇。1791 年 8 月 27 日,神圣罗马帝国皇帝利奥波德二世、普鲁士国王弗里德里希·威廉二世在皮尔尼茨会晤并发表皮尔尼茨宣言,该宣言被视为对法国大革命的宣战书。据记载,彼时的保皇党路易十六的弟弟阿图瓦伯爵即后来的波旁复辟王朝的法国国王查理十世以及当时的萨克森选帝侯也参会。——译注

何种影响。阿瑟·扬[3],大革命即将爆发时正在法国游历,意识到大革命正在逼近,却对大革命的真正影响一无所知,甚至担心大革命会加强特权阶层的权力。他说:“倘若大革命是加强贵族的优势地位,恐怕弊大于利。”

伯克[4],在大革命爆发之初心中就燃起仇恨,但有时候却会看不透大革命。他最初预测,大革命会削弱乃至摧毁法国。他说:“可以断定,法兰西的军事实力,将长期也许是永远铲除。当代人也许会重复那位古代作家的话:我们听说,高卢人也曾以善战著称。”[5]

历史大事,近看不如远观。在大革命爆发前夕,法国无人知道结局会如何。在大量陈情书中,表露下层人民恐惧心理的,我只找到两份。人们恐惧的,是王权,或者彼时所称的宫廷,会继续高高在上。鉴于三级会议会期很短而且软弱无力,人们忧心忡忡,害怕会遭受暴力,贵族尤其惴惴不安。有几份陈情书写道:“宫廷卫队

---

〔3〕 阿瑟·扬(1741年—1820年),又译“阿瑟·扬格”,英国著名经济学家和农学家。1767年开始考察英法等地农村。1784年创办《农业年刊》。1787年首次到访法国,在法国大革命爆发前后,游遍整个法兰西,并于1792年出版《法兰西游记》,记述了法国历史转折关头的政治状况以及人民生活状况。1793年担任英国政府农业局首任局长。——译注

〔4〕 伯克,又译“柏克”即“埃德蒙·伯克”(1729年—1797年),出生于爱尔兰,系英国哲学家、政治家、演说家、作家。曾任英国下议院辉格党议员,系辉格党领袖之一。政治上,支持美国殖民地以及美国独立革命,但坚决反对法国大革命。1775年出版《与美国和解》,1790年出版《反思法国大革命》。卡尔·马克思曾严厉批判伯克在法国大革命上的保守立场:“这个马屁精接受英国国王的贿赂,批评法国大革命,就如他最初在美国问题上接受北美殖民者的收买而赞美他们一样。这个假扮自由主义者对抗英国国王的家伙,只是个彻底下流的资产阶级分子。”英国首相温斯顿·丘吉尔的评价却截然不同:“伯克一方面是倡导自由的先驱者,另一方面是替权威发声的辩护者。”——译注

〔5〕 “那位古代作家”,指古罗马政治家、历史学家、演说家、作家塔西佗(约55年—120年)。后面引述的塔西佗之语“我们听说,高卢人也曾以善战著称”,其原文系拉丁文“Gallos quoque in bellis floruisse audivimus”,语出塔西坨为其岳父、古罗马著名政治家以及军事家阿格里巴(又译“阿格里可拉”)所作的传记《阿格里巴传》第五编第二章第三节。该传记发表于98年。——译注

都应宣誓,哪怕发生骚乱或者暴动,绝不把枪口对准市民。”倘若三级会议广开言路,一切弊端都会铲除;改革任务固然艰巨,但并非难以完成。

可是,大革命遵循自身进程迈进:那怪物的头部刚刚冒出,其奇特而恐怖的面孔就显现;它摧毁政治制度后,又摧毁了社会制度;它变革法律后,又改变风俗习惯乃至语言;它砸烂政府机器后,又动摇社会基础,似乎最终要清算上帝本人;它很快跨越国界,利用闻所未闻的手段、采用全新战术、依托致命口号以及皮特[6]所称的“舆论武装”,凭借无名力量冲破诸帝国的阻碍,打碎一顶顶王冠,蹂躏着脚下的民族,而且竟然把那些民族争取到自己这边,怪哉!直至爆发这一切,人们的看法才发生变化。欧洲诸国君主和政治家开始醒悟,原来视为历史长河的偶发事件,如此之新,如此不同于史上一切事件,如此广为传播,如此恐怖,如此费解,让人目瞪口呆得发狂。有些人认为,这股闻所未闻的力量,仿佛是自生而永存的,无法阻止,也不会自停,最终注定会把人类社会推向彻底崩溃。许多人把大革命视为在世间显灵的恶魔。1797 年,德·梅斯特尔[7]先生就说:“法国大革命具有恶魔的特征。”而另一些人则认为:大革命是上帝福音,上帝欲创造崭新人类,不仅要改变法兰西面貌,而且要让世界焕然一新。我们发现,当时有几个作家,

---

〔6〕 皮特,指小“威廉·皮特”(1759 年—1806 年),是英国第十四位首相,也是英国历史上最年轻的首相,就任时年仅 24 岁,还是英国历史上在任时间最长的首相之一(近二十年)。他在任首相期间,曾组织反法联盟,并以财政改革支撑反对拿破仑的战争。其父老“威廉·皮特”,是英国第九位首相,是指导七年战争胜利的伟大战略家。他们父子俩各被视为英国历史上最伟大首相之一。——译注

〔7〕 德·梅斯特尔(1753 年—1821 年),法国哲学家、政治家、作家,鼓吹君主制,支持教皇,反对法国大革命,著有《法兰西论述》《论教皇》等著作。——译注

像萨尔维[8]初遇蛮族一样，似乎对此患有宗教恐惧心理。伯克评述大革命时惊呼：“法兰西，岂只丧失了旧政府，简直丧失了一切政府；与其说是人类的灾难与噩梦，不如说几乎是屈辱与怜悯的对象。从这座惨遭谋杀的君主制坟墓，走出的是庞大、丑陋、超乎人类想象的可怕怪物。这丑陋怪物，直奔目的地，不惧危险，不悔恨不怯步，藐视一切既有准则、一切常规手段；谁要是对其存在不理解，谁就会被其击倒。”

那场大革命，难道确实像其时人们所认为的那样异乎寻常吗？难道确实像他们所说的那样离奇，那样翻天覆地吗？那场奇怪而可怕的革命的真正意义是什么？真正特点是什么？深远影响是什么？真正摧毁了什么？创建了什么？

研究与阐述上述问题的时机，似乎已经到来，而且今天我们正处于观察与评价大革命的最好时机。目前，大革命早已远去，让我们只能略微感受大革命参加者的那种盲从激情；同时，大革命仍然相当近，让我们能够深入理解引导大革命的精神。不久以后，就很难做到这些，因为伟大革命一旦成功，就会令激发革命的原因消失，而且由于革命本身那么成功，会使其变得难以解释。

---

〔8〕 萨尔维(约390年—484年)，历史学家与基督教护教论者，著有《论上帝政府》。——译注

第二章 大革命最终目的并非削弱或者摧毁政治、宗教权力

法国大革命最初手段之一,乃攻击教会。在大革命激发的情绪中,首先燃起而最后熄灭的,乃反宗教情绪。即使在苟且偷生而丧失追求自由的激情后,人们仍然继续反抗宗教权威。拿破仑[9]成功压制了法国大革命的自由精神,但无法抑制反基督教情绪。甚至至今都可以看到:有些人认为,藐视上帝,乃赎买当初对政府小吏唯唯诺诺的罪过;他们抛弃了大革命信条中最自由、最高贵、最自豪的一切,并自欺欺人认为,只要不信教,就仍然忠于大革命精神。

不过,今天不难看出,反宗教之战,是大革命的小插曲而已,是大革命一个突出而转瞬即逝的特征而已,是酝酿大革命而在其之前产生的那些思想、观点、情绪与偶发事件的临时产物而已,但绝不是大革命的主要精神。

人们有理由认为,18 世纪哲学思潮是大革命的主因之一,而且18 世纪哲学思潮,确实具有深刻的反宗教倾向。但是,仔细审视,那时存在截然不同的两股独立思潮。

其中一派思潮或者学说,阐述的是有关社会状况以及政治、社会法律原则理论的全新或者革新观点。例如,主张人人生而平等,应当废除一切阶层、等级或者职业特权,人民享有主权,社会权力

---

〔9〕 拿破仑・波拿巴(1769 年—1821 年),出生于法国科西嘉岛,是卓越的军事天才,是法兰西第一共和国执政、法兰西第一帝国皇帝。他多次击败保王党的反扑和反法同盟的入侵,捍卫了法国大革命的成果。但是,拿破仑也是法国大革命的破坏者:在雾月政变后,拿破仑任法兰西第一共和国第一执政,虽然名义上是三人执政,实际上拿破仑长期实施军事专政。他加强中央官僚集权,取消地方自治选举制度,削弱国民议会的权力。热爱自由的法国人,事实上也接受了拿破仑的专制统治,甚至在 1804 年以绝大多数赞成票支持拿破仑称帝。拿破仑称帝后,逐渐向封建势力妥协。——译注

至上,建立统一法律制度……所有这些原则理论,不仅是法国大革命的原因,而且实际上就是大革命的内容。它们是大革命最根本、最长久、最真实的功绩。

另一派哲学思潮,则无情地猛烈抨击教会、教士、教会等级制度、教会组织、教义,而且为更彻底推翻教会,主张铲除教会的根基。然而,18 世纪的这一哲学思潮,植根于大革命本身所摧毁的社会现实中,因此,必然随那些社会现实一起逐渐消失,并最终埋葬于大革命的胜利旗帜之下。虽然在其他章节我还会探讨这一重大问题,以让读者更明白我的意思,但此处我再补充一点:人们如此仇恨基督教,并非因为它是一种宗教,而是因为它是一种政治制度;并非因为教士们自命不凡而统治俗世,而是因为他们是俗世的封建领主、地主、什一税征收者、行政官吏;并非因为教会不能在即将创建的新社会中占有一席之地,而是因为它在正被推翻的旧社会中,占据着享有最多特权、最高权力的地位。

看看吧,那流逝的岁月已证实而且仍将不断证实这一真理:大革命政治成果一旦得到巩固,反宗教运动即告瓦解;大革命针对的旧政治制度摧毁得越彻底,大革命特别仇视的阶层、权贵就越被征服得无法翻身,那些仇恨——旧王朝、旧阶层、旧权贵失败的最终标志——也会消失;最后,我们已看到,教士越多地远离与他们同时垮台的那些东西时,教会力量就逐渐恢复并更深地扎根于人们心中。

千万不要以为,上述现象乃法国独有。自法国大革命以来,欧洲各基督教派几乎无一不复兴。

认为民主社会必定敌视宗教,乃大错特错:基督教乃至天主教,并无与民主精神绝对抵触之物,甚至有诸多方面极其有利于民主社会。此外,历朝历代经验表明,最富有生命力的宗教始终扎根于人民心中,甚至所有已消亡的宗教,在人民心中都有其归宿。倘若顺应人民的思想、观点以及感情的各种制度,到头来总是把人类心灵推向不信教,岂不怪哉?

上述有关宗教的论述,更适用于评论社会权力。

看到大革命一举颠覆了维护社会等级与奴役人的一切制度和习俗,人们就猜测:大革命的结局,不仅会摧毁某一社会秩序,而且会摧毁一切社会秩序;不仅会摧毁某一政府,而且会摧毁社会权力本身。人们还进一步推断,法国大革命,本质上就是彻头彻尾的无政府主义。但我敢断言,这也只看到表面现象。

大革命爆发不到一年,米拉波[10]就暗地致信国王:"请比较一下新旧制度,殿下就会心怀宽慰与希望。国民议会有部分法令,而且是最重要部分的法令,显然有利于君主制政府。取消高等法院,取消三级会议行省,取消教士、特权阶层和贵族集团,岂是小事?只组成一个公民阶层的主意,黎世留[11]会青睐的,因为这种表面平等有助于行使权力。专制政府为加强王权而所做的,远不如大革命短短一年所做的多。"如此有能力领导大革命者,就是如此理解大革命的。

---

〔10〕 米拉波(1754 年—1792 年),法国大革命初期的著名政治家、演说家,曾参与起草《人权宣言》。早年因抨击法国旧王朝而声名鹊起。1789 年,以第三等级代表身份参加三级会议,反对三个等级联合开会,系法国大革命初期的核心人物之一。1789 年 10 月,向宫廷献策,要求路易十六逃往外省,并筹备君主立宪制,但其建议遭王后玛丽拒绝。1790 年 3 月,接受国王大笔秘密酬金,此后与宫廷频繁秘密通信。1791 年 2 月被选为国民议会主席,4 月 2 日病故并葬入先贤祠。1792 年,其与宫廷的秘密通信被发现,遗体被迁出先贤祠。——译注

〔11〕 黎世留(1585 年—1642 年),又译"黎塞留",法国宰相、枢机主教、政治家。生于巴黎贵族家庭,1607 年任吕松主教,1614 年作为普瓦图教士代表出席三级会议。两年后,受摄政太后玛丽·德·美第奇的重用,1617 年遭国王路易十三放逐。1622 年任枢机主教。1624 年进入枢密院,同年为宰相。人们认为:黎世留是法国历史上最为伟大、最具谋略、也最为无情的政治家。——译注

法国大革命目的，不仅要改朝换代，而且要废除旧社会结构。因此，它必定要抨击一切既有权力，摧毁一切既有权势，铲除各种传统，移风易俗，在某种程度上说，就是要扫除人们头脑中一贯具有的尊卑服从思想。这就是法国大革命独特的无政府思想的来源。

但是，拨开残骸碎片，就会发现一个庞大的中央集权：从前分散于下属权力机构、等级、阶层、行业、家族以及个人的权力，即分布于整个社会中的一切零散权力，它全都吸收并吞没于其统一体中。自罗马帝国崩溃以来，世上尚未见过如此政权。大革命创建了这种新政权，或者不如说，这种政权是从大革命制造的废墟中自动产生的。倘若大革命所创建的政府更为脆弱，而且的确如此，但也比其所推翻的政府强大百倍。它之所以脆弱与强大，原因都相同，此后将阐述。

透过已然开始崩溃的旧王朝尘埃，米拉波就已洞见这种庞大的中央集权形式。尽管它是庞然大物，但当时民众并未察觉。然而，随着时间逐渐推移，它终于大白天下。如今，各国君主尤其迷恋这种庞然大物。怀有这种心态的，不仅有大革命孕育的掌权者，还有那些与大革命格格不入甚至敌视大革命的统治者。在其统治范围内，他们都竭力取消豁免权，废除特权，消除阶层等级差别，推动各阶层走向平等，用公务员取代贵族，用统一法制取代地方特权，用统一政府取代五花八门的权力机构。对于这一革命事业，他们不辞辛劳；倘若遇有障碍，他们有时甚至会套用大革命的口号与手段；必要时，他们会动员穷人反对富人、平民反对贵族、农民反对地主。总之，法国大革命，既是他们的灾难，又是他们的导师。

第三章 大革命为何以及如何以宗教革命形式展开政治革命

一切政治、社会革命都有祖国,并局限于其范围内。法国大革命却没有疆域,甚至可以说,其影响已在某种程度上抹去了地图上的所有旧国界。我们看到,无论各国法律、传统、性格以及语言等如何,它都促使人们分分合合,使仇敌化为同胞,使兄弟形同陌路。或者更确切而言,它超越国籍,创建了一个理念上的共同祖国,各国人民都可以成为其公民。

翻遍史册,也找不到与法国大革命特点类似的任何政治革命,但是,可以在某些宗教革命中找到类似革命。因此,欲通过类比审视法国大革命,就得将它与宗教革命作比较。

席勒[12]的《三十年战争史》就正确指出:16世纪的伟大宗教改革,让几乎陌生的各国人民突然亲近起来,并通过这种感情促使人们紧密联合在一起。确实如此,法国人打法国人时,英国人前来助阵;生于遥远的波罗的海沿岸之人,深入德意志腹地,保护他们从未听说过的德国人。一切外战都有内战色彩,一切内战都有外人插手;为新利益而忘却旧利益,以道义问题取代领土问题。一切旧外交规则都杂乱如麻、漏洞百出,让其时政客们目瞪口呆、痛苦不堪。这也正是1789年后的欧洲局势。

因此,法国大革命尽管是政治革命,但却以宗教革命方式进行并具有宗教革命的特征。权且看看,它与宗教革命具有哪些相似之处:它不仅像宗教革命那样传播得很广,而且像宗教革命一样借

〔12〕 弗里德里希·席勒(1759年—1805年),德国18世纪著名思想家、哲学家、历史学家、诗人和剧作家,德国启蒙文学代表人物之一,德国文学史上著名"狂飙突进运动"代表人物,在德国文学史上的地位仅次于同时代的德国伟大诗人、戏剧家歌德。其著作《三十年战争史》发表于1791年—1793年。——译注

助布道与宣传而传播;它是一场激发人们改变信仰的政治革命;人们充满激情地在国内宣讲革命道理,又以同样激情在国外宣讲革命道理。这肯定是一种新景象,是法国大革命向世界展示的一切新事物中最令人印象深刻的新鲜事。但是,我们不应止步不前,而应进一步深入考察类似结果是否源于潜在的类似原因。

宗教往往只考虑抽象之人本身,而不考虑国家法律、民族传统与风俗习惯对具体之人的影响。宗教旨在调整人与上帝的关系,调整人与人的一般权利与义务,而不论是何种社会制度。宗教行为规范,针对的不是某一国或者某一时代之人,而是人父、人子、人主、人仆、人邻。宗教规范以人为本,适合各色人等。因此,宗教革命,往往拥有如此广阔的舞台,像政治革命那样局限于某一国家或者某一民族的情形,甚为罕见。倘若进一步考察,就会发现,无论民族、法律、气候有何不同,宗教具有的这一抽象而普遍的特征越多,就传播得越广。

古代种种异教,与各民族政治制度或者社会状况,多多少少都有关;各自教义,都带有某一民族而且往往是某一城市的特性;通常都局限于某一地域,几乎罕见超出地域范围。那些异教,偶有不宽容乃至爆发宗教迫害情形,但是,几乎罕见热衷劝说他人改变宗教信仰情形。因此,在基督教出现以前,西方并未发生大规模宗教革命。基督教轻而易举地越过曾经阻挡异教的一切障碍,短短时间就征服了大部分人类。基督教的胜利,在某种程度上而言,是它比其他任何宗教,都更能摆脱某一民族、某一国家、某一政府、某一社会、某一时代的羁绊。如此评论,并非我不敬神圣的基督教。

关乎现世的法国大革命,正像关乎来世的宗教革命那样展开。宗教把人视为超越地域与时代影响之人,法国大革命也如此:它剥离具体社会组织而抽象看待公民;它追求的,不仅是法国公民的具体权利,而且是人类普遍的政治权利与义务。

正是因为如此,法国大革命能够摆脱某一民族或者某一时代的一切羁绊,重拾政治社会的自然法则,而为世人理解并仿效。

法国大革命,不只是改变法国,而且似乎更多的是致力于人类新生。它点燃了以前从未点燃的最猛烈的政治革命热情;它激发了传播信仰的激情,掀起了宣传理念的运动。因此,它具有让其时人们感到那般恐惧的宗教革命氛围,或者莫如说,它本身已经蜕变为一种新宗教。当然,那不是十足的宗教,盖因它无上帝、礼拜,更无来世,但却犹如伊斯兰教,整个世界都充斥着其士兵、使徒与殉道者。

不过,切勿认为,法国大革命采取的一切手段都是前所未有的,孕育的一切思想都是新潮的。在以前的诸世纪,甚至在中世纪鼎盛时期,都有这样的鼓吹者:他们为了改变某一习俗而阐述人类社会的普遍法则,为了抨击本国政体而阐述天赋人权理论。但是,这一切努力都以失败告终。例如,在 18 世纪点燃欧洲的这同一把火炬,在 15 世纪就被轻而易举扑灭了。欲让此类学说转化为革命行动,必须是社会条件、风俗习惯发生了某些变化,为人们在心理上接受革命学说做好了铺垫。

在有一些时代,人与人的差异如此之大,普世适用的法则不是人人都能理解的;而在另一些时代,人们只需远远瞥上一眼上述法则的朦胧轮廓,就能立即理解并会急切地拥抱它。

法国大革命最令人瞩目的,不在于采取的手段,不在于提出的思想,而在于如此之多的人们,能够如此有效地采用那些手段,如此快速地欣然接受那些思想。

第四章　几乎整个欧洲何以创建相似制度而后又无不陷于崩溃

推翻罗马帝国并最终创建近代国家的那些部落，种族、故土、语言皆不相同，唯一相同的就是不开化。他们在罗马帝国土地上定居后，就陷入长期互相厮杀而不得安宁的局面；在最终稳定后，却发现被自己制造的片片废墟隔绝。彼时，文明几乎毁灭，公共秩序荡然无存，人之交往艰难险恶，庞大的欧洲分裂为千百个迥然不同、彼此排斥、仇视的小社会。然而，就是从这种零零碎碎的动荡中，突然间涌现出统一的法律。

那些法律并非模仿罗马法。正是由于它们与罗马法存在千差万别，后来，人们就用罗马法改造或者废除它们。【注释二】其特征是独有的，与人类之前设计的法律完全不同；其组成部分彼此照应对称，共同构成紧密联系的整体，严谨程度不亚于任何一部现代法典。它们是半野蛮社会采用的博大精深之法。

我无意探讨上述法律如何形成并最终盛行于欧洲。不过，可以肯定，早在中世纪，此种法律就或多或少地存在于欧洲各地，而且在许多国家占统治地位而排斥其他一切法律。

我曾有缘研究中世纪法、英、德等国的政治制度。随着研究推进，我吃惊地发现，如此不同、隔绝的各民族制定的法律，竟然如此相似。当然，由于地域不同，这些法律在细节上不尽相同，但主要内容无处不同。每当在古老的德意志法律中发现某种政治制度、规则或者权力时，我就知道，倘若深入研究下去，也会在英国和法国的法律中找到完全相同的内容，而我也确实在那里找到了。因此，只要研究法、英、德任何一国的法律，都有助于理解其他两国的法律。

上述三个国家,政府都按照同样原则执政;议会都由同样成分组成并赋有同样权力;社会都按照同样方式划分,不同阶层之间都存在同样等级;贵族都占据同样地位,拥有同样特权,带有同样特征,具有同样性格。总之,它们无甚区别,处处一模一样。

上述国家,城市治理结构相似,农村治理方式相似。农民处境无甚不同,土地所有、占有、耕种方式相似,农民税赋相似。从波兰国界到爱尔兰海,领主领地、领主法庭、庄园采邑、土地岁贡、徭役税赋、行会等,无不相似。有时甚至名称都相同,而更值得注意的是,所有这些相似的制度,都源于同一精神。我敢断言,尽管文明已经冲破国界,扫清障碍,大大促进了交往,但是,14 世纪欧洲社会、经济、政治、行政、司法和文学的相似度,仍然远大于当今。

阐述欧洲旧政制如何逐渐削弱乃至崩溃,非我目的。【注释三】我只是指出,在 18 世纪,欧洲旧政制几乎都濒临崩溃。此种迹象,在东欧不太突出,在西欧最为突出。但是,旧政制的腐朽衰落,在欧洲随处可见。

中世纪档案材料,记载了当时各种旧制度的逐渐衰落过程。我们知道,当时的每一领地在历朝历代都有名为"土地赋税清册"的登记簿,记载四至边界、封建税赋、地租徭役以及当地风俗习惯。我看过的 14 世纪"土地赋税清册",设计严谨,清晰准确,有条不紊,堪称杰作。可是,年代离我们越近的"土地赋税清册",记载的内容反倒越模糊、越不全面、越混乱,尽管知识水平在发展。如此看来,似乎是文明进步导致社会制度堕落至野蛮时代。

欧洲古老政制,德意志比法兰西保留得更好。即使在德意志,它所创立的部分制度,也早已遭到破坏。考察残留物比考察失去物,更能明白时间的摧残作用。

自治市制度,在 13、14 世纪就把德意志的主要城市发展成为一个个富裕而开明的小小共和国。[注释四]那些共和国,直至18世纪依然存在,如今只不过徒具其表。但是,那些制度似乎仍然有效;设置的那些官吏,其名称仍然保留,而且似乎在履行着同样职责。当然,自治市制度所具有的积极作用、所激发的活力、所培育的爱国主义以及刚毅等诸多美德,早已消失。那些古老制度,似乎是原封不动地倒在原地上。

一切尚存的中世纪权力,都患同一疾病,都同样衰败而毫无生机。不仅如此,有些本不属于中世纪的制度,由于与其扯上关系而带上其印记,就立即丧失生命力。例如,贵族制度,由于与中世纪有关联,就罹患老年虚弱症;在中世纪随处可见的政治自由,由于披着中世纪外衣,就罹患不育症。省三级会议,由于原封不动地保留着其古老的政治形式,与其说促进莫如说阻碍文明进步。可以说,它们与新时代精神格格不入,民心也背离它们而倒向君主制怀抱。那些制度的悠久历史,并未赢得人们尊重,相反,历史越悠久,名声就越差,而且令人奇怪的是,越趋于衰落而危害越小,激起的仇恨反而越大。有位在古老制度下生活并支持古老制度的德意志作家说:"如今的状况,羞辱着我们所有人,真是卑鄙无耻。令人奇怪的是,人们对一切旧东西都不屑一顾。奇思怪想竟然侵入家庭生活,破坏家庭安宁,就连家庭主妇们也变得不愿再忍受那些古老家具。"然而,当时的德国,如同当时的法国一样,社会充满活力,呈现繁荣昌盛景象。但是,有一点必须注意,而且是关键所在:所有那些活跃的、充满活力的、富有创造力的东西,其根源是全新的,而且岂止是全新的,简直是与古老制度相冲突的。

这个根源,就是王权,而且是与中世纪王权毫不相同的王权。它,享有的特权是不同的,拥有的地位是不同的,具有的精神是不同的,激发的感情是不同的。这种王权建立于地方特权的废墟上,触角遍及四面八方,各级官吏的职能日益取代贵族权威。这一切的全新权力,所遵循的原则程序以及所采用的手段,都是在中世纪闻所未闻的或者受到谴责的,而且所涉及的是中世纪的人们从未想到的社会状态。

乍看之下,英国仍然施行欧洲的旧政制,但细究之下,就会发现,与上述情形并无二致。倘若忽视其旧名称,抛弃其旧形式,就会发现,早在17世纪,英国就已经实际废除封建制度。自那时起,各阶层互相渗透,贵族式微,贵族政治呈开放状态,财富就是权力,法律面前人人平等,税赋人人平等,出版自由,辩论公开。所有这一切现象,在中世纪社会都是闻所未闻的。正是由于巧妙而逐渐注入了这种新鲜血液,古老的封建躯体才得以完好无损,才免于土崩瓦解,才具有新鲜活力。实际上,17世纪的英国,已经完全是现代国家,只是在其内部,犹如保存纪念品,保留着中世纪的某些遗迹。

略略了解法国以外国家的情形,有助于理解下文。我胆敢断言,只考察研究法国,就永远无法理解法国大革命。

第五章　法国大革命的真正功绩是什么

上面所述是为阐明本书主旨，并为解答开篇提出的如下问题作铺垫：大革命真正目的是什么？真正特点是什么？为什么会发生？究竟已取得什么功绩？

大革命的发生，并非像某些人认为的，乃为摧毁宗教权威与信仰。不管外在表现如何，它实质上是一场社会政治革命。它并非要延续或者强化混乱状态，也并非如某位主要反对者说的，要使无政府手段化，而是要增加政治权威与政治权利。它也并非如另外一些人认为的，要改变我们当下的文明特点，要阻止文明进步，甚至要实质改变我们西方社会赖以存在的根本法律。倘若撇开不同时期不同国家发生的曾经暂时改变革命面貌的所有偶然事件，而只考察法国大革命本身，就会清楚看到，大革命的唯一成果，就是摧毁若干世纪以来绝对统治欧洲大部分民族的、通称“封建制度”的那些政治制度，取而代之的是更统一、更简单、以人人平等为基础的社会政治制度。

这些内容就足以掀起大规模的革命，盖因那些古老制度，不仅与欧洲的一切政治、法律、宗教交织在一起，而且创立了一整套依附于它们的思想、观点、道德、情感、风俗习惯等。要从社会躯体中摘除并摧毁与诸多器官相连的某个组成部分，恐怕会引发令人恐怖的动乱。这让大革命显得更伟大，盖它似乎是一切的摧毁者，它摧毁的，是与其他一切东西相连的，甚至是与其他一切东西融为一体的。

如此激进的大革命，其革新程度，却比普遍认为的，浅得多。以后我将对此予以阐明。大革命的真正功绩，就是摧毁，彻底或者正在（因为仍在继续）摧毁旧社会的贵族制度和封建制度所产生的一切,摧毁与其存在任何联系的一切,摧毁哪怕带有一丝其痕迹的一切。大革命所保留的,只是与旧王朝一直格格不入的或者独立于旧王朝的东西。大革命绝对不是偶发事件。没错,它曾让全世界感到很突然,然而,那只是人们长期努力的自然结果,是十代人前赴后继所投身奋斗事业的突然而猛烈的结局。即使没有发生大革命,古老的社会大厦,迟早也会倒塌,只不过不会瞬间崩溃,而会是一砖一瓦逐渐坍塌。大革命,是痉挛式地、直截了当地、毫无征兆地、无所顾忌地、突然迸发地,完成了需要经过点点滴滴长期努力才能完成的事业。这就是大革命的功绩。

令人诧异的是,今天看来如此明白之事,当初却模糊得遮蔽了其时最有远见者的眼睛。

伯克当时就向法国人呼吁:“要消除政府弊端,何必标新立异?何不坚守古老传统?何不恢复古老特权?倘若无法恢复已消失的古老制度的面貌,何不把目光转向英国?在英国,你们会找到欧洲共同的古老法律制度。”对于眼皮底下发生的大事,伯克竟然失察,无法洞见大革命恰恰是要废除欧洲共同的陈旧法律制度,无法洞见大革命的要害就在此处而不在彼处。

可是,那场无处不在酝酿、无处不在产生威胁的大革命,为何只在法国而不在其他国家爆发?它在法国具有的某些特点,为何在其他地方找不到或者只能找到一部分?上述问题值得追问,下文将探讨。

第二编

第一章　法国人民为何比其他国家人民更憎恨封建制度

乍看之下，这一事实令人惊讶：旨在消灭中世纪残余制度的大革命，并非在中世纪制度残留最多、人民受压迫最深之地爆发，反而是在人民对其压迫感受最轻之地爆发。因此，遭受中世纪制度压迫最轻之地，却成为最难以忍受该制度之地。

18世纪末的德意志，几乎没有哪个地方彻底废除了农奴制度【注释五】；大部分地方的人民，如同中世纪，仍被牢牢困在封建领地上；弗里德里希二世[1]

---

〔1〕　弗里德里希二世，即指弗里德里希大帝，详见第一编第一章脚注。——译注

与玛丽亚·特雷西亚[2]的军队,几乎全都由不折不扣的农奴组成。

1788年,德意志大多数邦国的农民,都不得离开领主庄园,否则,就被武力遣返。在领地上,农民受教会法庭管辖,个人生活受其监督,若有纵欲偷懒行为就会遭受惩罚。农民地位无法改善;职业不得改变;主人不同意就不得结婚。农民大部分时间都在为主人服徭役:年少时,就得在庄园做仆役;长大后,就得为领主服徭役,而且在某些邦国,竟然每周服三天徭役。领主的房屋修建、领地产品运输、充当马车夫以及信使,都由农民承担。农民可以拥有土地,但所有权始终不完全。农民种什么庄稼,由领主决定,并受领主监督;不得任意转让和抵押土地;农产品买卖受领主左右;耕种土地,永远受到强迫;甚至家业也不得由子嗣全部继承,其中有一部分通常归领主所有。

我并非在过时法律中找到上述规定的。我是偶然在弗里德里希大帝钦定的、由其继位者在大革命刚刚爆发时颁布的法典中,看到那些规定的。【注释六】

上述类似规定,法国早已不存在:农民来去自由、耕种自定、买卖自主。只有在东部一两个因征服而取得的省份中,才存在农奴制的最后残迹。在其他地方,农奴制已完全绝迹,而且废除农奴制的日期,如此遥远,人们早已忘记。据当今学者考证,13世纪诺曼底就废除了农奴制。

法国还发生过另一场改变人民社会地位的革命:农民不再是农奴,而且还可以成为土地所有者。这一事实迄今并非众所周知,但影响极其深远,请允许我暂停原来思路而对此略作介绍。

---

〔2〕 玛丽亚·特雷西亚(1717年—1780年),又译"玛丽亚·特雷萨"或者"玛丽亚·特蕾西亚",系奥地利女王(1740年—1780年),哈布斯堡王朝最杰出的女政治家,在位时实行开明专制,推行一系列改革,奠定了奥地利成为现代国家的基础。她还分别于1741年和1743年加冕为匈牙利和波希米亚女王。——译注

人们长期认为,分割土地,始于大革命,是大革命产物。种种证据表明,事实恰恰相反。

至少在大革命前二十年,就有农业行会抱怨过度分割土地。蒂尔戈[3]其时就认为:“如此分割遗产,是把原来足以维持一家人生活的土地分给五六个子女,造成这些子女及其家庭无法再完全依靠土地为生。”数年后,内克[4]说,法国存在大量农村小地主。

在大革命爆发的几年前,省督收悉的一份秘密报告写道:“分割遗产如此讲究均分,不免令人担忧:个个子女都想这里分一点那里分一点,造成一块土地分了又分,永无止境。”这话岂不更像出自今人之口?

为复原旧制度下的土地簿册,可以说,我煞费苦心,偶尔也能如愿以偿。1790 年的土地税法规定,各教区应呈报土地清单。那些清单大部分已散失。不过,在有些村庄还是发现了这种清单。把它们与我们今天的土地簿册作比较后,我发现,那些村庄的地主数量,是当今的二分之一,有的甚至是当今的三分之二。倘若考虑自那个时期以来,法国总人口已增加四分之一强,这一数量相当惊人。

就像如今一样,彼时,农民极其爱恋土地,土地占有欲点燃了农民身上的全部激情。当时有位睿智之士评曰:“对成为地主,人们趋之若鹜,所以,土地总是溢价出售。在法国,下等阶层的所有

〔3〕 蒂尔戈(1727 年—1781 年),又译“杜尔哥”“屠格”等,法国政治家和经济学家,出身于巴黎贵族家庭。曾任路易十六的财政总监,因上台推行改革触动特权阶层利益而于 1776 年下台,接任者系内克。——译注

〔4〕 内克(1732 年—1804 年),又译“内克尔”,生于日内瓦,15 岁定居法国,系银行家。1776 年接替下台的蒂尔戈,但并无“财政总监”之头衔。1781 年被迫辞职。1788 年出任财政总监,因支持召开三级会议,促成第三等级代表人数与特权等级代表人数相等,主张各等级纳税平等,触怒国王和特权等级阶层,而于 1789 年 7 月 11 日遭免职。1789 年 7 月 14 日大革命爆发后,内克重任财政总监,并于次年 9 月辞职。——译注

积蓄,就是为了购买土地,而在其他国家,不是借给他人就是投资公债证券。”

阿瑟·扬首次法国之行,发现诸多新鲜事,印象最深的就是大量土地在农民之间进行分割。他估计,法国有一半土地属农民所有。他常说:“这种情形,我没有想到。”事实上,也只有法国及其临近地区才存在这种情形。

英国也曾有农民拥有土地,但罕见。德国各地不时有些自由农民拥有完整的土地所有权。【注释七】日耳曼人最古老习惯法,就有承认自由农民拥有土地的特殊而古怪的规定,当然,如此地主罕见,如此土地也属例外。

18 世纪末德意志莱茵河沿岸地区,农民是土地所有人,也几乎与法国农民一样自由。【注释八】这些地方,正是法国大革命热潮传播得最早最猛烈的地区。相反,那些长期不为大革命热潮所渗透的德意志地区,就不存在上述状况。这点值得注意。

因此,认为法国土地分割始于大革命,乃常见错误观点。实际上,土地分割远远早于大革命。没错,大革命出售了教会土地以及贵族的大部分土地,但是,只要像我一样耐心查阅一下当时的土地买卖记录档案,就会发现,大部分土地是由已经拥有土地之人买走的。因此,虽然土地易手,但是,土地所有人数量增加比人们想象的少得多。往往夸大其词的内克,所说的如下话语就没有夸大而很准确:当时的法国,已经存在大量土地所有人。【注释九】

大革命并非分割土地,而是暂时解放土地。其实,所有这些小地主当时都受到种种限制,承受着诸多无法摆脱的封建徭役税赋。

毫无疑问,上述负担确实沉重,但是,他们觉得无法忍受的,却是本来可以减轻负担的情形,因为与欧洲其他地方不同,这些农民早已摆脱领主统治——这一革命的重要性,丝毫不亚于让农民成为土地所有人的那场革命。

虽然旧王朝就在眼前,因为天天都碰到在旧王朝法律下出生的人们,但是,旧王朝似乎早已消失于岁月的迷雾之中。那场激进的大革命将我们与旧王朝隔开,似乎岁月一般,历经若干世纪,未被摧毁的一切都显得模糊不清。所以说,如今罕见有人能够准确回答这一简单问题:1789 年以前;农村究竟如何治理?当然,倘若不研究其时的政府档案,而在书本或者别处找答案,就无法全面准确回答这个问题。

常常听人说:虽然贵族早已不再参与王国治理,但乡村治理权仍然在其手中,领主仍然统治着农民。这种观点也是错误的。

18 世纪,教区一切事务都由官吏主持。那些官吏,不再是领主代理人,也不再由领主选定;要么由省督任命,要么由农民选任。其职责,是分派捐税、修缮教堂、建造学校、召集并主持教区大会、监管使用教区财产、以教区名义提起诉讼或者担任被告代理人出庭应诉;领主不仅不再管理当地琐事,而且也不再对此负监督职责。诚如下文将介绍的,所有教区官员均隶属于政府或者归中央政府管辖;而且几乎鲜见领主担任国王的教区代理人,也鲜见其充任国王与居民的中介人;领主不再负责执法、征兵、征收捐税、发布国王敕令、救灾赈济之类事务,所有这一切均由其他人员负责。实际上,领主只不过是当地居民而已,但与其他居民不同的,只是享有某些豁免权与特权;他们与众不同之处,在于社会地位,而不在于权力。当时的省督写给下属的信中会特意提醒:领主只不过是第一居民而已。

倘若走出小教区到大教区考察,所见图景也完全相同。贵族,无论作为一个阶层,还是作为个人,都不再参与公共事务管理。此种现象乃当时法国独有,然而,在其他地方,古老封建制度的部分突出特征，仍然残留着；拥有土地与统治居民，仍然合为一体。

英国，由大地主进行管理与统治。德意志部分地区，王权已摆脱贵族对国家事务的控制，如普鲁士与奥地利，不过，国王仍然把农村的大部分管治权留给贵族；即使在王权已强大得能够驾驭领主的地区，国王也并未取代领主。

事实上，法国贵族已经长期不再染指国家统治权，唯一例外的就是司法权。贵族阶层的主要人物对某些案件仍然拥有管辖权，有权让法官以其名义裁决那些案件，并在领地内不时制定颁布治安条例。但是，由于王权已逐渐限制、削弱甚至铲除该司法权，仍然享有司法权的领主不再视之为权力，而是视之为收入来源。

贵族享有的其他特权，命运也如此。他们已经失去政治特权，保留的只是经济特权，但是，这种特权有时还会扩大。

此处只介绍那些最突出的特权，即封建负担，因为它们对人民具有特别影响。

如今要说清楚那些负担在 1789 年究竟保留了哪些，并非易事：那些负担，数量庞大，种类繁多，有些已经消失或者发生变化，因此，当时就不易理解的那些权利术语的含义，今天就会更加模糊不清。不过，仔细研究 18 世纪论述封建法的专著，并认真考察种种地方习俗，就会发现：所有现存的封建负担都可以归类为不多的几种主要负担；其他负担，虽有残留，但仅为孤立的个别现象。

领主徭役，虽然几乎各地都有所残留，但已接近消失。道路通行费，大部分已大幅降低或者被取消，但少数省份仍可见到名目繁多的道路通行费。在所有省份，领主都有权征收集市贸易税。众所周知，在整个法国，领主独享狩猎权。一般而言，只有领主可以拥有鸽舍和鸽子。几乎各地的农民都得在领主的磨坊磨面，都得用领主的压榨机压榨葡萄。在领主领地内，买卖土地均应向领主缴纳售地金,而且所有土地都负有年贡、地租以及其他各种各样的现金或者实物捐税,这些税赋年年都应向领主缴纳并不得取消。从上述种种花样,不难看出其共同特点:一切负担,都与土地及其产物存在或多或少联系,都由农民承担。

人们都知道,教会领主也享有同样特权,因为尽管教会与封建制度的起源不同、目的不同、性质不同,但是,它与封建制度紧密相连;尽管它从未完全与这种异质的东西融为一体,但它深深渗透其中,仿佛镶嵌于其内一般。【注释十】【注释十一】

主教、修道院长、教会议事司铎等,按照其教职等级,拥有领地或者封地。【注释十二】修道院所在村庄通常就是其领地。在法国还存在农奴的地区,修道院还拥有农奴。他们有权迫使他人服徭役,有权征收集市贸易税。在领地上,唯有他们拥有烤炉、磨坊、葡萄压榨机以及耕牛。除此以外,法国教士如同其他地方的,还有权征收什一税。

重要的是,当时整个欧洲,都可以见到这些完全相同的封建负担,而且在欧洲大部分地区,这些负担远比法国的沉重。权且试举领地徭役为例:在法国,罕见而温和;在德国,普遍而残酷。

更为重要的是,因违背正义与文明而激起先辈强烈反抗的、在18世纪被略带夸张称作“土地奴役”的诸多封建负担,如什一税、不得转让的地租、永久地租、土地转让买卖契税等,在当时的英国或多或少存在,有些甚至至今仍然存在。但是,它们并未阻碍英国农业成为世界上最先进、最富庶的农业,而且英国人几乎一直未感觉那是什么负担。

同样的封建负担,为何在法国人民心中激起如此强烈的仇恨,而且在仇恨对象消失以后依然如故而无法熄灭?首先,是因为法国农民已成为土地所有人;其次,是因为法国农民已完全摆脱领主统治。当然,还存在其他原因,但我认为此乃主要原因。

农民倘若并未成为土地所有人,对于封建制度强加在土地上的诸多负担,就会没有什么感觉。倘若只是承租人,从租金中征收的什一税与他何关?倘若不是土地所有人,地租与他何干?倘若只是替他人耕种土地,强加于土地上的种种盘剥与他相干?

此外,法国农民倘若仍然由领主统治,就会觉得封建负担并非无法忍受,盖这只不过是国家体制的自然结果。

贵族不仅拥有特权而且拥有统治权时,其权利就更大但不引人关注。人们在封建时代看待贵族,犹如我们今天看待政府:为得到贵族给予的保护,就得接受贵族施加的负担。虽然贵族享有令人感到痛苦的特权和有权施加令人难以忍受的负担,但维护秩序与公平正义,执行法律,扶弱济贫,管理公共事务,就是其职责。贵族不再负责上述事情时,贵族特权带来的负担就显得更沉重,甚至贵族本身的存在也成了疑问。

请诸位先刻画一下 18 世纪的法国农民,或者刻画一下今天所认识的法国农民,因为这两者是同样之人:地位已变,但特征未变。再看看我引用的文件所描述的农民吧:

他酷爱土地,倾其所有而且不惜代价购买土地。为购得土地,他得先付一笔费用,不是付给政府,是付给相邻地主,而且这种地主并非政府官员,是与他一样无权无势者。他终于买下一块土地,把心与种子一起埋进那地里。在广阔天地里,拥有了一小块属于自己的土地,他心中洋溢着独立与自豪。可是,那帮相邻地主跑将出来,把他从地里拉走,强迫他在他们的地里为他们无偿劳作。倘若他想保护自身劳动果实不沦为他们的猎物,那帮人就会想方设法阻止他。那帮人守候在渡口,他不付过河费就不能过河。在市场上,他不向他们交纳一笔钱,就不能出售自己的农产品。回家后,他打算享用剩余的麦子——这是他亲手种植、亲眼看着长大成熟的麦子——可是,他不得不用他们的磨坊磨面,用他们的烤炉烤面包。就这样,他那小块土地上的部分收入,都以这费那费的形式交给了那帮人,而且那些费用永远无法取消或者摆脱。

无论他做什么,无论他到何处,都会遇上那帮令人讨厌之人。他们破坏其幸福,阻碍其劳作,蚕食其收成。当他好不容易摆脱那帮人后,另一帮身穿黑袍者又跳将出来,夺走其大部分收入。权且想想如此农民的处境、需求、性格与感情吧,权且估摸一下如此农民的心中郁积了多少仇恨与嫉妒吧。【注释十三】

这种封建制度,尽管不再是我们的政治制度,但仍然是最主要的社会制度;尽管其范围缩小,但它激起的仇恨更大。如下说法颇有道理:摧毁了部分中世纪制度,残存的却更令人厌恶千百倍。

第二章　中央集权是旧王朝产物而非大革命或者帝国产物

在法国存在政治议会的时代，我曾听一位演说家这样谈论中央集权制："它是法国大革命的杰出成就，为欧洲所羡慕。"我承认，它是杰出成就，欧洲羡慕我们是因为这一成就。但是，我坚持认为，它并非大革命的成就，而是旧王朝产物；我还要进一步指出，它是大革命后唯一得以保存的那部分旧制度，因为唯有这一部分能够适应大革命所创建的新社会。耐心阅读本章的读者，可以看出，我有充分的证据证实这一论断。

请允许我先将所谓的三级会议行省〔5〕，即自治省或者至少表面上拥有部分自治权的行省，暂搁一边不谈。

三级会议行省，均位于王国边远地区，勉强占法国总人口的四分之一，而且只有两个省份拥有真正有效的省自治权。打算稍后再论述三级会议行省，以阐明中央政权如何强制这些省份服从统一的法制并已达至何种程度。

此处主要论述选举区行省〔6〕。尽管官方当时把它们称为"选举区行省"，但是，这些地方的选举活动却少于其他地方。巴黎四周都是选举区行省，它们互相毗邻而结为一体，是法国心脏与精华

---

〔5〕 三级会议行省，法文为"*pays d'états*"，指法国旧王朝末期仍然保留三级会议的行省，它们位于法国的边远地区，主要有勃艮第、布列塔尼、朗格多克、普罗旺斯等几大行省。——译注

〔6〕 选举区行省，法文为"*pays d' élection*"，又译"财政区行省"或者"国王领地行省"，是法国旧王朝版图主要组成部分。因为国王在这些行省拥有直属的财政管理权和财政机关，所以，通译为"财政区行省"。但是，首先，从"*élection*"并无"财政"之意而系"选举"之意来看，宜译为"选举区行省"；其次，从本句中的上下文来看，也宜译为"选举区行省"，否则，难以理解其意；再次，直译为"选举区行省"，更能揭露法国旧王朝"挂羊头卖狗肉"的专制实质。——译注

地带。

乍看之下,王国旧行政制度,就是多样化的法规制度、权力机构以及纵横交错的权力。诸多行政机构以及各种彼此孤立、互不相干的官吏遍布法国全国。那些官吏的官职是买的,故无法撤职。其职权往往交织在一起,导致他们在处理同类事务时互相干涉、发生冲突。

法院间接参与立法活动,有权在辖区制定具有强制力的规则制度。偶尔有法院与行政机构发生冲突,大声指责政府的行政措施,并签发反对政府官员的令状。普通法官有权在所在城市乡镇签发治安法令。

城市体制多种多样,其官员不但头衔各异而且权力来源也各不相同:此城是市长,彼城是执政官,那城是理事;有些由国王钦定的,有些由旧领主或者拥有采邑的亲王选定,有些由当地人选举而任期一年,有些花钱买的而终生任职。

上述均是旧政权残留物。人们就是在这些残留物之间,逐渐建立起一种较新或者经过改良的体制。关于这点,稍后再阐述。

在王权核心地带,逐渐形成了一个行政机构。它拥有特殊权力,并以全新方式把所有权力都集中其手。它就是御前会议。

御前会议虽然古已有之,但大部分职能近期才拥有。它无所不包:既是最高法院,盖其有权撤销所有普通法院的判决;又是最高行政机构,盖一切下属机构的权力都来源于它。作为政府内阁,根据国王授权,它拥有立法权,有权起草、讨论并建议制定大部分法律,有权征税并分配税收。作为最高行政委员会,它有权制定对所有政府官员具有指导作用的普适性条例规章制度。它本身有权决定一切重大事项,监督下属机构工作。对于一切事务,它都拥有最终决定权;一切指令,都从它这里发出。但是,御前会议并不享有真正属于自己的管辖权;一切决定,尽管都由御前会议发布,但全都是国王的决定。御前会议似乎拥有司法权,但是,其实,正如高等法院在一份谏书中所说的,它仅仅是一个“咨询机构”而已。

组成御前会议的,并非大地主,而是出身于中下阶层之人、前省督以及拥有公共事务管理经验之人。其所有成员均可撤换。

御前会议的活动,通常谨小慎微而无声无息,它大权在握却从不张扬。因此,它自身并不光彩耀目,或者说,它几乎是淹没于王权的熠熠光辉之中;它的权势如日中天而无所不能,却又默默无闻而几乎不为历史所注意。

整个国家的行政都由一个机构负责,其所有内部事务的处理也几乎全都由一位官员即总监负责。

翻开旧王朝年鉴,就会发现各行省都有自己的专用大臣。但是,研究档案记载的行政管理活动,就会马上发现:那些大臣无足轻重;国家日常事务均由总监主持,而且这位总监逐渐垄断了一切与财政有关的事权,换言之,他几乎掌控了全部公共事务的管理权,不断变换角色:一会儿是财政大臣,一会儿是内务大臣,一会儿是公共工程大臣,一会儿是商务大臣。

如同中央政府在巴黎实际上只有一位代理人一样,在各行省也只有一位代理人。在 18 世纪,有些大领主还拥有省长头衔,是封建王权的旧代表,往往是世袭代表。他们虽然还享有荣誉头衔,但不再拥有任何权力,而是由省督掌握实权。

省督没有显要身世,是外省人,而且年轻,想的是升官发财。他获取这一职位,靠的不是选举、不是世袭、不是买官晋爵。他是由政府从国务委员会低级成员中选任的,可以随时撤换。他任省督后,就代表国务委员会,正是因为这个原因,当时官话称其为外派专员。他几乎拥有国务委员会拥有的一切权力,尽管其决定有可能被上级推翻。就像国务委员会一样,他既是行政官又是法官。省督与所有大臣都保持联系,在其任职省份就是政府意志的唯一代理人。

在省督之下并由其任命的,是设置于各县、任由其撤换的称为省督代理人的官员。省督通常是新封贵族,而省督代理人往往是平民。然而,在其管辖的小小范围内,省督代理人就像选举区行省省督一样,代表整个政府。省督隶属大臣,而省督代理人则隶属省督。

阿冉松侯爵〔7〕在其《回忆录》中提到,有一天约翰·劳〔8〕对他说:“我从不敢相信我任财政总监时目睹的那些东西。要知道,法兰西王国竟由30个省督统治。没有高等法院,没有三级会议,没有省长。各省幸与不幸,完全系于这30位省督身上。”

上述官员虽然大权在握,但是,在残存的封建旧贵族面前,却显得黯然失色,仿佛消失于旧贵族的余晖中一样。正因如此,当时的人们难以看到省督,尽管那些省督无事不插手。在社会中,较之省督,贵族在地位、财富以及与旧事物相联系的声望上都占有优势;在政府中,贵族围绕在国王周围,是宫廷成员:指挥部队、统率舰队的,是贵族。概言之,贵族是那个时代最令人瞩目的人物,连后人都常常把眼光停留在他们身上。倘若有人提议任命大领主为省督,那是侮辱大领主;即使最穷困潦倒的贵族,也不屑于出任省督。在贵族眼中,省督是篡权者代表,是资产阶级以及农民阶级派至政府中任职的新人,是无名小辈。然而,正如约翰·劳所说的以及我们将看到的,这些人却统治着法国。

就从征税权谈起吧。可以说,征税权囊括了其他一切权利。

众所周知,征税权含包税权。包税权具体条款,按照御前会议

---

〔7〕 阿冉松侯爵(1694年—1757年),法国政治家,于1744年—1747年任法国外交大臣。——译注

〔8〕 约翰·劳(1671年—1729年),英国金融家,1720年被任命为法国财政总监而实施财政改革,结果失败而被人引为笑谈。——译注

指示由金融公司确定并代征。其他捐税，如军役税、人头税以及二十分之一税等，则直接由中央政府派出的官员确定并征收，或者在其全面监督下确定并征收。

军役税和诸多附带的捐税总额以及摊派给各行省的数额，每年均由御前会议秘密决定。如此这般，军役税逐年增长，而人们事先根本无法得到任何消息。

军役税，乃古老捐税，其课税及数额在从前均委托当地代理人办理。那些代理人或多或少独立于政府，因为他们是依出身、选举或者买官晋爵而获得这种权力的。他们是领主、教区征税人、法国财务官、被选定的代理人。18 世纪依然存在这种人，不过，有些人已完全与军役税毫无关系，另一些人即使与之有关但也位于次要或者从属地位。此时，军役税的真正权力是掌握在省督及其代理人手中，而且事实上，也由他在教区间分派军役税，指导监督征税员征收，批准缓征或者免征。

其他一些捐税，如人头税，是后期才有的，政府不受旧制度残余势力的牵制：政府想征就征，可以不受被统治者的任何干扰。总监、省督和御前会议就可以确定其征税额。

下面从讨论钱的问题转向讨论人的问题吧。

在大革命以及随后岁月里，法国人那么顺从地忍受征兵制的桎梏，有时不免让人感到吃惊。不过，须知法国人屈从这种桎梏久矣。征兵制义务兵的前身是募兵制自卫队，虽然后者所需兵员较少但负担却更重。在农村，年轻人有时通过抽签决定由谁加入服役期六年的自卫队。

自卫队是比较现代的制度，封建旧政权无法管理，因此，一切事宜只能委托给中央政府的代理人。其兵员总额以及各省分担员额，由御前会议决定；各教区应征员额，由省督决定；主持募兵抽签仪式，确定免征比例，决定哪些人驻守当地、哪些人开拔其他地方，将开拔者交与军事当局，是省督代理人职责，但是，要求免征只能求助于省督和御前会议。

同样地，在三级会议行省之外，包括那些专门工程在内的所有公共工程，全都归中央政权代理人决定与负责建设。

当然，仍然有不少当地官员，如领主、财政官员，大路政官，名义上也可以参与上述公共工程的管理。不过，实际上，各地的这些旧官员几乎无所作为或者完全不作为，只要略微看看当时的政府档案文件就会明白这一点。当时所有的公路甚至镇与镇的公路修建维护资金，都由公共财政负担；规划公路并发包建设公路的，是御前会议；监管工程的，是省督；招募徭役进行施工的，是省督代理人。留给地方旧官员管理的，只有村道，而那些村道自那时起一直无法通行。

中央政府管理公共工程的代理人，就像今天一样，是桥梁公路工程局。虽然时代不同，但在这点上惊人相同。桥梁公路工程局设有委员会和学校；有工程监督官，每年在整个法国跑来跑去；有工程师，住在工地，按照监督官指令，负责整个工程建设。旧社会的诸多机构被新社会所采用，其数量比人们想象的多得多，其架构得以保留而其名称被抛弃。但是，桥梁公路工程局既保留了名称，也保留了架构，这极其罕见。

中央政府通过其代理人单独负责维护各省治安。编成一小队一小队的骑警，遍布整个王国，由各地省督指挥。正是依靠这些警察，必要时还动用军队，省督才能应对意外事件，羁押流浪汉，打击乞丐，平息因粮价上涨而不断爆发的骚乱。因此，从未像从前某个时期那样，需要召唤被统治者帮助政府完成上述任务。当然，在以前的城市，也不必如此，因为城里通常有保安卫队，这支卫队成员由省督挑选,其军官由省督任命。

那时的法院有权制定并实施治安条例,但是,这种条例只适用于其辖区而且往往是某一地区。这些条例,可以由御前会议随时推翻,下级法院制定的这种条例尤其常常遭其推翻。御前会议本身就常常制定适用于整个王国的条例、法院无权管辖事项的条例以及法院有权管辖事项的条例。这些条例,或者是如当时的人们所称的御前法令,数量庞大,而且越临近大革命,数量就越多。在大革命前40年间,几乎没有哪项政治、经济或者社会制度未被御前法令作出修改。

在封建旧社会,领主倘拥有巨大权力,也负有重大责任。例如,他得救济领地穷人。我们在1795年的普鲁士法典中,找到了这一欧洲古老法律的最后痕迹,其规定:"领主应确保贫苦农民接受教育,应尽可能为没有土地的奴仆提供谋生手段。倘若有人陷入贫困,领主有义务伸出援手。"

在法国,类似上述规定早已不复存在。由于领主旧权力已被剥夺,他也摆脱了旧义务。但是,又没有任何地方政权、议会、省或者教区机构取代其位置。任何人都不再负有照顾乡村穷人的法律义务,唯有中央政府勇敢地承担起救济穷人的工作。

御前会议每年都从税收总额中划拨一定数额资金给各行省,再由各行省省督将其分配给各教区用作救济金。贫穷农民得向省督申请救济金。发生饥荒,由省督负责发放小麦或者稻米。御前会议每年都会发布法令,要求在其指定之地建立慈善工场。穷苦农民可以在那里工作,并领取微薄工资。【注释十四】显而易见,从天高地远之地作出的慈善决定,往往是盲目的或者是心血来潮的,永远无法满足实际需要。【注释十五】

中央政府不但要在饥荒时赈济灾民,而且要教他们致富之术,在必要时还得强制他们走上致富之路。为此,中央政府不时通过省督及其代理人,散发宣传农业技术的小册子,建立农业行会,拨款设立奖励资金,花费巨款开办苗圃并将苗种分发给农民。当时的中央政府倘若能够减轻农业负担,减缓不平等状况,效果会更好,但是,它显然从未想到这点。

御前会议有时会驱使人们发家致富,而不管人们是否具有这种愿望。强迫手工业者采用某种方法制造产品的法令,数不胜数。【注释十六】由于省督数量不多,无法一一监督此种法令的实施执行,就任命工业监督员,让他们在各省之间穿梭,监督法令的实施执行。

御前会议认为某地不适宜种植某种作物,就会发布禁种令。有的法令,竟然要求拔掉在其认为土质低劣的地上种植的葡萄。由此可见,当时政府已由统治者转变为监护人。

第三章　如今所谓的行政监督是旧王朝的内容

封建制度崩溃后，法国的城市自由仍然存在。早在领主不再治理乡村时，城市仍然保留自治权。至17世纪末，这种自治城市仍然存在并组成一个个小型民主共和国；其行政官由全体人民自由选举并对全体人民负责；其公共活动很活跃；其市民为拥有的权利感到自豪，对拥有的独立无比珍惜。

城市选举制度，直至1692年才被普遍取消。从此，城市官职实行买卖，就是说，国王向某些城市居民出售永久统治他人的权利。

如此这般，毁掉的不仅是城市自由，而且是城市福祉。卖官鬻爵，若是法官职位，往往有益，盖良好的司法前提条件就是法官完全独立；若是行政官职，却十分有害，盖讲责任、讲服从和讲热情是有效行政的前提。从前的君主政府在这点上未出差错，小心翼翼避免将强加于城市的制度用于自身，即省督及其代理人职位绝不出卖。

值得历史大加蔑视的，是大革命竟然在毫无任何政治目的的情况下就完成了。路易十一〔9〕限制城市自由，盖其民主氛围让他感到恐惧；【注释十七】路易十四〔10〕废除城市自由，并非出于此种恐惧，盖他把城市自由出售给了所有能够赎回自由的城市。其实，路易十四并不想废除城市自由，而是想以此作为交易；即使后来废除城市

---

〔9〕 路易十一(1423年—1483年)，法国瓦卢瓦王朝国王(1461年—1483年)，查理七世之子。是法兰西国土统一的奠基人，先后吞并了勃艮第公国、安茹公国、普罗旺斯伯国和曼恩伯国等，基本统一了法兰西全境。路易十一在建立中央集权统治过程中，除采取军事手段外，善于玩弄阴谋手段，因此，人们称其为“蜘蛛国王”。路易十一保护手工业，促进对外贸易，利用御前会议治理国家。路易十一的统治为法国建立君主专制制度创造了条件。关于路易十一的形象，维克多·雨果的小说《巴黎圣母院》有生动描写。——译注

〔10〕 路易十四(1638年—1715年)，波旁王朝国王，人称“太阳王”，是与中国康熙大帝同时代的帝王，是法国史上最伟大、也是世界史上执政时间最长的君主之一，从1643年至1715年在位，长达72年3月18天。路易十四具有雄才大略、文治武功，把法兰西王国建设成为了当时欧洲最强大的国家。——译注

自由,也决非其本意,而仅仅是出于财政考虑的权宜之计。奇怪的是,这种把戏竟然一成不变地维持了八十年。在这期间,曾先后七次向城市出售选举城市官员的权利:每当城市重新尝到选举官员的甜头时,国王就把这种权利收回以便重新出售。这种做法的动机始终如一,而且国王也常常对此直言不讳。1722 年敕令的开头就明言:"出于财政需要,我们不得不寻求最稳妥的解决办法。"这一办法是很稳妥,但是,对于承担这一奇怪捐税者而言,却是毁灭性的。1764 年,有位省督致信财政总监:"历来为赎买城市自治权而支付的金钱,其数额之大让我震惊。倘若把这笔钱用于城市公共事业,就会极大改善市民生活。如今,市民感受到的只是政府以及这些官职享有的种种特权的压迫。"在我看来,这是旧王朝最无耻的一面。

如今要准确描述 18 世纪的城市管理如何进行,殊为不易。[注释十八]无论城市权力来源是如何像以上所述不断发生变化的,每个城市都保留下了某些旧制度及其特有的风俗习惯。在法国,也许不存在两座完全相同的城市,然而,其差异具有欺骗性而且掩盖了其共性。

1764 年,政府制定一部适用于所有城市管理的法律,并为此而命令各省督呈报其辖区城市治理方式等。我找到了部分省督的呈报文献,翻阅之后,我完全确信,各城市治理方式极其相似,差异只是表面上的,本质上则处处相同。

最常见的是,由两大组织管理城市。所有大城市与大部分小城市均如此。

第一大组织是由城市官员组成的市镇委员会,成员人数各地不尽不同。它是昔称公社的城镇权力执行机构。在城镇从国王手中赎买了城镇自治权或者王国在当地建立了选举制度时,城镇当局官员就经选举产生并有任期。在国王收回了城市自治权并出售其官职时,那些官员就得花钱买官职并任职终身。不过,后一种情形并不常见,因为随着城镇政权逐渐从属中央政权而导致其官职日益贬值。无论何种情形,城镇官员都不领薪,但享有免税权以及其他特权。那些官员一律平等,集体行使职权;任何官员都不得独自行使职权,也不必单独向城镇负责。那时的市长,不是行政首长,而只是城镇政府主持人而已。

第二大组织就是全民大会,由其选举城镇官员(倘若当地仍然存在选举制度),并参与城镇管理活动。15 世纪,全民大会由全民组成,诚如省督奏文所言:"此种习惯符合我们先辈的民主精神。"其时的城镇官员,都由全民选任,得不时征询市民意见并向市民报告工作。在 17 世纪末,此种习惯仍然不时得到遵守。

18 世纪,全民大会不再由全民组成,而是不可避免地几乎都实行代议制。请记住:在任何一个城市,都不再由市民普选产生,也不再倾听民众呼声;无处不是由达官贵人组成,其中有些人因拥有显要地位而参加会议,另一些人由行会或者协会指派参会并听从其指令。

随着时间推移,全民大会中的达官显贵倍增,工业行会代表则下降甚至完全消失,但仍然可以见到手工业行会代表,就是说,其成员几乎鲜见工人而都是资产者。自那时起,人民就不像人们所想象的那般轻信虚伪的自由,也不再关心公共事务,而是事不关己高高挂起。官员们试图唤起人们在中世纪屡建奇迹的爱国主义精神,却徒劳无功,无人搭理。即使是城市最重大的利益,他们也漠不关心。在那些保留自由选举假象之地,倘若让人们投票,他们就会坚决不投票。如此情形,历史上屡见不鲜。从奥古斯都起,几乎没有一个摧毁自由的君主不是保留自由的外在形式的。他们以为,如此这般就可以增加其道义力量,从而得到公众认可。然而,这种企图几乎都告失败,而且他们很快就会明白,要长期掩饰这种骗人假象,是不可能的。

因此,在 18 世纪,各地城市政府都普遍堕落为小型寡头政治。若干家族为自身特殊利益而掌管公共事务,不受公众监督,不对公众负责。整个法国政局都染上了这种弊病。各地省督都洞察了这种弊病,但想出的唯一办法,就是让地方当局更加服从中央政府的掌控。

然而,要采取的措施早已采取,已难以再采取什么措施。不断有敕令要求修改各地城市的行政管理制度;[注释十九]在省督提议下,不经调查、不告知城市居民、不经备案,御前会议就颁布法令废除各地城市的有关法律制度。

受上述法令影响的城市居民说:“如此措施让所有阶层的民众都感到震惊,因为大家都从未料到会采取这种措施。”

其时的城市,未经省督报经御前会议同意,不得设立收费关卡,不得征税,不得抵押、出售、出租、处分其财产,不得提起诉讼,不得使用其收入盈余。城市所有工程,都得按照御前会议批准的方案和预算进行。谁做哪些工程,由省督或者其代理人决定,而监管工程的,通常是国家工程师或者建筑师。上述情况,让那些以为在法国所见都是新鲜事物者惊讶不已。

然而,中央政府介入城市管理的程度,远比上述文本规定的范围要深要广。事实上,其权力远大于其权利。

在 18 世纪中叶一位财政总监致各省督的通报中,我发现有这么一句话:“你们务必特别注意城市议会发生的一切,务必连同你们的观察判断意见向我提交全面详细的报告。”

从省督与其代理人的通信中可以看出,城市大小事务,中央政府都插手:任何事情,都要征询其意见;所有事务,都由其做主;甚至节日放假问题,都由其说了算。有时候,公众喜庆活动、燃放烟花爆竹、张灯结彩等,也要听从其指令。在他们的通信中,我发现省督对一些资产阶层官员罚款20 里佛〔11〕,原因是唱《赞美诗》时缺席。

其时的城市官员人人自危,有些人写信给省督:"阁下,我们无比谦卑地恳求您,赐予我们仁慈与保护。我们将不负厚爱,绝对遵旨听命。"另有一些大言不惭自称"城市贵族"者致信省督:"阁下,我们从未违背您的意志。"

因此,在那时,资产阶层就想拥有政权,人民就想争取自由。

城市如此紧紧依附于中央政府,至少可以维持自身的财政地位吧,但并非如此。有人认为,倘若不是中央集权,城市很快就会走向毁灭。对此,我不敢肯定,但有一点我敢肯定:在 18 世纪,中央集权并未阻止城市走向毁灭命运。其时的城市管理,完全是一团乱麻。

把目光从城市转向农村吧,会发现不同的权力机构,不同的组织形式,但同样依附于中央政府。【注释二十】

诸多迹象表明,在中世纪,农村居民形成的社区独立于领主。虽然领主统治、剥削和监管着他们,但是,他们拥有自己的财产,选举自身的首领,以民主方式实行自我管理。

在所有历经封建制度的国家以及残留其制度的国家,都可以发现这种旧教区制度。英国随处可见其痕迹;六十年前的德国,就盛行此种制度,只要看看弗里德里希大帝法典就会深信不疑。18 世纪的法国,也仍然残存其遗迹。

---

〔11〕 里佛,又译"锂""法磅",法国古代货币。1 里佛最早相当于 1 磅白银。1795 年后,被新的标准货币法郎取代。——译注

我记得,为弄明白旧王朝教区真实状况而首次查阅省督辖区档案时,我吃惊发现,在如此贫困、受如此奴役的社区,竟然具有美国乡村的诸多特点。我过去误认为,这些只是美国独有的特点。两者都不存在常设的代议机构,都不存在严格意义上的市政机构;两者都受整个社区监督,都由各自独立的官员进行管理;两者都不时举行全体大会,选举执政官员、讨论决定重大事项。概言之,两者如此相似,简直就如活人像死人一样。

两者命运殊异,实则同源。

中世纪的农村教区,由于远离封建制度,完全是自我管理,在美国就变成了新英格兰的镇区;由于脱离领主,而处于国家强力控制之下,在法国就变成了如下所述情形。

在 18 世纪,各省教区官员头衔与数量有所不同。从古老文献可以看出:教区蒸蒸日上时,官员数量就增多;教区暮气沉沉时,官员数量就减少。18 世纪的大部分教区官员,可分为两种:一种是收税员,另一种通称为理事。一般而言,这些市政官员,通常经选举产生或者名义上经选举产生,但已更多地蜕变为国家工具,而不是社区代理人。收税员根据省督指令征集人头税;理事在省督代理人日常监督下,代表其处理诸如自卫队、国家项目、普遍适用之法的实施等一切与公共秩序或者政府有关的事务。

从前述已可看出,政府之事,无论大小巨细,领主已排除在外。对于政府,他无权监督也无权协助。他已无职无权;他也不屑于采取手段维护曾经拥有的权力;倘若有人邀请他加入政府,反倒会刺伤其自尊心。虽然他已不再是统治者,但是,他在教区的位置以及他所享有的种种特权,却阻碍建立有效的教区管理机构以取代其位置。拥有如此特权、行事如此独来独往、各方面如此与众不同的人物,在教区内只会起着破坏或者削弱法律权威的作用。

正是由于领主的存在，导致几乎所有富裕而受过教育的居民都迁往城市，关于这一点，稍后将详述。结果，教区内除领主外，只剩下一群粗俗无知的农民。这些人，根本没有能力管理公共事务。蒂尔戈正确指出："教区就是由茅屋以及像茅屋一样毫无生气的佃农组成的。"

18 世纪的政府档案，充斥着对教区收税员和理事等官员人浮于事、粗心大意、懒惰迟钝的投诉。大臣、省督、省督代理乃至贵族等所有人都对他们满腹怨气，但无人追问原因何在。

直至大革命爆发前，法国农村教区治理，仍然残留着中世纪曾具有的民主特色的某些痕迹。每当要选举市政官员或者讨论公共事务时，就会敲响村里的钟声召集农民到教堂门前集合开会。这种会议，无论穷富，都有权出席。当然，在这种会议上，并没有正式的辩论或者投票，但是，每个人都能各抒己见，而且还有公证人当场制作公证书，证明所说内容。

倘若把空洞的自由外表与伴随的真正无力的自由加以比较，就可以略微看出，最专制的政府也可能与某些最民主的形式相结合，乃至压迫了他人却仍然摆出一幅若无其事的滑稽模样。教区的这种民主会议能够畅所欲言，但犹如市政机构一样，无权遵循自身意志：只有在别人掰开其嘴巴时，它才能说话；只有在得到省督明确同意后，即得到当时所称的"恩准"后，才能举行会议；倘若未征得御前会议同意，即使会议取得一致意见，也不得擅自征税，也不得买卖、租赁其财产，也不得提起诉讼；倘若御前会议未批准，不得修缮被风掀翻屋顶的教堂，不得修补已倒塌的牧师居室墙体。无论是远离还是紧邻巴黎的农村教区，都受上述规定约束。我曾看到教区请求御前会议恩准其开支 25 里佛的奏折。

没错，一般而言，教区居民有权普选教区官员，但往往是由省督指定候选人,而且此种候选人从来都是全票当选。此外,省督有时还会宣布选举无效而亲自任命收税员和理事,并无限期中止一切选举。我注意到,此种情形数不胜数。

难以想象,还有谁的命运比上述教区官员的命运更残酷。对于中央政府的最底层代理人,即省督代理人,他们都得俯首帖耳。这些代理人,动不动就对他们处以罚款,有时还下令拘禁他们。可以说,公民不受专横压迫侵害的制度保障,已经荡然无存。1750年,有位省督说:“我把几个略有怨言的教区头头送进监狱,并令其负担骑警费用。借此手段,我把他们搞得服服帖帖。”因此,人们不把教区公职视为荣誉,而是视为要想方设法摆脱的负担。

然而,那些残留的教区旧制度,对于农民而言,依然很宝贵。直至今天,在一切公共自由中,唯一为农民所理解的,就是教区自由;在所有公共事务中,真正让农民感兴趣的,也是教区自由。有人愿意拱手将全国置于一个主子之手,却因无法在村中畅所欲言而大为不满。真没想到,最空洞的形式竟然拥有如此分量!

上述关于城市与教区情况的述评,也适用于几乎所有各自独立存在而拥有自身财产的机构。

旧王朝的法国,就如今天一样,没有任何一个城镇、大大小小的村落、济贫院、工厂、修道院、学校等,能够自主处理事务,能够自由处置财产。【注释二十一】在当时,就如在今天一样,政府把全体法国人都置于其控制之下。倘若当时尚未创造“肆无忌惮”这个词,至少在事实上已经存在这个词。

第四章 行政司法与官员豁免权乃旧王朝体制

在欧洲,没有任何国家的普通法院像法国那样独立于政府,也没有任何国家像法国那样常常使用特别法庭。两者结合之紧密,出乎人们之想象。国王无法左右法官命运,既不能撤职、调离,往往也不能提拔,总之,国王无法利用功名利禄也无法通过恐吓威胁控制他们。不久,国王就因手脚受困而感到恼火。此种局面,导致国王避免将涉及王权案件交由普通法院审理,并在普通法院之外,另行设立了一种国王专用而更依附国王的法院。这种法院,呈现给臣民的是法院外衣,但是,其真实面目又不会让国王感到害怕。

在有些国家,如德国某些地区,普通法院就从未像法国那样独立于政府,因此,也就从未像法国那样采取防范措施,也就从未设立行政法院。那里的国王足以让法官服服帖帖,而不必另设法院。

君主制最后百年期间国王颁布的文告敕令或者御前会议发布的行政命令,几乎无不规定:可能因此而引发的争议和诉讼,一律提交省督以及御前会议解决。其常见措辞格式是这样的:“除此以外,国王陛下谕令,因执行此法令以及相关命令而引起的一切争议,均应提交省督或者御前会议裁决,并禁止法院以及法官受理。”

对于按照法律或者古老习惯法处理的案件,由于事前并未作出上述规定,御前会议往往会通过调案手段进行干预,从普通法院手中取走涉及政府的案件,改由御前会议自行处理。御前会议登记册中充斥着这类调案命令。渐渐地,特例演变为通例,事实演变为原则。虽然法律未作明文规定,但是,在执法者心中已扎根为金科玉律:凡涉及公共利益或者因解释政府法令而引发的争讼,均不属普通法院管辖;普通法院只能管辖涉及私人利益的案件。在这个问题上,我们唯一能做的是找到其规则,而其思想则属于旧王朝。

此后,由征税而引发的大部分诉讼,专属省督和御前会议管辖。与货运、客运、陆运、河运等有关的诉讼,也归省督和御前会议管辖。总之,一切与政府有关的都由省督和御前会议管辖。

省督们一直处心积虑扩大专属管辖权,不断提醒财政总监,不断催促御前会议。有位官员提出的调案理由,值得一提,他说:"普通法院法官受既有规则约束,不得不压制违法行为。但是,御前会议永远可以为了实用目的而抛弃既有规则。"

正是有了这一原则,省督或者御前会议动不动就把与政府没有明显关联甚至明显完全无关的案件调取亲自审理。有位贵族与邻居发生诉讼纠纷,不满法院判决,请求御前会议调取审理该案。省督答复问询时说:"尽管此案涉及的只是归普通法院受理的私人权益纠纷案件,但是,国王陛下只要愿意,就永远有权受理一切案件,不必说明理由。"

以暴力扰乱社会秩序者,往往由省督或者骑警队长调案处理。大多数因粮食涨价而导致的这类骚乱案件,均调案处理,由省督指定若干获取"大学学位"者协助其办理。他们组成一个类似省督法院的机构,专门审理刑事案件。我发现了此类机构作出判决的案件,有些人被判处苦役甚至死刑。在17世纪末,省督仍然经常审理此类刑事案件。

近代法学家断言,自大革命以来,行政法已取得巨大进步:"司法权与行政权,以前混杂在一起,自那以后得以区分而各司其职。"若想正确认识此处所谓的进步,就永远不能忘记:旧王朝的司法权,一方面不断超越其应有职权;另一方面又从未全面履行其职权。倘若对此只知其一而不知其二,就会产生错误或者不全面的认识。法院时而获得制定公共管理法规的权力,这显然超出其职权;时而被禁止审理案件,这无异于撤销其职权。没错,由于旧王朝在行政领域保留司法权极其不妥,我们就从行政权中剥离出司法权,但是,正如人们所见,政府仍然在不断地介入司法权,我们却任其发展。行政越权与司法越权都很危险,但是,行政越权更危险,因为司法干预行政损害的只是程序问题,而行政干预司法则使人们堕落,使人们变得一面是奴性另一面是革命性。

在近六十年法国制定的旨在永久适用的九部或者十部宪法中[12],有一部明确规定:任何政府官员,未经事先批准,不得被诉至普通法院。这一规定似乎很好,无论废除哪部包含其内容的宪法时,人们都小心翼翼从废墟中把它救出,此后又小心翼翼地使它免遭革命摧残。官员们通常将这一规定赋予的特权视为1789年的伟大成果。他们在这个问题上也是误解。彼时的君主制旧政府与如今政府一样,都想方设法不让政府官员像普通公民一样,接受法院审判并认罪。两个时代的唯一实质区别是:大革命前,政府唯有通过专横违法手段袒护官员;大革命后,政府让官员合法践踏法律。

在旧王朝,每当有中央政政府官员被起诉至法院时,御前会议通常都会下令禁止法官审理,要求将该案移交御前会议任命的专员进行审理。当时有位御前会议成员写道:普通法院对遭受起诉的官员怀有偏见,会损害王权威信。如此处理的案件,并非偶尔才有,而是每天都有;涉及的不仅有高官要人,而且有小兵小卒。只

---

〔12〕 托克维尔所说的“近六十年”,是指从1789年至1849年的六十年。在此期间,随着政治形势变化,法国陆续颁布了如下宪法:1791年宪法、1793年宪法(《雅各宾宪法》)、1795年宪法(共和第三年宪法)、1799年宪法(共和第八年宪法)、1801年宪法(共和第十年宪法)、1803年宪法(《共和第十二年元老院整体决议案》)、1814年宪章、1830年的七月王朝宪法、1848年宪法。在此以后,法国制定颁布了如下宪法:1852年宪法、1875年宪法、1946年宪法和1958年宪法。在上述宪法中,比较具有代表性的是:1793年宪法、1848年宪法、1958年宪法。其中,1958年宪法,又称《第五共和国宪法》或者《戴高乐宪法》,历经多次修改,至今仍然有效。——译注

要与政府略有关系,就谁也不怕,只怕御前会议。桥梁公路工程局有个负责指挥徭役的监工,被受其虐待的农民诉至法院后,御前会议即调取此案进行审理。总工程师秘密致信省督:"毫无疑问,该监工完全应受谴责,但是,不应听任法官审理该案。对于桥梁公路工程局而言,最重要的是,不能让普通法院受理并审理徭役起诉监工案件。此例一开,遭到公众厌恶的这些官员就会面临无休无止的诉讼,从而会导致工程受影响。"

另一个案件,是国家承建商擅自取用相邻工地物资。省督亲自向财政总监报告此案:"任由普通法院审判承建商,给政府利益带来的损害无法估量,因为普通法院遵循的原则与政府遵循的原则完全水火不相容。"

上述文字是百年前写下的,写下那些文字的官员就像是我们这个时代的官员。

第五章　中央集权怎样建立并取代而非摧毁旧政权

兹概括前面三章内容：在王国中央，有一个机构，统辖全国行政管理工作；有一个大臣，统领几乎全部内政事务；在各行省，都有一个代理人，统管一切大小事务；未经允许，其他任何下属，都无权擅自行动；有特别法庭审理与政府有关的案件并袒护政府官员。这不就是我们今天所熟悉的中央集权吗？与如今相比，其架构不甚明显，其模式不甚规范，其存在不甚稳定，但是，它们皆为同样之物。这座建筑物，自那时起，就无须加建或者拆除什么重要部分，而且只要把周围建筑物推倒，就呈现在我们眼前。【注释二十二】

上文刚刚介绍的大部分制度，各地后来纷纷仿效，但在当时，乃为法国特有。下文即将论及，它们对于法国大革命及其后续发展产生了多么巨大的影响。

问题是，这些近现代制度，是如何在封建旧社会废墟中建立起来的？

建立上述制度，需要实力，更需要耐心、技巧与时间。大革命爆发之初，法国旧王朝大厦几乎完好无损，可以说，人们是在其基础上竖起另一座大厦而已。

没有任何迹象表明，旧王朝政府是按照事先精心设计的蓝图打造这一艰巨工程的。相反，它几乎只是本能地完成这一工程的。正是这一本能，驱使它大权独揽。即使官员繁多，这种本能依然始终如一。它保留了从前官员的头衔与荣誉，却逐渐剥夺其权力。它并非把从前官员从其权力领域逐出，而只是让其边缘化。它巧妙地利用有些前官员的惰性、其他前官员的自私本性，利用而不是纠正从前的政府机构的一切弊端，最终以省督这一闻所未闻的政府代理人，和平地取代了从前的一切政府官员。

在上述改造大业中,唯一的绊脚石就是司法机构。不过,即使在这方面,也如其他方面一样,政府最终抓住了实质权力,只把权力影子留给反对者。它并非将高等法院拒之于行政领域门外,而是逐渐吸收其职权,最终几乎让法院在这个领域什么也无法插手。【注释二十三】在一些罕见的非常时期。例如,发生饥荒时,由于民意鼎沸而助长了法官的雄心,中央政府就会让高等法院暂时发挥其对行政部门的影响力,允许它们喧嚣一下而在历史上常常产生回声。但是,不久以后,中央政府就悄悄地恢复自身地位,暗中重新独自控制一切人一切事。

倘若认真研究高等法院与王权的斗争,就会发现,它们几乎都集中于政策问题而不是管理问题。引起冲突的,通常是开征新税问题,就是说,双方争论的,不是行政权而是立法权。其实,争论双方都不拥有上述两种权力。

越临近大革命时代,上述情形就越突出;民情越激愤,高等法院就越卷入政治。与此同时,中央政府及其代理人变得越老练越精明,高等法院就越少过问行政管理问题,也因此,就越像保民官,而不是行政官。

此外,时代不断为中央政府开辟新的管辖范围,法院故步自封而跟不上时代。新问题层出不穷,因此而引发的案件,法院无先例可循,而且常常与既有审判规则相冲突。社会发展进步,每时每刻都产生新需求,而且每种新需求,对中央政府而言,都是其全新的权力源泉,因为唯有中央政府能够满足这些需求。法院已涉足的行政范围始终固定不变,而中央政府涉足的行政范围不断变化,随着文明发展而不断扩大。

大革命临近时,法国人的观念在动摇。此时,向他们灌输新思想,唯有中央政府才能做到。中央政府在被推翻前,其权力不断膨胀。这就像其他一切一样,中央政府也在日趋完善。其时的中央政府档案令人不可思议地证实了上述情形。1780 年的总监和省督,与 1740 年的完全不同。此时,政府已被改造,代理人仍然是代理人但精神已不同。政府权力越来越大,管理的事务越来越细,管理越来越开明、越来越规范;它以温和方式成功地控制了一切;它主宰领域多,但远远谈不上压迫。

大革命爆发之初的力量,摧毁了庞大的君主体制。但到 1800 年,这一体制又得以复活。人们常说,我们国家的治理原则,是 1789 年所采纳的那些原则。其实,正好相反,它们恰恰是旧王朝的原则,是其时得以复活并至今仍然遵循的原则。

若有人问,旧王朝的那些制度,如何移植至新社会并与之融为一体?我的回答是:倘若中央集权在大革命中没有灭亡,就意味着中央集权本身就是大革命的开端和象征;我还要进一步指出:国家摧毁其贵族政治时,必定走向中央集权制;此时,阻碍其建立比加速其建立,要难得多;在权力内部,一切权力都必定趋于统一,唯有凭借高超技巧,才能打破集权局面。

民主大革命,摧毁了诸多旧制度,却巩固了中央集权制。在大革命创建的新社会中,中央集权制是自然而然地找到其位置的,因此,人们很容易误认为,中央集权制是大革命功绩之一。

第六章　旧王朝行政管理模式

只要读过旧王朝省督与其上下级通信者，就会感叹：那个时代与这个时代的政治制度如此相似，难怪两者官员如出一辙。他们仿佛跨越了造成天各一方的大革命深渊而携手共进，被统治者也完全如此。从未有过什么政治制度对人的精神影响，那么明显。

那个时代的大臣，就已经渴望自己能够明察秋毫，事必躬亲，在巴黎就可以掌控一切。随着时代发展和管理改进，这种渴望更加强烈。至18世纪末，即使在边远省份偏僻之地建造一座慈善工场，都要由总监本人亲自选址、监督开支、起草章程。倘若有人创办了乞丐收容所，必须告知总监所收乞丐姓名及其确切进出时间。早在18世纪中期前，即1733年，阿冉松侯爵就写道："大臣们承担着烦琐的事务。没有他们，什么事也办不成；唯有通过他们，事情才能办成。倘若超出能力范围，他们就不得不委托办事员处理，后者就摇身一变成为真正的掌权人。"

财政总监要求人们向他报告事务与人员的详细情况。省督也要求下属如此汇报，而后再一字不漏地向上汇报，仿佛汇报亲自了解的情况一样。

为了做到身在巴黎而能够洞察并掌控一切，就得设计成千上万的监控手段，从而造成文山会海、办事拖拉的局面。我从未发现，有任何教区重建钟楼或者修缮教士住所的申请，能够在一年内得到批准。这种申请，一般而言，需要两三年时间才能获批。

御前会议于1773年3月29日签发的判决承认："办事程序烦琐，拖延误事，诉求有理，然而，有关程序又必不可少。"

原以为,热衷统计,是今天政府官员的特有嗜好。但我错了。在旧王朝末期,就不断有印好的各种小型报表发给省督填报,而省督又令代理人以及教区理事填报。财政总监要求报告土地特性、耕作情况、作物种类与产量、牲畜数量、人情风俗等。以此方式获取的资料数据,与当今市长、县长上报的,同样详尽而不确切。省督代理人在那种程式化报告中,对辖区民众评价似乎都不高。他们总是这样评价:“农民生性懒惰。若非为了活命,不会干活。”在其时官员圈子中,很盛行农民乃得过且过的观点。

两个时代的公文惊人相似,没有文采,像记流水账,含含糊糊,无病呻吟。作者个性,荡然无存,淹没于普遍平庸之中。阅读如今的省长报告,犹如阅读那时的省督报告。

只是到了18世纪末,狄德罗[13]和卢梭[14]的个性语言在广为传播后,其作品充盈的感情,才得到行政官员们甚至财经官员们的注意。过往总是充斥着干巴巴的空话套话的公文,此时才变得有点感人动人。有位省督代理人向巴黎省督抱怨:“我是敏感之人,在履行公务时,无时无刻不心怀强烈的悲悯之心。”

那时的政府像如今一样,向各教区分发赈灾救济款物,条件是教区居民也应作出一定捐赠。倘若教区居民作出足额捐赠,财政总监就会在捐赠清单空白处批注“好,满意”;倘若作出巨额捐赠

---

〔13〕 德尼·狄德罗(1713年—1784年),法国18世纪唯物主义哲学家、美学家、文学家、杰出的启蒙思想家,是概括了18世纪启蒙运动精神的《百科全书》主编,是百科全书派思潮主要代表人物,被后世称为“现代百科全书奠基人”。另著有《对自然的解释》《生理学基础》等。——译注

〔14〕 让·雅克·卢梭(1712年—1778年),法国伟大启蒙思想家、教育家、哲学家、文学家,是法国大革命思想先驱,是启蒙运动最卓越的代表人物之一。著有《社会契约论》《论人类不平等的起源和基础》《爱弥尔》《忏悔录》《新爱洛漪丝》《植物学通信》等。其《社会契约论》对法国大革命具有直接而深远影响,对美国独立革命也发挥了巨大影响。——译注

时,他就会批注“好,满意和感动”。

当时的行政官员几乎都是资产者,已然形成独立阶级,有独特精神、传统以及道德观、荣誉感和自尊心。他们是新社会贵族,已成气候,充满活力,只待大革命为其腾出位置。

彼时的法国行政当局已具有如下突出特点:敌视一切希望自主管理而不受政府干涉之人,无论贵族还是资产者;对于未经批准而成立任何小小团体的行为,都惊骇不已;对于任何微不足道的自由结社活动,无论宗旨如何,都大感不安,甚至厌恶大行业行会之类组织,只允许其一手扶持并受其控制的社团存在。一句话,它讨厌人们以任何方式参与、监督其活动,宁愿死水一潭,也不想有竞争对手。然而,又必须给法国人一点点自由,以慰藉一下受奴役的心灵,因此,政府允许人们自由讨论哲学、宗教、道德乃至政治等方面的种种普遍抽象的理论问题。只要不批评政府官员,抨击社会赖以存在的基本原则甚至争论上帝问题,都能容忍。其时的政府认为,上述问题与其无关。

18 世纪的报纸,或者当时所称的“加泽特”,刊载的四行诗文多于政论文章。尽管如此,政府早已视这支小小力量为眼中钉肉中刺。它对书籍比较宽容,对报刊却非常苛刻。由于无法专横取缔,它就竭力垄断报刊经营。我发现,在 1761 年,有份发给各省督的通告,宣布国王即路易十五[15]的敕令,今后《法兰西报》[16]由政府掌管:“鉴于国王陛下欲使该报内容喜闻乐见,确保比其他报刊办得

---

〔15〕 路易十五(1710 年—1774 年),1715 年—1774 年在位。执政早期受人民拥戴,但执政后期,宫廷生活糜烂,无力改革,无法解决经济问题,从而大失民心,成为法国最不得人心的国王之一。“我死后,哪管他洪水滔天”即出自路易十五之口。——译注

〔16〕 《法兰西报》,创办于 1631 年,系法国第一家报纸。1762 年,该报成为政府官报,每周出版两期。大革命后,于 1792 年更名为《法兰西国民报》,改为日报出版。十九世纪该报成为保王派喉舌。1914 年停刊。——译注

更好,因此,务必呈报简讯,报告所在行省发生的一切可以激起公众好奇心的有趣之事,尤其是自然科学、博物学方面的奇闻轶事。”通告宣称,较之旧报,新报出刊更勤、内容更多而订阅费大幅降低。

收到文件的省督下令代理人执行,但后者回信说没有什么可汇报的。御前会议大臣再发信严斥省督无能:“国王陛下命令我告诉你们,务必认真对待此事,并向下属下达最严厉指令。”省督代理人这才行动起来:有的报告说,有个走私盐犯处以绞刑时表现得很勇敢;有的报告说,辖区有个妇女一胎生了三个女孩;有的报告说,辖区发生了一场可怕的暴风雨,幸运的是未遭受任何损失;还有的报告说,虽然十分留心,但没有发现任何值得一提的事情,不过,为订阅了如此有用的报纸而感到开心,并将邀请所有有教养者都订阅。然而,代理人的上述努力似乎作用不大,因为御前大臣再次写信:“国王不辞劳苦,亲自详细了解各项措施,目的就是办好这张报纸,并希望为这张报纸赢得其应有的殊荣与地位。然而,看到其旨意如此不受重视,国王很不满意。”

由此可见,历史乃画廊:在那里,真品少、赝品多。

此外,应当承认,法国中央政府从未效仿南欧政府,后者控制一切似乎就是为了荒芜一切。法国政府十分明确自己的重任,而且具有惊人的积极性。但是,它的积极性,常常劳而无功,甚至反倒有害,盖有时它会不自量力,或者做些无法控制之事。

彼时的法国政府,罕见实施最需要实施的改革,或者很快就放弃此种改革。这种改革要获得成功,需要付出不折不挠的努力,但是,政府朝令夕改,无法维持稳定局面。新规则一个接一个,令人眼花缭乱,导致下级官员无所适从。城镇官员向总监抱怨条例规章极其不稳定:“就拿财政条例来说,变化如此无常,需要市府官员——即使他是终身任职的官员——丢下正常公务,用一生时间研究它们。”

有些法律没有修改，但执法方式每天都在变化。倘若没有从旧王朝遗留档案文件中看出政府实际运作，就无法想象，法律竟沦落到如此遭人蔑视甚至遭执法者蔑视的程度。其原因在于：没有议会、报纸监督政府官员专横跋扈、胡作非为与喜怒无常的行为。

御前会议判决所引用的法律，罕见很早以前颁布的，往往是最近颁布而从未得到执行的。国王敕令、诏书、令状，实际无一得到严格执行。从财政总监与省督的通信，就可以看出，政府一直容忍不按规则办事的行为并在法外开恩。它虽然几乎很少破坏法律，但是，为权宜之计，每天都根据特殊情况，随心所欲往任一方向曲解法律。

有位省督致信御前大臣，谈及政府工程承建商申请免交所在市镇捐税问题：“严格按照刚刚提到的敕令和法令规定，这些捐税人人都得交纳，王国内无一例外，此乃相当明确。然而，谙熟者都知道，尽管几乎所有敕令、昭告和法令都对此作了硬性规定并明确了相应处罚措施，但从未阻止法外开恩情形发生。”

可见，旧王朝就是如此：规则严厉，执行松弛。此乃其特点。

倘若凭其制定的种种法律判断那时的政府，就会陷入无比可笑的荒谬之中。我发现国王 1757 年颁布的诏书规定：撰写或者印刷反对宗教或者现行制度之书者，一律判处死刑；贩卖、出售此类书籍者，等同处罚。这岂不回到圣多米尼克[17]的时代？不，这正是

〔17〕 圣多米尼克(1170 年—1221 年)，系天主教托钵修会主要派别之一多明我修会(又译“道明会”“多明我会”或者“宣道兄弟会”等)的创始人，主张苦修，先以布道团与阿尔比派异端斗争，后由罗马教廷委派设宗教裁判所。——译注

伏尔泰[18]威名远播的时代。

人们常常抱怨,法国人藐视法律。哎哟,他们何时学会过尊重法律?可以说,在旧王朝人们头脑中,法律观念本该占有一席之地的位置,是空荡荡的。个个求情者都恳求法外开恩,其认真严肃的态度,犹如要求他人严格遵守法律时一样。只有等到政府抛弃他们时,才会想到运用法律武器。虽然人民对当局的服从是全面的服从,但是,服从当局,并非出于自愿而是出于习惯。倘若人们偶然躁动起来,一点点刺激都会激发暴动。此时,要压服他们,靠法律无济于事,只有采用暴力和专政手段。

18 世纪,法国中央政府尽管尚未建立后来才有的强势政府,但是,已经完全取消所有中间层级代理机构,在中央政权与个人之间只是一片空白。因此,在人们眼中,中央政府已成为社会机器的唯一动力,成为公共生活的唯一而必不可少的代理人。

攻击政府的文章最能说明问题。早在大革命前,就有不满政府的言论,创建新社会与新政府的思想观点层出不穷。那些改革家提出的目标虽然不同,但计划采取的手段相同。他们都想借中央政府之手摧毁一切,并按照他们自己设计的新方案,重建一切。在其看来,能够完成这一艰巨任务的,唯有中央政府。他们说,国家力量就如国家法律一样,应当不受任何限制,唯一需要考虑的问

---

〔18〕 伏尔泰(1694 年—1778 年),法国启蒙时代思想家、哲学家、文学家,启蒙运动公认领袖和导师,有“法兰西思想之父”“法兰西最优秀的诗人”“欧洲良心”之誉。不仅哲学成就卓越,而且以捍卫公民自由特别是信仰自由和司法公正而闻名。在当时言论出版审查极其严格的法国,他公开支持社会改革,抨击天主教教会和当时的法国教育制度。《哲学通信》(后重编为《英国通信集》)系其代表作。伏尔泰的著作和思想,对法国大革命以及美国独立革命都具有重要影响。——译注

题是确保其恰当运用力量。老米拉波[19]是个极其迷恋贵族权利的贵族,不客气地称省督是僭越者,并宣称:倘若唯有政府有权挑选法官,法院不久就会成为特派员帮会。老米拉波只相信中央政府,认为唯有中央政府才能实现其梦想。

这些观念绝非停留在书本上,而是融入了所有人的精神中,融入了习惯中,蔚然成为社会风尚,渗透至方方面面乃至日常生活中。

那时,没有人不认为,国家不介入,什么大事也干不成。通常极其讨厌他人指手画脚的农民,竟然也相信,农业落后,主要应归咎于政府指导不力与资助不足。有位农民写信给省督,语气极其愤怒,似乎早已让人感受到了大革命的气氛:“政府为什么不指派巡视专员,每年到各省巡视检查农业生产状况?巡视专员可以教农民应种养什么、如何施肥、如何饲养牲畜、如何养膘牲畜、把作物与牲畜送往哪个集市出售、如何出售等。应该给予这些巡视专员优厚报酬。政府应当表彰奖励种养出色的农民。”

巡视专员和十字勋章!天哪,萨福克郡[20]的农民,怎么想也不可能想到!

在大多数人眼中,唯有政府才能维护公共秩序。平民百姓只怕骑警队,而资产者只信任骑警队。双方不仅都把骑警队视为秩序的主要维护者,而且都把其视为秩序化身。吉耶纳省三级会议认为:“最嚣张的流氓,一看到骑警,就立即乖巧起来,此乃有目共睹之事。”【注释二十四】因此,人人都希望自家门口派有骑兵站岗。在省督辖区档案中,随处可见此类申请,但是,似乎无人想过,站在保护

---

〔19〕 老米拉波(1715年—1789年),法国政治经济学家,重农学派经济思想先驱。著名的法国大革命立宪派代表米拉波伯爵之父,人称老米拉波侯爵。著有《遗嘱政治》《税收理论》《人类之友》等。——译注

〔20〕 萨福克郡,乃英国的一个地区。——译注

者后面的才是主人。

流亡英国的法国贵族最感惊讶的是，那里竟然没有这种警队；不但惊讶不已，而且甚至为此蔑视英国人。其中有个地位显赫者，以前所受教育根本没有为他目睹的强烈反差做好心理准备，写道："这是真人真事：财物遭抢后，英国人反倒自感庆幸至少他们国家没有骑警队。有个英国人对扰乱治安行为感到恼火，可是，当看到捣乱分子回归社会正常生活时，却很欣慰地说：无论付出多大代价，都应严格遵守法律。"他又写道："如此错误的想法，庆幸的是，并非人人都接受，睿智之士的想法恰好相反，而且从长远来看，后者想法必定是主流的。"

这位流亡贵族从未想过，上述英国怪现象，可能与他们的自由有某种联系。不过，他偏爱运用科学原理进行解释："天气潮湿闷热，会导致人的性情忧郁。在如此国家，民众必定喜爱严肃话题。因此，治国理政之事，英国人天生就津津乐道，而法国人敬而远之。"

政府取代了上帝，人们自然要求政府满足个人需要。因此，要求解决问题的请求书堆积如山，而且总是以公共利益为名，要求满足个人的小小私利。【注释二十五】装满请求书的文件箱，也许是旧制度下所有阶层融为一体的唯一之地。那些请求书，读来令人压抑：农民请求赔偿牲畜或者房屋的损失；富有地主请求帮助开发土地；工厂主请求省督发给特许状避免于己不利的竞争。最常见的请求是，工厂主向省督诉说买卖不景气，请求帮助他向总监申请资助或者贷款。似乎最终为此而设立了专项基金。

有时地位显赫的贵族也成为请求人。因其地位，提出请求时也显得态度傲慢。他们要求省督帮助申请减免或者延期支付二十分之一税。这种捐税，是其主要负担。我看过诸多此类请求书。

这些几乎都有封号而且往往是大领主的贵族，在请求书中说：写请求书是因为歉收或者陷入经济困境。贵族通常称省督为“先生”；我也注意到，有的也像资产者那样，称省督为“阁下”。

在请求书中，穷困与傲慢有时荒谬可笑地结合在一起，有位贵族巴结省督：“你那敏感的灵魂，绝不会要求我这种地位的父亲，像平民父亲一样，分文不差缴纳二十分之一税。”【注释二十六】

18 世纪频频发生饥荒。每当爆发饥荒，居民都求助于省督，似乎唯有从他那里才能获得粮食。其结果是，陷入贫困者都指责政府，甚至把注定无法避免的灾祸都归咎于政府，就连天气异常也责怪政府。

因此，法国于本世纪初轻而易举重建中央集权制度，丝毫不必感到惊讶。1789 年，推翻了中央集权，其根基却深藏于摧毁者心中。正是存在这一根基，中央集权大厦才能突然重新建起，而且更坚固。

第七章 法国首都何以压倒外省并控制全国

一国之都,成为全国政治中心,既非取决于地利,也非取决于宏伟壮丽,更非取决于富可敌国,而取决于政府性质。

伦敦人口之多,无异于一个王国,但至今未对大不列颠命运起主导作用。

没有美国公民会认为,纽约人可以决定美利坚命运;也没有哪个纽约州公民会认为,纽约市可以任意主导州事务,尽管如今的纽约居民,与大革命爆发时的巴黎居民数量一样多。

在法国宗教战争年代[21],巴黎人口等于王国其余人口总和,与1789 年完全相同,但是,彼时的巴黎什么也不能决定。巴黎在投石党运动时期[22]只是法国最大城市,但至 1789 年,俨然成为法国本身。

1740 年,孟德斯鸠[23]致信友人:"在法国,只有巴黎及其尚未吞噬的若干遥远外省。"1750 年,那位满脑子幻想但偶尔有远见的老米拉波侯爵,未指名地谈及巴黎:"首都不可或缺,然而,倘若头部过大,就会中风而亡。倘若置外省于直接依附地位,倘若把外省居民视同二等臣民,倘若外省居民在本省没有任何求取功名利禄

---

〔21〕 法国宗教战争,又名"胡格诺战争",是于 16 世纪在法国连续八次发生的宗教战争。它是法国天主教与新教的战争,最终以亨利四世南特敕令容忍新教徒而结束。法国宗教战争时代,就是指从 1562 年起至 1598 年止的这个时代。——译注

〔22〕 投石党运动(1648 年—1653 年),又译"福隆德运动",是西法战争(1635 年—1659 年)期间,法国发生的反对专制王权的政治运动。"投石党运动"之译,主要有两个考虑:法文"la Fronde"中的"Fronde"一词,具有"投石"之意;当时支持反专制王权运动的巴黎民众,以石块击打彼时王权的实际掌权者马萨林(又译"马扎然")红衣教主支持者的窗户。——译注

〔23〕 孟德斯鸠(1689 年—1755 年),法国启蒙时期伟大思想家、社会学家、法学家,西方国家学说和法学理论奠基人。著有《论法的精神》《波斯人信札》《罗马盛衰原因论》等。《论法的精神》是其代表作,奠定了近代西方政治与法律理论发展的基础。——译注

的资源与途径，而将一切人才统统吸引至首都，后果不堪设想！”老米拉波侯爵把从外省抽走名流商贾才智之士的过程，称为“一场静悄悄的革命”。

细心阅读前面几章的读者，早已明白造成这一现象的原因。若重述其原因，这些读者会不耐烦。

这场革命并未躲过政府的眼睛，但政府看见的，仅仅是最显眼的形式：首都的扩大。它目睹巴黎日益扩大，担心难以治理如此巨大的城市。尤其是在17、18世纪，国王颁布了大量敕令，竭力阻止城市扩大。国王们一边越来越把国务活动集中于巴黎城区或者郊区，一边却希望维持巴黎的小城市规模。因此，严禁居民开建新房，要新建也须付出最高昂代价并在指定的不大吸引人之地兴建。每一道后续敕令皆证明，尽管有前一道敕令，巴黎仍在日益扩大。路易十四在其统治的全盛时期，曾六次试图阻止巴黎膨胀，皆以失败告终：巴黎仍然冲破条条敕令，不断扩大。巴黎主宰地位的取得，甚至比城墙增长更快。成就巴黎这种地位的，不是发生在城墙之内的事件，而是发生于城墙之外的事件。

与此同时，地方自治权利无处不在不断消失，独立自主的一切特征在消失，行省特点逐渐抹去，旧时公共生活的最后痕迹正在磨掉。但是，国家并未变得衰弱，相反，处处都充满活力，只不过原动力来自巴黎。在无数例证中，我仅举如下一例：我发现，多份呈报大臣的出版报告记载：在16世纪和17世纪初，诸多外省城市都设有大型印刷厂，但是，如今既没有印刷工，也没有活可干。毫无疑问，18世纪末出版的书籍，远比16世纪多，但是，一切思想观念均出自中央而非地方，也就是说，巴黎已经吞噬外省。

因此，在法国大革命爆发前，第一场革命已经全部完成。

著名旅行家阿瑟·扬，在三级会议召开后不久而巴士底狱被攻占的几天前，离开巴黎。巴黎与外省的所见形成强烈反差，这让他惊讶不已。在巴黎，一片沸腾景象：随时都有政治宣传小册问世，每周出版高达九十二册。他说："即使在伦敦，我也从未见过如此规模的出版发行热潮。"但是，走出巴黎，目睹的似乎就是死气沉沉的局面：印发的小册子寥寥无几，报纸则根本没有。然而，外省民情涌动，一触即发，只是尚未见诸行动；人们聚在一起，也是为了打听传自巴黎的消息。每到一座城市，阿瑟·扬都会询问当地人打算做什么。"回答都千篇一律，"他说："我们只不过是外省城市，得看看巴黎要干什么。"他进一步说："这些人甚至不敢有主见，除非知道巴黎在想什么。"

令人惊讶的是，法国国民制宪议会[24]竟然能够一举废除一切旧行省。要知道，这些行省比君主制还古老。国民制宪议会将全国整齐地划为八十三个行政区，就像在美洲新大陆划分处女地一样。此举震动全欧洲甚至让其颇感恐惧，盖其对此毫无心理准备。伯克说："平生第一次看到如此野蛮地划分国土。"其实，这种情形，表面上是在撕裂活生生的躯体，实质上只是在撕裂尸体而已。

就这样，巴黎获得了对外省的完全控制权。与此同时，巴黎内

〔24〕 国民制宪议会，成立于法国大革命第一阶段的1789年7月9日，其前身是法国国民议会，并于1791年9月30日解散，其继承者为国民立法议会。1789年5月5日，法国三级会议在凡尔赛宫召开，围绕资格审查问题发生争执，5月6日陷入僵局后，第三等级代表打出"众议院代表"称号并于6月10日在罗伯斯庇尔提议下决定单独召开审查代表资格的会议。6月15日，身为教士却成为第三等级杰出代表的西哀耶斯提议"立即着手组成议会"，并建议放弃三级会议的名称而改用"经法兰西民族承认和审查的代表大会"的名称。另一代表穆尼埃建议采用"由国民大多数代表所组成的、在少数人缺席的情况下发挥作用的合法大会"的名称，而米拉波则建议简单地称为"法国人民代表会议"。最后由西哀耶斯采纳勒格朗代表的意见，把新议会定名为"国民议会"。6月17日第三等级宣布成立国民议会，第一等级代表也于6月19日加入国民议会，立法议事日程随之展开。6月20日，在法国国王路易十六和第二等级代表的威胁下，国民议会在议长巴伊带领下转移至老凡尔赛街的网球场大厅继续开会，并发表著名的"网球场宣言"，宣布不制定宪法绝不解散国民议会。7月9日，国民议会更名为"国民制宪议会"。——译注

部也同样完成了另一值得注意的历史性转变。巴黎不只是商业贸易与娱乐消费城市,而是工业制造城市。这种转变,赋予了比第一种转变更为全新而令人敬畏的特点。

上述变化由来已久。早在中世纪,巴黎就是王国内最大也是手工业最发达的城市。近代,更为明显。随着行政事务逐渐集中于巴黎,工业也集中于此地。由于巴黎越来越成为时尚引领者与仲裁者,成为唯一的权力与艺术中心,成为全国活动的主要聚焦地,法国的工业制造业就更加集中于巴黎。

虽然旧王朝的统计文献往往不足为信,但是,可以有把握地确信,法国大革命前六十年间,巴黎工人数量已增长两倍,而巴黎总人口仅增长三分之一。

除上文所述的一般原因外,还有一些特殊原因把工人从法国各地吸引至巴黎,逐渐促使他们聚集于若干区域内,最终导致这些地方成为工人聚居区。在当时,巴黎财政立法给工业设置的障碍少于法国其他各地,而且巴黎比其他地方更容易摆脱行会控制。巴黎某些郊区,如圣安托万区和唐普尔区,在这方面尤其享有更多特权。路易十六〔25〕进一步扩大了圣安托万区的特权,旨在吸引大量工人。诚如这位不幸国王在敕令中所说的,“要赋予圣安托万区工人全新保护,帮助他们摆脱那些损害其利益也损害贸易自由的

---

〔25〕 路易十六(1754 年—1793 年),法国波旁王朝复辟前最后一任国王(1774 年—1792 年在位),也是法国历史上唯一被处死的国王。路易十六制锁技术高超,但是,性格优柔寡断,即位后多次更换财政总监,任由内阁内讧,从激进到保守,政策变化无常。1789 年 5 月,在财政总监内克等人的敦促下召开三级会议,但拒绝第三等级阶层的制宪要求,导致同年 7 月 14 日法国大革命爆发,被迫签署《人权宣言》。1791 年 6 月 20 日化装成平民乘马车出逃,结果被发现后押送回巴黎。同年 9 月批准宪法。1792 年 8 月 10 日遭革命政府逮捕。在人民迫切要求下,1793 年 1 月被判处死刑并于当月 21 日被送上断头台。据传,极具讽刺意味的是,路易十六当年曾亲自参与断头台的设计改进。1989 年 7 月 14 日,在法国庆祝大革命 200 周年的庆典上,法国总统密特朗表示:“路易十六是个好人,把他处死是件悲剧,但也不可避免。”——译注

种种障碍”。

在大革命前夕，巴黎制造业、工厂、高炉大幅度增长，政府有所警觉。目睹工业发展，政府充满种种臆想的恐惧。御前会议 1782 年发布的法令说：“鉴于制造业飞速发展，导致大量消耗木材而危及城市供应量，从今以后，国王禁止在首都方圆十五里以内新建这类工厂。”至于工人聚集会产生的真正危险，当时并无人察觉。

就这样，巴黎摇身变为法兰西主人，并且已经募集一支军队，而这支军队就是巴黎的主人。

如今普遍认为，行政上的中央集权制和巴黎的至高无上地位，是这四十年来所有的走马灯式政府垮台的主因。我可以轻而易举地让大家明白：旧君主制突然而猛烈地灭亡，很大一部分原因就在于此；这也是催生一切其他革命的第一场革命的主因之一。

第八章　法国何以成为人人如此相似之国

只要认真考察旧王朝法国，就会发现两种迥异景象。

表面上，旧王朝所有人，尤其那些唯一引人注目的中上层人士，彼此简直一模一样。

然而，就在那群一模一样的人们中间，竖立着无数小小的屏障，将人群分割成诸多群体；在每个群体内部，又存在诸多特殊小群体。这些大大小小的群体，皆顾己不顾人。

想到这种毫无止境的人群划分，我豁然开朗：在面临危机时，法国人比任何人都更缺乏团结一致、互相支持的精神准备，因此，一场大革命就能够瞬间彻底推翻如此社会。我脑海中浮现的，是那场大动荡砸碎一切小小障碍物后，立即呈现的是史上最紧凑、最一致的冰冷社会。

我曾经说过，在几乎整个王国内，行省特色早已消失。就是这一变化，促使法国人变得极为相似。透过依然残存的一些差异，国家统一已然显现，这从立法统一就可以看出端倪。到 18 世纪，在帝国内以同样方式实施同样法律制度的国王敕令与诏书和御前会议判决，数量越来越多。上至统治者下至被统治者都认为，法律制度应统一，在各地针对所有人都应统一执行。这种思想，在大革命爆发前三十年的各种改革方案中就不断涌现，但在两百年前，乃闻所未闻。

不仅行省越来越相似，而且行省之内，不同阶层之人，至少是那些地位高于平民百姓之人，都变得越来越相似，尽管其地位不同。

1789 年不同等级上呈的陈情书，最能证明这一点。那些起草人，虽然在所关注利益方面存在深刻分歧，但在其他方面，如此相同。

倘若研究早期的三级会议，就会看到截然相反的场景：那时的资产阶层与贵族阶层，虽然有着更多共同利益、更多共同关注，相互更少敌视，但好像分属两个不同的种族。

岁月，虽然维护并且在许多方面加强了导致彼此分离的特权，但也起着奇特作用，让两者在其他方面趋同。

几个世纪以来，法国贵族越来越贫困。"贵族尽管拥有特权，但每天都在破产、消亡，而第三等级却在占有其财富。"有位贵族在1755年如此悲伤地写道。保护贵族财产的法律一直未变，贵族经济地位也未发生变化，然而，贵族随着丧失权力，也相应陷于贫困。

也许有人会说，人类制度，犹如人体，除履行各种功能的不同器官外，还存在一种看不见但却为生命源泉的核心力量。当这种核心力量的生命之火熄灭时，虽然器官看似正常运转，但是，整个身体却立即衰亡。彼时的法国贵族，仍然享有限嗣继承权，而且伯克还注意到，与英国相比，法国贵族的这种特权更为普遍更具有约束力；仍然享有长子继承权、不可撤销的永久地租权以及源自封建习俗的一切用益权；在免除支付战争捐税的义务后，仍然拥有免税权，而且这种权利还大为加强，也就是说，减少了负担，保留了特权。此外，他们还享有前辈从未享有的诸多经济上的优势。然而，他们越来越少参政并丧失参政热情，逐渐变得贫困。在前文提及的那种大规模分割土地现象，正是贵族逐渐贫困化的部分原因。【注释二十七】贵族把土地分割为一小块一小块而出卖给农民，自己只保留领主的定期租金，而这种定期租金只能让贵族维护其表面上的地位，不足以维护其过去的实质地位。法国诸多行省，如蒂尔戈提到的利穆赞，只有贫穷的小贵族，他们几乎不再拥有土地，只靠领主权和地租维持生活。

早在本世纪初,有位省督就写道:“在本地区,贵族家庭数量有数千家,但年收入两万里佛的不足十五家。”我从另一位省督(弗朗什—孔泰)于1750年向其继任者所作介绍的备忘录中,看到如下内容:“这个地方的贵族,相当友善,但非常贫穷。其骄傲,如同其贫困。目前境遇同以往相比反差很大,让他们受到莫大羞辱。让贵族陷于贫困,没什么不好,如此就可以迫使其为我们服务、向我们求助。”省督补充说:“他们已组成一个团体,只接纳那些能证明四代以内宗亲为贵族者。这个团体的成立,未经批准,只不过官方容忍其存在而已。它每年只聚会一次,省督会出席其会议。那些贵族一起做弥撒、用餐后,即各自回家。有些人是骑老弱病残之马,有些人走路。你看,这种集会多么滑稽啊。”

贵族逐渐贫困化现象,不仅在法国,而且在欧洲大陆,或多或少都存在。欧洲其他地方,也像法国一样,封建制度在消亡,但没有新的贵族制代替它。在德意志莱茵河流域,这种没落尤为明显,尤其引人注意。只有英国才截然不同:古老贵族世家不仅仍然存在,而且其财富大幅增长;无论财富,还是权势,贵族在英国都独占鳌头。在世袭贵族旁边发展起来的新贵族,在财富上只能亦步亦趋而无法超越。

在法国,似乎只有平民接收了贵族失去的财产,因此,有人说,平民是汲取贵族的血肉发展起来的。虽然没有任何法律禁止资产者破产,也没有任何法律帮助资产者发财致富,但是,他们却不断发财致富,而且在诸多情形下,变得与贵族一样富有,甚至比贵族还富有。他们的财富往往与贵族相同,通常拥有田地,甚至拥有领地,不过,他们平时都住在城里。

教育与生活方式,资产者与贵族相同比不同之处多千万倍:两者具有同样多的知识;尤其值得注意的是,两者知识来源恰恰相同;两者都受同一阳光照耀;两者接受同样理论与文学教育。巴黎越来越成为法兰西人的唯一导师,而且用同样模子用同样方式,打造一切法国人的思想。

在18世纪末,毫无疑问,人们仍然可以看出,两者行为举止有所不同,这是因为,所谓的行为举止这种外在东西,需要很长时间才能变得一致,但是,内在东西,所有高居平民百姓之上的中上层人士都彼此相似:思想相同、习惯相同、嗜好相同、娱乐相同、阅读的书籍相同、讲话的言辞相同。除权利不同外,已经无甚区别。

我不太肯定,当时的其他国家,是否也如此。即使是英国,虽然共同利益已经把社会不同阶层牢固绑在一起,但是,阶层之间在思想观念、精神面貌等方面仍然具有差异。其原因就在于:具有令人叹服力量的政治自由,尽管可以促使公民形成密切联系并建立互相依赖的关系,但是,却不能同化他们。能够做到这一点的,唯有专制:它通过天长地久的日积月累,不可避免地迫使人们彼此趋于相似,但却对彼此噩运漠不关心。【注释七十三】

第九章　如此相似的法国人何以撕裂成互相孤立的小团体

现在来看看这幅画的另一面，看看如此相似的法国人，何以比其他国家之人更孤立？此种孤立，何以在从前的法国不存在？

在欧洲建立封建制度的年代，后来所谓的"贵族"阶层，并未立刻成为世袭等级阶层。他们最初由民族首领构成，这就是最初的贵族阶层。我无意在此处讨论这个问题，只想指出，在中世纪，他们才成为世袭等级阶层，也就是说，其显著标志乃出身。

毫无疑问，上述阶层拥有贵族特征，是统治阶层。在彼时，唯有出身才能决定谁能成为其首脑。不是贵族出身者，都被排除于这个特殊而封闭的阶层之外，尽管在社会中可以拥有或高或低的地位，但是，永远都处于从属地位。

在欧洲，凡建立封建制度之地，贵族最终都演变为世袭等级阶层，唯有在英国只是贵族而已。

我一直很纳闷：有一个事实，让英国显得非常独特，而且唯有这一事实才能让人们理解英国法律、精神以及历史，然而，这一事实并未怎么引起哲学家、政治家注意，诚如英国人可能因司空见惯而视而不见一样。对这一事实，人们往往熟视无睹、语焉不详，在我看来，就是对此从未有过全面而清晰的认识。1739 年，孟德斯鸠游历英国时确实曾写道："我正置身于完全不同于欧洲其他地方的国家。"可是，他并未继续写下去。

事实上，让英国迥异于欧洲其他国家的，并非拥有国会、言论自由、出版自由、陪审团制度，而是某种更独特、更重要的东西。英国是唯一摧毁世袭等级制度而不是将其改头换面的国家。英国贵族与平民可以从事同样事务、同样职业，更重要的是，贵族与平民可以通婚。在英国，最大领主的女儿，可以嫁给没有任何世袭职位者而不会有失颜面。

世袭等级制度及其思想、习惯、障碍等，是否确实已被摧毁，只要看看该国的婚姻状况就可以知道。只有考察通婚状况，才能找到具有决定性的特征。法国，直至今天，虽然已有六十年民主历史，也无法找到这种特征。新老家族，尽管在各方面似乎都已经融为一体，但是，仍然竭力避免通婚。

人们常说，英国贵族，与其他国家的相比，更谨慎、更灵活、更开放。必须指出的是，倘若按照在其他国家保留的古老而严格的"贵族"含义，英国长期以来根本就不存在贵族。

那场独特革命，虽然已经湮没于时间迷雾中，但仍然存在活生生的证据，那就是语言。数世纪以来，在英国，"贵族绅士"一词的含义已经发生变化，而"封臣家奴"一词目前已不复存在。莫里哀[26] 1664 年创作的《伪君子》[27]戏剧，有如下一行诗句，已经无法逐字逐句翻译为英文：

"犹如人们所见，他的确是贵族绅士。"[28]

倘若想通过语言进一步学习历史，就请穿越时空，追寻"gentleman"（贵族绅士）一词的命运：该词源于法语"gentilhomme"（贵族绅士）；随着社会阶层的融合及各阶层地位接近，该词含义在

---

[26] 莫里哀（1622 年—1673 年），法国喜剧作家、演员、戏剧活动家，法国芭蕾舞喜剧创始人。其喜剧种类和样式上都比较多样化，含有闹剧成分，在风趣、粗犷之中表现出严肃态度。其作品对欧洲喜剧艺术发展具有深远影响。主要作品有《伪君子》《唐璜》《吝啬鬼》等。——译注

[27] 《伪君子》，又译《达尔杜弗》，是 17 世纪法国戏剧家莫里哀代表作，写于 1664 年。本是作家应宫廷娱乐需要而写，但是，莫里哀却利用这个机会上演了一部具有鲜明战斗精神的作品。它是具有古典主义性格喜剧的杰作，从法国现实生活中撷取题材，对中心人物进行高度概括，把矛头对准伪善的天主教会。——译注

[28] 此句话法文原文是"Et tel que l' on le voit, il est bon gentilhomme."。译者目前只发现两种英译文：一种是"And, as one sees, he is very much a gentleman."，另一种是"And such as one sees him, he is very much a gentleman."。商务印书馆译本《旧制度与大革命》的此句中译文是"别瞧他那副模样，他还是一个出色贵族"。——译注

扩大。每历经一个世纪，该词所指之人的社会等级就会降低一点。它最终随英国人一起传至美国。在美国，它泛指任何阶层的人士。其历史，就是民主历史。

法国“贵族绅士”（gentilhomme）所指，一直限于其最初含义。大革命后，几乎无人使用该词，但是，其词义并未改变，仍指世袭贵族成员。它得以原封不动地保留，在于世袭贵族本身仍然存在，并同从前一样与其他社会阶层相分离。

我还要指出，在法国，与创造“贵族绅士”这个词的时代相比，世袭贵族与其他社会阶层的分离更加严重，而且呈现出不同于英国的反向运动。

资产阶层与贵族阶层，倘若已变得更相似，同时也会分隔得更远。两者无法融合在一起，两者的相似只能让双方疏离而不能让双方亲近。

在封建制度全盛的中世纪，领地保有人——确切而言是“封臣家奴”，其中多数不是贵族——通常与领主共同治理领地，而这甚至是保有领地的主要条件。他们不仅必须跟随领主作战，而且根据领主授权，每年必须抽出一定时间在领主法院帮助领主审理案件，处理领地居民纠纷。领主法院，是封建制度的重要组成部分，在欧洲古老法律中可以找到有关规定，而且至今在德国许多地方，我发现，仍然残存其明显痕迹。法国大革命前三十年，博学的封建法学家艾德姆·德·弗雷曼维尔[29]就想撰写一部巨著，阐述封建法与领地保有的改革问题。他说：他看到“诸多领地契据规定，封臣家奴每十五天必须上领主法院与领主或者其他人一起审理领地内发生的案件，处理居民纠纷”。他还说：“有时在一个领地上，可

〔29〕 弗雷曼维尔（1680年—1773年），18世纪封建法学家。著有《土地税赋簿籍和领地法革新的普遍实践》等。——译注

以看到八十、一百五十甚至二百个这类封臣家奴。他们多数是平民。”我在此处不是当作证据引用其原话，盖如此证据举不胜举，而是以此为例，说明在早期及其后的长时间内，农民与贵族的日常联系如此密切而且常常在一起处理事务。领主法院为农村小地主所作之事，就是后来省三级会议以及更晚一些的全国三级会议为城市资产阶层所作之事。

只要看看14世纪三级会议留存的资料，尤其是省三级会议留存的资料，对第三等级在这些会议中拥有的地位以及发挥的影响力，就不能不感到惊叹。

作为个体，14世纪资产者，当然远远不如18世纪资产者的地位。但是，作为整体，在14世纪社会政治生活中，资产阶层拥有更高更稳固的地位。在当时，他们拥有参政权是毋庸置疑的；在政治会议中，起着重要而且往往是主导作用；其他阶层每天都感到，必须与资产阶层搞好关系。

最让人诧异的是，当时的贵族阶层与第三阶层能够如此融洽地共进共退，但后来却难以如此。14世纪的诸多全国三级会议，由于天灾人祸，都具有这种非常态的变革性质，而且同时期的省三级会议也如此。例如，奥弗涅行省三级会议就是如此：三个等级共同制定了最重要的措施，并从三个等级中均等选出专员进行监督。在香槟行省看到的也是如此。14世纪初，诸多城市的贵族与资产者，为了捍卫国民自由和各省特权不受王权侵犯而联合起来。【注释二十八】这一著名运动是大家所熟知的。我们的历史，在那个时期，有诸多类似插曲，犹如从英国历史中抽出来的一般。【注释二十九】在以后的年代里，如此景象不复重现。

事实上，随着领主统治瓦解，越来越少召开甚至还停开全国三级会议，全国自由遭到摧毁，地方自由也随之遭到摧毁，资产与贵族阶层在公共领域不再合作。他们不再认为有互相接近或者互相合作的必要,彼此变得更加疏离、陌生。到18世纪,这场革命就告完成:这两个阶层,只在私人领域偶然相遇;他们不仅成为对手,而且成为敌人。

法国似乎存在如此独特景象:作为集体的贵族在丧失政治权力的同时,作为个人的贵族却获得了诸多未曾拥有的特权,或者拥有更大特权。可以说,是肢体依靠死亡的躯体致富。贵族阶层统治权越来越少,但贵族个人作为主人的第一奴仆,拥有越来越多的特权。较之路易十六时期,路易十四时期的平民更容易成为官员。路易十六时期,法国的平民几乎罕见成为官员,而在普鲁士,乃司空见惯现象。他们一旦获得那些特权,就世代相传,与血缘不可分离。因此,贵族阶层越不是贵族统治阶层,就越只是名义上的世袭贵族阶层。

看看最遭人诟病的特权——免税特权吧。显然,从15世纪一直到法国大革命,免税特权不断增加。它随着国家开支迅速增长而增长。在查理七世[30]统治时期,军役税仅120万里佛,免交军役税情形很少。在路易十六统治时期,军役税8000万里佛,免军役税情形很多。在军役税是平民缴纳的唯一税种时,贵族免税特权几乎无人注意。但是,当捐税名目繁多成倍增加时,当其他四种捐税也化作军役税时,当中世纪闻所未闻的各种税赋,如公共工程、军事工程的种种徭役,都压在贵族以外的各阶层头上时,贵族由于拥有特权而被免除的捐税数量,就显得很庞大。【注释三十】不平等尽管很明显,不过,其外在感观却远远大于实际情形,这是因为:贵族本人虽然享有免税特权,但常常不得不替佃户交税。可是,较之事实上

---

〔30〕 查理七世(1403年—1461年),图卢瓦王朝第五位国王(1422年—1461年在位),系在百年战争王室式微时期由贞德拥立为王的。他最后打赢百年战争,为法兰西后几个世纪的强盛奠定了基础。——译注

的不平等,人们感受到的不平等更为危险。

路易十四在统治末期,迫于财政压力,决定针对所有臣民征收两项普遍税:人头税和二十分之一税。但是,就如贵族免税特权本身是荣誉,即使受到批评也得奉若神明一般,针对他们征税时,得小心翼翼,在方式上有所区别。要求平民百姓交税,可以态度严厉、语言粗鲁;恳求贵族交税时,就得充满敬意、彬彬有礼。【注释三十一】

在捐税问题上,虽然整个欧洲都存在不平等现象,但是,几乎没有哪个国家如法国那样赤裸裸、让人无时不感觉到其存在。【注释三十二】在德意志大部分地区,大部分捐税是间接税;贵族免税特权,只限于免缴部分直接税——就是说,贵族比平民负担得少一些而已;有些税,只有贵族承担,以代替其原本应承担的无偿服兵役的义务。

不管如何,在把人分为三六九等而区别对待的政策中,捐税不平等的危害最大,最容易在不平等之外再制造分裂,造成阶层不平等与分裂无可救药。当资产阶层与贵族阶层不再缴纳同样捐税时,每年的捐税摊派征收,都在他们之间再次划出一道分界线,而且这是一条永远不会消失的阶层分界线。每一个特权者每一年都感到要维护自己现实而紧迫的利益,不能让自己沦落为平民百姓,必须继续努力与他们保持距离。

几乎没有一项公共事务,不是源自捐税或者最终导致征收捐税。因此,在两个阶层不再平等纳税后,他们就几乎不再有必要共同商议问题,不再有理由感到拥有共同需求与情感。此时,疏离与分裂根本不费吹灰之力,盖他们根本没有共同协作行动的动机与愿望。

伯克绘制了一幅美化法国旧王朝的作品,称赞贵族制度,认为平民百姓只要获取官职就可轻松跻身贵族阶层。他似乎觉得法国贵族制度与英国开放式贵族制度类似。路易十一确实曾大肆敕封贵族爵位,但目的是贬压贵族;路易十一的后继者也曾大肆分封爵位,但目的是获取钱财。内克告诉我们:在他那个时代,为跻身贵族行列而提供的官职数量高达四千个。欧洲其他国家都未曾出现类似现象。所以说,伯克企图把法国与英国类比,乃大错特错。

倘若说英国资产阶层不仅没有与贵族阶层发生战争,而且还存在密切联系,绝不是因为英国贵族阶层具有开放性,而是因为英国贵族阶层如人们所说其性质模糊、界限不清;绝不是因为人们能够加入贵族阶层,而是因为人们从不知道自己何时加入了贵族阶层。所以说,在英国,人人都以为自己是贵族的一分子,都以为自己能够参政,都以为能够分享贵族权力带来的某些荣耀或者好处。

法国贵族阶层与其他阶层之间的障碍,虽然易于跨越,但始终稳固而明显,耀眼而易认,为非贵族阶层所仇视。一旦越过这道障碍而成为贵族,就因享有特权而与原属阶层分道扬镳。那些特权,对于该人原属阶层人们而言,是沉重负担,是无耻之物。

敕封贵族爵位制度,完全没有减少反而无限增加了平民对贵族的仇恨。新贵族引起了从前与其地位平等者的嫉妒乃至仇恨。因此,第三等级在陈情书中表达的对受封贵族的愤怒,一直远大于对世袭贵族的愤怒,并不断要求不能扩大而要缩小平民通向贵族的入口。

在法国历史上,除1789年外,没有哪个年代能够如此容易获得贵族爵位,没有哪个年代的资产和贵族阶层如此分离排斥。贵族阶层排斥其选举团中带有任何资产阶级气味者,资产阶层同样排斥任何貌似贵族者。在有些省份,敕封贵族遭到世袭贵族排斥,盖后者认为他们不够高贵;他们也遭受资产阶层排斥,盖后者认为他们贵族气味太重。据说,著名的拉瓦锡[31]就有如此遭遇。

暂且抛开贵族阶层,考察一下资产阶层,也会看到极其相似景象:资产阶层与平民百姓,犹如贵族阶层与资产阶层一样,彼此分离排斥。

旧王朝的资产阶层,几乎都居于城市,其原因主要有两个:贵族特权与军役税。居于领地的领主,对待农民通常都能以礼相待、和睦相处,对待作为资产阶层的邻居却傲慢无礼。随着贵族政治权力逐渐旁落,其傲慢无礼有增无减。毫无疑问,这也正是导致其傲慢无礼的缘由:一方面,由于不再拥有统治权,贵族再也没有必要讨好那些以前能帮助其实施统治之人;另一方面,正如人们所经常注意到的,领主因丧失了真正的统治权而热衷于滥用其外在的虚权以自我安慰。甚至连领主不居住于领地这一点,也不仅没有减缓反而加剧其邻居的痛苦,其原因在于:远离领地无益于问题解决,由代理人行使种种特权更让人难以忍受。

不知军役税及其附加税,是否更能说明问题。

我本想简略说说,为什么军役税及其附加税,较之城市而言,对农村施加的负担更重。但是,如此解释或许无益于读者理解。这么说或许更有助于理解:居住于城市的资产阶层,可以找到诸多办法,少交军役税甚至完全免交军役税,而倘若居于农村,恐怕无法找到上述办法。尤为重要的是,居于城市,他们还能逃避为政府征收军役税的义务,而这个义务,比缴纳军役税本身更为担惊受

---

〔31〕 安托万·拉瓦锡(1743年—1794年),出身贵族家庭,法国著名化学家、生物学家,现代化学之父。他命名了氧与氢,预测了硅的存在,帮助建立了公制;提出了“元素”定义,并于1789年发表第一个现代化学元素列表。撰写了第一部真正现代的化学教科书《化学基本论述》。1789年当选三级会议代表,进入新政府任职,并撰有《论法兰西王国领土财富》。1793年,国民公会以其曾任旧王朝包税官而予以逮捕,并于次年将其送上断头台。——译注

怕。他们害怕,是有道理的:我认为,在旧王朝,甚至在任何朝代,没有哪个官职的处境,比教区军役税征税员的处境更糟糕。关于这个问题,以后还会进一步阐述。在乡村,除了贵族,谁也无法逃脱担任军役税征税员的义务,因此,富有的平民,宁愿出租农村的田地房产而迁入附近城市居住,也不愿承受这一义务。蒂尔戈说:"军役税的征收,把农村中拥有土地的平民几乎都变成了城市资产者。"蒂尔戈的说法,与我有幸查阅到的有关秘密文件的记载,相吻合。顺便说说,较之欧洲大部分国家,法国为什么拥有更多星罗密布的城市尤其是小城市,原因就在这里。

困于城墙之内的富有平民,不久就不再拥有田园趣味和田园精神,就不再对耕作感兴趣,就疏远了依然留在农村的伙伴们。他们生活的唯一目的,就是渴望跻身于所迁入城市的政府官员行列。

要是认为,如今几乎所有法国人,尤其是中产阶层,追求官职的狂热始于大革命,乃大错特错。这种狂热,早在若干世纪前就已经存在,而且自从那以来,人们不断给它培土施肥,百般呵护,促使它不断生长。

旧王朝官职,与如今官职并不相似,但我感觉那时官职更多,而且小官职简直数不胜数。据统计,仅仅从 1693 年至 1709 年,所设官职就高达四万个之多,而且甚至连最微不足道的资产者,几乎都可以谋得一官半职。我曾经统计过,在 1750 年,一个外省中小城市,担任法官职务的竟有一百零九人,担任执达吏职务的竟有一百二十六人,而且所有这些人都来自城市。资产阶层追求担任这些职位的热情,真是史无前例。他们一旦自认为赚取了小小的资本,就会立即购买官职,而不是做生意。这种可悲的野心,甚至比行会师傅和军役税给法国农业与商业发展造成的危害,都要更大。倘若没有职位空缺,一心追求官职者,就会绞尽脑汁,不久就会发明新职位。有位叫作朗贝尔维尔的先生发表文章论证说,在某行业中设立监察巡视员职位完全符合公共利益需要,而且在文末毛遂自荐担任这一职务。我们当中有谁没有遇到过这样一位朗贝尔维尔呢?一个人,只要略通文墨、有点钱财,要是没有弄到一官半职,就会死不瞑目。在那个年代,有人说:"不管是什么阶层,人人都想求得国王恩赐一官半职。"

在谋求官职方面,那个时代与这个时代的最大区别,就在于那时的政府是卖官鬻爵,而如今的政府是私相授受官职:不必花钱而只要出卖灵魂,就可以获取职位,手段更为高明。

由于居住地不同,更主要是由于生活方式不同,最主要是由于利益不同,资产阶层就与农民阶层相分离。抱怨贵族在捐税问题上享有特权,颇有道理,但是,对资产阶层享有的特权,又该如何说呢?有无数官职可以让资产阶层免除税赋等负担。例如,可以免除这个人服役自卫队的负担,可以免除那个人承担徭役的负担,可以免去第三个人缴纳军役税的负担。当时就有人撰文问道:除教士与贵族外,哪个教区没有居民依仗公职或者政府委托事项而享有免税特权?有时不得不削减许多留给资产阶层的职位,原因之一是,免缴军役税者众多,导致国家收入锐减。所以说,我毫不怀疑,资产阶级免税者与贵族阶级免税者的人数,同样多甚至往往比贵族免税者还多。

这些可悲的特权,让那些被剥夺特权者羡慕妒忌,让那些享有特权者自私自傲。在整个18世纪,没有什么比城市资产者与郊区农民的彼此敌视与妒忌更为显见。蒂尔戈说:"每座城市都只想着自身利益,随时都会不惜牺牲辖区乡镇村的利益。"蒂尔戈还在某个场合对省督代理人说:"你们常常不得不制止那种侵犯掠夺乡镇村权利的现象。"

在资产阶层心目中，与他们共同生活于城市的平民，也形同陌路甚至几乎是敌人。他们经过谋划，把本地大部分开支都转嫁给下层民众独自承担。蒂尔戈在另一著述中写道：城市资产者还设计了一种巧妙的税费征收方法，让税费缴纳者感觉不到税费负担。

我们看到，在资产阶级的一切行动中，最令人印象深刻的特点，就是他们唯恐人们把他们视同平民百姓，就是他们无比渴望不择手段地摆脱人民的控制。城市资产阶层在写给财政总监的呈文中说："倘若国王同意恢复市长职位实行选举的制度，限定由显要贵族尤其是省督法院[32]法官担任选举人，会比较合适。"

我们已经明白，历任国王是如何不断剥夺城市居民的政治权利的。从路易十一到路易十五，国王所有立法都贯穿这一思想。城市资产阶层常常参与这种立法工作，有时还提出立法草案。

在1764年的市政改革期间，有位省督向某一小城市市政官员咨询，应否保留手工业者以及其他平民百姓选举政府官员的权利。那些官员如实回答："人民从未滥用这种选举权，保留选举官员的权利对他们无疑是一种安慰，但是，为了保障公共秩序与维护社会稳定，还是把这种权利交给贵族行使为好。"该省督代理人说：他已在官邸召集"六名城市显要人物"举行秘密会议，而且他们一致同意，最好将官员选举权委托给由不同团体代表组成的委员会，而不是如市政官员所提议的那样委托给显贵会议。比那些资产者更支持民主自由权的省督代理人，在呈报资产阶层的意见时，补充说："对于手工业者而言，有义务缴纳捐税，却无权监管捐税如何使用，是无法忍受的。那些有权决定征收捐税者，由于享有免税特权，往往不关心捐税如何使用。"

---

〔32〕 省督法院，系法国旧王朝于1551年1月由亨利二世设立的一种法院，此类法院于1790年由国民议会废除。——译注

为描绘好这幅图景,暂且把平民百姓放一边,专门研究资产阶级本身,就像曾把资产阶级放一边而专门研究贵族阶级一样。我们注意到,与其他国民分离后,这一小部分的资产阶层国民,可以无穷无尽地不断细分下去。法国人看起来就像那些所谓的元素,现代化学家对它们观察得越仔细,就越有可能发现新的可分粒子。我在一座小城的显贵群体内部,发现存在不下于三十六个不同的小团体。那些不同团体虽然已经小而又小,但仍然不断进一步分裂为更小的团体。它们每天都在清洗内部的某种异质分子,目的是净化为单一元素。有些团体经过这番清洗,成员人数减至只有三四人。就这么几号人,每个人的个性都很突出,彼此吵得不可开交;就这么几号小团体,也因某些微不足道的特权而彼此排斥,毫无诚信可言就是其荣誉标志。他们常常在谁上谁下的问题,展开无休无止的斗争。他们的争吵搞得省督与法官都感到头痛不已。“他们终于作出决定,圣水必须先献给省督法院,然后才献给城市议会。高等法院对此举棋不定,国王于是把此案提交御前会议并责成由其作出决定。到最终作出决定之时,全城都为之疯狂。”倘若在显贵大会中允许此团体压倒彼团体,后者就会不出席会议,宁愿置公共事务于不顾,也不愿尊严遭到贬低。有一次,箭城假发师团体决定:“用如此方式表明,安排面包师居首位必然会让他们感到痛苦。”一位省督呈报,有座城市的官员顽固拒绝履行职责,“起因是吸收了几个手工业者参加会议,资产者觉得与那些人协商讨论简直是羞辱”。另一位省督呈报:“要是把议员职位授予公证人,就会引起其他显贵的厌恶,因为公证人不是出生于显贵之家,乃出身卑微者,而且还当过书记员。”上面谈到,六位显要人物可以随意决定剥夺人民的政治权利,但是,当就谁该成为高官、该谁先谁后时,他们就会陷入莫名其妙的窘境。在如此问题上,他们不再直截了当而是充满担心、疑虑："恐怕会伤害几位同僚的感情吧。"

在这些小团体出于自尊心而不断发生的摩擦中，法国人固有的虚荣心变得更强更敏感，而公民应有的自豪感被遗忘。在16世纪，我前文提及的行会大多数早已存在，其成员除处理好各自行会的事务以外，还要与其他居民共同协商合作，关注并参与城市公共事务的管理。到18世纪，那些行会几乎不再与外界沟通合作、不再搭理外界任何事务，原因在于：城市已委托代理人管理，需要他们参与的公共事务日渐稀少。因此，每个小团体都事不关己，高高挂起，只关注自己那一亩八分地。

"个人主义"这个词，在我们祖先那个时代并不存在，完全是我们为自身利益而生造的。在那个时代，完全不存在不隶属任何团体而我行我素的个人，所以，根本不需要那个词。旧王朝的法国社会，由许许多多小团体组成，而每个团体只考虑自身利益。可以说，此乃集体个人主义，它为我们迎接今天所熟知的真正个人主义做好了心理准备。

在旧王朝，最奇怪的是，所有这些互相排斥之人，却如此相似，只要调换一下位置，就无法认出他们。倘若深入他们内心就会发现，他们都认为，隔离他们的那些小小障碍，有违常理，有违公共利益。就理论上而言，他们全都向往团结。他们之所以维护自身社会地位而搞特殊化，只是因为其他人也如此行事，但是，只要都不搞特权、都不搞差别待遇，他们随时都愿意融入同一集体。

第十章 政治自由毁灭与社会阶层分裂何以产生导致旧王朝灭亡的一切弊病

前文刚刚阐述的是，侵蚀旧王朝机体、导致旧王朝灭亡的最致命弊病。下文要探讨的是，如此怪诞而危险的弊病根源，并看看其究竟还导致了多少其他弊病。

倘若英国人从中世纪开始，就像我们一样完全丧失政治自由及其派生的地方自治权，包括英国贵族在内的社会各阶层，就会像法国以及不同程度在欧洲各地发生的情形那样，可能会彼此排斥而脱离人民。可是在英国，正是有自由精神，才促使他们始终融合在一起，并在必要时能够取得共识。

有趣的是，英国贵族颇有雄心壮志，在必要时，可以同下属打成一片，并假装视下属为同侪。前文提及的阿瑟·扬，其著述是了解旧法国最有助益的著作之一，记述说：有一天他到利昂古尔公爵家，表示想向附近几个最能干最富裕的农夫了解一些情况。公爵于是让管家把他们找来。这位英国人感叹："英国领主会请三四个庄稼汉与其全家共进晚餐，并让他们坐在上流社会的贵妇人当中。在我们英国，这种事我见过上百次。但在法国，从加来到巴约讷，哪能看到这种事？"

毫无疑问，较之法国贵族，英国贵族天生更傲慢、更不善于同地位较低者套近乎，但是，其所处地位迫使其有所克制。为维护统治地位，他们什么都愿意做。在英国，几个世纪以来，陆续推行的不平等捐税，均有利于穷人。请想想，不同政治原则，竟能将如此邻近的两个民族引向不同方向！在18世纪，英国享有免税特权的是穷人，法国享有免税特权的是富人。【注释三十三】在英国，贵族承受着更重的公共负担，以便允许其实施统治；在法国，贵族直至灭亡仍然享有免税权,作为其失去统治权的补偿。

在 14 世纪,法国似乎与英国一样,都牢固树立了“纳税人不同意不得征税”的观念。这一格言经常被引用。违反它就是实行暴政,恪守它就是遵循法律。在那个时代,如我曾指出的,法英两国政治制度存在诸多相似之处,但是,随着时间的推移,两个民族的命运分道扬镳,越来越不同。它们就像两条线,从角度略有不同的相邻点,向前延伸,越延伸就隔得越远。

我敢断言:自国王约翰[33]被俘、查理六世[34]疯癫而导致国家长期混乱、国民疲惫不堪而允许国王不经国民同意就创征普遍税之日起,自贵族以享有免税权为条件而卑鄙地任由国王向第三等级征税之日起,就播下了困扰旧王朝后期生命并致其骤然死亡的几乎全部弊病与祸害的种子。我很欣赏科米内[35]具有非凡远见卓识的话语:“查理七世终于可以不经各等级阶层同意就任意摊派军役税。这件事,成为他及其后继者的沉重心理负担,并在王国身上撕开了一道伤口,长期血流不止。”

倘若要看看,这道伤口如何随着岁月流逝而不断扩大,就请逐一查看其后果吧。

福尔勃奈[36]在其研究颇深的著作《法国财政研究》一书中,就正确指出:中世纪时期,国王一般依靠领地收入生活。他还说:“倘若确

---

〔33〕 英法百年战争期间(1337 年—1453 年),英国名将爱德华亲王于 1356 年在普瓦提埃打败法军,并俘获法王约翰二世。——译注

〔34〕 查理六世(1368 年—1422 年),法国瓦卢瓦王朝第四位国王(1380 年 - 1422 年在位)。因疯癫而把朝政交由其叔父们治理,结果导致法兰西陷入内乱。英格兰国王亨利五世趁机于 1415 年重启百年战争。1419 年,整个法国北部均遭英军占领。查理六世后被英国盟友勃艮第公爵俘虏,被迫与亨利五世于 1420 年签署特鲁瓦条约。——译注

〔35〕 科米内(约 1447 年—1511 年),历史学家,曾从政担任高官。著有八卷《回忆录》,记述路易十一以及查理八世朝代历史。——译注

〔36〕 福尔勃奈(1722 年—1800 年),旧王朝货币总稽核,著有《法国财政研究》,参与《百科全书》,持重商主义观点。大革命初期参与制宪议会财政委员会。——译注

有特殊需要而征收特别捐税,就由教士、贵族和平民百姓共同负担。”

14 世纪,经三级会议投票决定征收的大部分普遍税,都具有这一特点。这时期的几乎所有捐税都是间接税,就是说,所有消费者均须缴纳。倘若系直接税,就根据收入而不是财产进行征收。例如,贵族、教士和资产者,必须每年将收入的十分之一作为捐税,缴纳给国王。前述的经三级会议投票决定的捐税,也包括同期由各省三级会议决定的本地区捐税。

没错,自那时以来,称为军役税的直接税,从未向贵族征派。贵族无偿服兵役义务,让其享有免交军役税特权,但是,作为普遍税的军役税,范围有限,多适用于领地而不是王国。

第一次自行决定征收捐税时,国王很清醒,必须选择一种不直接损害贵族利益的捐税。当时的贵族,是王权的对手,是王国最有权势的阶层,绝不会容忍损害其利益的举措。因此,国王选定贵族享有免税权的捐税——军役税。

如此这般,就是在已有不平等基础上,又加上一项更为普遍的不平等,从而维护并加重了其他一切不平等现象。自那时起,国库需求就随中央政府职权增长而增长,而军役税也随之加重并呈现多样化趋势,一直增至十倍,并且所有新开征的捐税都成为军役税。【注释三十四】就这样,年复一年,捐税不平等导致各阶层分离,使人们彼此孤立程度超过以往任何时代;自那时起,最有能力纳税者得以免税,最无能力纳税者得纳税,于是就出现怪异局面:富人免税,穷人交税。据说,马萨林[37]由于缺钱,计划增开新税,向富有的巴黎豪门征收。可是,一遇到豪门反对,他就退缩,只好在向普通百

〔37〕 马萨林(1602 年—1661 年),又译“马扎然”,法国外交家、政治家,法国国王路易十四时期的宰相(1643 年—1661 年)。继黎世留任宰相后,领导法国在对外战争中屡胜,因财政危机而被迫进行改革,从而奠定路易十四的基业。——译注

姓征收的军役税上,增加征收所需的500万里佛。马萨林本想向最富有者征税,最终征收对象却落到最穷困者头上,但是,国库并未少收一文钱。

如此摊征的捐税收入有限,而国王索求无穷。尽管如此,代代国王都既不愿召开三级会议获取帮助,也不愿意向贵族征税从而挑动贵族要求召开三级会议。

因此,出现了极其有害而又高超的理财本领。君主制最后三个世纪,国家财政管理都带有这一怪诞特征。

只有认真研究旧王朝行政与财政史,才会明白:无论多么温和的政府,一旦拥有不受制约权力,迫于金钱需求压力以及恐惧革命——这是人民自由的最终保障——就会秘密而毫不负责任地采取那些粗暴可耻的手段。

在那些行政与财政历史档案中,随处可以看到皇家财产出售后又旋即宣布该财产不可转让的记载,可以看到破坏契约以及漠视既有权利的记载,可以看到每逢发生危机时国家公债债权人就成为牺牲品的记载,可以看到国家不断失信于民的记载。

终身赐予的种种特权被取消的情形,常常发生。倘若会怜悯因愚蠢虚荣而遭受痛苦的那些人,就会同情那些遭受不幸的敕封贵族命运:在整个17世纪与18世纪,他们被迫一次又一次地掏钱购买那些虚无缥缈的荣誉或者不公不义的特权,尽管他们已经多次掏钱购买那些特权。例如,路易十四就采取如此手法,取消了人们已经拥有九十二年的一切贵族头衔,而且大部分头衔还是他亲自敕封的。路易十四敕令规定,要保住头衔,唯有重新掏钱,“因为所有这些贵族头衔都是意外获取的。”八十年后,路易十五也如法炮制。【注释三十五】

那时的自卫队不得轮替服役,原因是怕增加征兵代价。

为了有钱借给国王,城市、社区、收容院等不得不违背许下的诺言,教区不得不停止兴建有益工程,原因是唯恐分散资金而不能足额缴纳军役税。

据说,财政总监奥里[38]先生和桥梁公路工程局局长特律代纳[39]先生曾经有过这么一个计划:由各区居民捐献资金修建本区道路,从而取消公路徭役。但是,这两位能干的官员后来放弃了该计划,其原因令人深思:有人说,他们是怕集资后,无法防止挪作他用,从而导致人们既要承担新捐税又要服徭役。我敢断言,任何个人倘若都像全盛时期的伟大国王[40]管理国家财产那样处置个人财产,都逃脱不了司法审判。

倘若遇到与时代精神背道而驰的某一中世纪旧王朝,是靠增加其弊端而得以继续存在的,或者是通过阻碍改革而得以继续存在的,只要挖掘其病根,就会发现某项权宜之计的财政措施,后来竟演变为一种制度;就会看到,为了偿付一天的债务,就会设立一个维持了数个世纪的新机构。

在早期,平民持有贵族土地,要缴纳一种称作自由保有税的特殊捐税。这种自由保有税,既造成土地与土地的割裂,也造成人与人的分裂,而且两者不断互相推进。自由保有税,在加剧平民与贵族的分裂上,比其他捐税所起作用更大,阻碍了贵族与拥有土地的平民的融合。一道鸿沟,就这样在贵族与其邻居即平民之间划开。而英国,自 17 世纪始,就废除了世袭领地与自由保有土地的差异,从而大大促进了这两个阶层的融合。

14 世纪的封建土地自由保税负担不重,而且征收间隔很长。但

---

〔38〕 奥里(1689 年—1747 年),路易十四时期的财政总监,后任建筑工艺制造局局长,力主改革,在反对派势力的打压下被迫辞职。——译注

〔39〕 特律代纳(1703 年—1769 年),奥弗涅省省督,桥梁公路工程局局长,1747 年与佩罗奈创建桥梁公路工程学校。——译注

〔40〕 指路易十四。——译注

到18世纪,封建制度濒临灭亡时,每二十年征收一次,数额是全年收入,父死子缴,极其苛刻。1761年,图尔农业行会说:“这种捐税对农业技术进步危害无穷。毋庸置疑,在国王向臣民征收的所有捐税中,在乡村,没有哪一种像这种捐税那样,令人难以忍受。”那个时代另一人说:“这种捐税,最初是一生交一次,后来却逐渐成为苛捐杂税。”【注释三十六】贵族阶层甚至都希望废除它,因为其妨碍平民购买贵族土地。但是,国库的种种需求让其得以保留,而且还有增无减。

把行业行会造成的所有弊端都归咎于中世纪,是错误的。所有事实都表明:行会师傅和行业行会,最初只是联系行业成员的方式,是小小的行业自治机构,宗旨是救助与控制工友。圣路易[41]对其似乎也没有寄予更高厚望。

至16世纪初,在文艺复兴鼎盛时期,人们破天荒地想到,可以把劳动权视为国王出售的特权。直到这时,每个行会才成为小小的封闭性统治机构,并终于拥有对技术进步起极其阻碍的垄断权。对这一垄断权,我们的先辈深恶痛绝。这一垄断弊端,亨利三世[42]

---

〔41〕 圣路易,即路易九世(1226年—1270年在位),曾参加十字军东征,在内政上励精图治。——译注

〔42〕 亨利三世(1551年—1589年),法国瓦卢瓦王朝国王(1574年—1589年在位),系亨利二世第三子。据传,他是同性恋者,但又与其母凯瑟琳·德·美第奇存在乱伦关系。1560年—1574年,其封号是奥尔良公爵;1566年又受封为安茹公爵。1573年获选为波兰国王;1574年,其兄查理九世去世后,他放弃波兰王位,回国即位为法国国王。法国宗教战争在他统治时期趋于白热化。亨利三世开始采取不偏向任何一方的政策:取消胡格诺派的一些特权,解散天主教的神圣联盟。1584年,亨利三世的弟弟和继承人弗朗索瓦去世,其妹夫、胡格诺派首领纳瓦拉国王亨利成为王位继承人。天主教徒担心形势将对他们不利,于是在首领吉斯公爵亨利领导下,反对亨利三世,引发“三亨利之战”(亨利三世、吉斯公爵亨利、纳瓦拉国王亨利)。1588年5月12日,吉斯公爵攻入巴黎,在街上架起街垒,这天史称“街垒日”。亨利三世逃往沙特尔。同年12月23日,吉斯公爵与其兄吉斯红衣主教在谈判会晤中遭亨利三世侍从刺杀。吉斯集团在巴黎拥洛林红衣主教查理为国王,称“查理十世”。亨利三世与纳瓦拉国王亨利联合,一同进攻巴黎。1589年8月,亨利三世屯兵巴黎西南郊,在雅各宾修道院遭多明我会修士雅克·克列孟刺死。——译注

并非始作俑者而是让其泛滥的推动者，直至路易十六统治时期才被根除。可以说，从亨利三世时期至路易十六时期，行会流弊年年岁岁都在扩大蔓延，但是，社会逐步发展，致使人们对上述垄断流弊更加忍无可忍，公众舆论越来越多地予以揭批。就这样，旧行业特权年年都不断扩大，而有些新行业就丧失自由发展空间。在路易十四实施统治的所谓黄金时代，这种垄断弊端登峰造极，这是因为，那时王国最迫切需要金钱，但又不愿向三级会议低头。

1775 年，勒特罗纳[43]就颇为公允地说："政府成立行业行会，就是为了广开财源，无非是出售特许证捞钱，或者是新设官职而强迫行业行会花钱购买。1673 年的敕令，要求各行业行会向政府购买特许证并强迫所有手工业者加入行业行会，完全是在执行亨利三世确立的原则。如此行事，虽然卑鄙无耻，却入账 30 万里佛。"

我们已明白，为了国库收入而不是为了政治目的，城市管理体制是如何被颠覆的。

为了满足金钱需求而又不愿意求助三级会议，结果出现卖官鬻爵行为，并逐步恶化到史无前例状态。在这种卖官增收的财政理念刺激下，第三等级的虚荣心历经三个世纪而保持不衰。人们一门心思想着花钱得到一官半职，国民内心都在为此而疯狂。此种欲望的普遍存在，就是奴役与革命的根源。

财政越拮据，新设官职就越多，而且以享有免税权或者其他特权作为薪酬。【注释三十七】出于国库而不是行政需要而设立的官职，多得简直难以置信。这些官职，要么完全无用，要么反而有

〔43〕 勒特罗纳(1728 年—1780 年)，法官，魁奈的学生。著有诸多经济财政论著，如《商业与捐税分析》等。——译注

害。【注释三十八】早在1664年，科尔贝尔[44]所作调查就发现：人们在可悲的捐官之事上的投入，几乎高达5亿里佛。据说，黎世留曾废除十万官职。可是，这些官职随即又以其他名称重现。为了一点点小钱，政府放弃对官员的指导与监督职责。如此庞大复杂、如此笨重无效的行政机器，就这样建立了，但却不得不让这台机器空转。与此同时，不得不另建一套更为简单、更为有效的政府部门，承办官员假装在办但实际未办的无数公务。

倘若允许人们讨论那些令人讨厌机构的优劣存废，就可以断言，没有哪个机构能够维持二十年。倘若当年征询过三级会议意见，或者倘若在举行三级会议时听取过与会人员的批评，恐怕那些机构根本就不可能建立或者增加。几个世纪来，寥寥可数的几次三级会议一直不断反对设立它们。那些会议多次指出，国王擅自任意征收捐税，乃一切流弊的根源。若引用15世纪那句铿锵有力的原话，那就是国王"未经三级会议讨论并同意，就是汲取人民血汗而自肥"。三级会议不仅关注自身权利，还强烈要求尊重行省、城镇的自治权利，并往往如愿以偿。每次召开三级会议，都可以听到与会人员反对负担不平等的呼声。三级会议多次要求废除行会协会制度，连续几个世纪都越来越猛烈地抨击卖官鬻爵制度："谁出卖官爵，谁就是出卖正义，此乃无耻之举。"

在卖官鬻爵制度确立之后，三级会议仍然继续斥责滥设官职的行为，大声疾呼反对设立无用官职与危险特权，但都徒劳无功。其实，那些机构，就是为对抗三级会议而设立；就是为了实现不举行三级会议目的；就是要粉饰捐税以便公众无法看出其真面目。

---

〔44〕 科尔贝尔(1619年—1683年)，政治家、国务活动家。他长期担任财政大臣和海军国务大臣，是路易十四时代法国最著名人物之一。1651年，路易十四的宰相、法国的实际统治者马萨林曾雇用科尔贝尔处理私人财务。——译注

请注意,最好国王也像最坏国王一样采用这套伎俩。确立卖官鬻爵制度化的,是路易十二[45];出售世袭官职的,是亨利四世[46]。卖官鬻爵制度弊端,大于推行该制度者的美德!

为逃避三级会议监督,就把其大部分职权交给高等法院,从而导致司法权与行政权混为一谈,这对正常的行政管理非常有害。如此这般,就必须用虚假的新保障代替被剥夺的旧保障。法国人虽然能够忍受温和专制,但从不愿意与它面对面。因此,在专制政府前面设立某种虚假障碍,虽然不能阻止专制政府的运转,但至少可以起到一点遮掩作用。如此行事,也不失是明智之举。

总之,正是这种只向国民索钱而阻止国民索取自由的愿望,导致社会各阶层互相排斥而无法达成共识、更无法形成共同反抗的局面。其结果是,政府在任何时候要对付的只是寥寥数人,从而完全可以分而治之,各个击破。在法国漫长历史中,先后出现了诸多杰出君主。有的以思想观念著称,有的以才华出众著称,几乎所有君主都以胆略著称,但是,没有一位君王曾经致力于消除社会各阶层的差别,或者曾经致力于各阶层的融合而不是依附。不,我错了,有一位国王曾经想让各阶层融合,并曾经为此而竭尽全力。这位国王是谁?谁能揣摩上帝的眼力?就是路易十六!

阶级分裂,是旧王朝的罪恶,后来成为其采取各种手段的借口。当富有以及有教养阶层都无法在政府中和睦相处、彼此照应时,由他们进行自我管理就不现实,此时,主子的出现乃属必然。

---

〔45〕 路易十二(1462 年—1515 年),法国瓦卢瓦王朝国王(1498 年—1515 年)。在位期间,对外战争频繁,给法国造成诸多灾难。——译注

〔46〕 亨利四世(1553 年—1610 年),本名“亨利 · 德 · 波旁”,纳瓦拉国王(1572 年—1610 年),法国国王(1589 年—1610 年),是法国波旁王朝开创者。亨利四世原为胡格诺派新教信徒,1593 年为继承法国王位而宣布改信天主教,声称“巴黎值得一场弥撒”,并颁布南特敕令,为法国宗教战争画上句号。1610 年,亨利四世于巴黎遇刺身亡。——译注

蒂尔戈在呈给国王的秘密报告中感伤地写道："国家是由松散的不同等级阶层以及彼此缺少联系之人构成的社会。在这里，无所谓共同利益，有的只是个体利益。城镇与村庄，就如它们与各自所属的行政区一样，并不存在什么共同利益关系。甚至修建必不可少的公共工程，也无法达成共识。在种种不同主张以及种种不同理由的无休无止的争吵中，不得不由陛下亲自定夺，或者由陛下委托之人作出定夺。人们献身公益、尊重他人权利、行使自身权利，都需要陛下您签发特别谕令。"

要让数世纪以来形同陌路或者彼此仇视的国民聚在一起并共同管理自身事务，并非小事一桩。让他们彼此抛弃前嫌重新团聚，大大难于让他们彼此分裂。法国人已经为世人提供了难忘的例证。六十年前，法国分裂的不同社会阶层，在冲破重重障碍的长期隔离后而重聚时，首先触碰到的就是伤口，重逢只不过是为了互相厮杀。甚至到今天，以前的人们虽然早已不在人世，但嫉妒和仇恨还留在人间。

第十一章 旧王朝自由种类及其对大革命影响

倘若阅读本书到此打住,就无法得到旧王朝完整图景,就难以理解产生大革命的那个社会。

民众如此四分五裂而局限于小圈子,王权如此强大有力而四处扩展。看到这幅景象,会以为独立精神已经与公共自由一起消失,会以为所有法国人毫无例外都逆来顺受。实际并非如此。政府虽然是公共领域的唯一专断者,但远未成为所有人的主宰者。

在为专制政权制定的诸多制度中,仍然存在自由,不过,这是如今难以理解的奇特自由。唯有详加研究,才能知道它有何利弊。

在中央政府取代一切地方政权,把持一切行政领域后,它创建的或者已有的制度、古老俗习乃至种种弊端,都在妨碍其前进,甚至在诸多民众的灵魂深处孕育着反抗精神,维护着他们形形色色的个性与特征。

那时的中央集权已经具有如今的性质、程序、目标,但尚不具有如今的权力。为了捞钱,那时的政府出售了大部分官职,从而丧失了随心所欲封官的能力。政府的此欲望极大地损害了彼欲望:其贪婪与其权欲针锋相对。它不得不利用并非其制造而其又没能力摧毁的工具。【注释三十九】结果是,它最专制的意志,在执行过程中常常变得软弱无力。旧王朝的古怪弊端以及有害制度抵消了无所不在的中央政权力量,此乃犹如一道堤防,尽管建筑质量低劣而歪歪扭扭,却能分化、缓冲水的冲击力量。

彼时的政府,莫若如今的政府,拥有取之不尽的优待、慈善、荣誉和金钱等笼络手段。那时拥有的强制手段,与拥有的笼络手段一样,也比如今少得多。

此外,彼时的政府本身,对自身权力的确切边界,并不了解。

其权力并未得到正式确认,也并不牢固。其影响范围极其广阔,但是,其步伐并不稳当,仿佛是走在黑暗而陌生之地一般。这种可怕的黑暗,遮蔽了权力边界,圈住了一切权利,从而有利于国王剥夺臣民自由,不利于臣民捍卫自由。

王国行政官员,对自身资历浅身世卑微有自知之明,因此,在管理过程中总是畏首畏尾,遇到阻力时必然前怕狼后怕虎。读一读 18 世纪大臣与省督的来往信函,就会十分惊异地发现一种怪现象:虽然臣民逆来顺受,官员耀武扬威,但是,官员们只要稍遇反抗就不知所措,略受批评就会惶恐不安,简直是坠入风声鹤唳境地。遇到上述情形,他们就会裹足不前、犹豫不决、委曲求全、不敢越雷池半步。路易十五的优柔寡断、自私自利及其继任者的老好人心态,均是这种现象的最佳注脚。此外,这些君王未曾想过会有人要推翻他们。他们丝毫不怀有后来的统治者常因恐惧而具有的那种冷酷,他们蹂躏的只是那些他们看不见的人。

阻碍实现全民自由的诸多特权、偏见与错误观念,反而促使诸多民众保持独立精神乃至坚决反对政府滥用权力。

贵族极其蔑视行政当局,尽管有时有求于它。贵族虽然不再拥有权力,但仍然拥有一点先辈的傲骨:仇视奴役、法律。他们根本不关心大众自由,漠不关心政府对民众的控制,但是,绝对无法容忍政府控制之手落在自身,并会不计代价地反对政府控制他们自己。在大革命爆发之际,行将与王权遭到推翻的贵族阶层,谴责国王尤其是国王代理人时,与即将推翻王权的第三等级相比,态度更激进,言辞更激烈。【注释四十】贵族强烈要求,让人们拥有在代议制的三十七年间所享有的几乎所有的抗衡权力滥用的保障措施。看一看贵族的陈情书,就可以感受到,除偏见和怪癖外,贵族的某些崇高品质仍然历历在目。令人遗憾的是,人们不是将贵族置于法律约束之下,而是将贵族打翻在地并斩草除根。这一错误,是从国民躯体中割除了必不可少的部分,给自由留下了一道永远难以弥合的伤口。多少世纪以来,贵族都是具有优秀品质的阶层,都是具有无可争议的伟大品德的阶层。他们内心自傲,天生自信,富有责任感,是社会中坚力量。他们具有英雄气概,而且还以榜样的力量培养其他阶层的英雄气概。消灭贵族,也导致其敌人萎靡不振。没有任何东西可以完全取代它,它本身也不能死而复生。他们可以重新获取爵位与财产,但是,他们的精神永远不可能恢复。

自那个时期以来,教士在世俗事务中往往唯唯诺诺,谁是国王就屈从谁,而且只要国王稍有恩赐,他们就极尽阿谀奉承之能事。想当初,他们是国民中最独立的团体,而且唯有这个团体才拥有人们不得不尊重的特殊自由。

在行省丧失自治权后,城市只剩下自治的影子:未经国王恩准,贵族不得有十人聚会议事。不过,法国教会一直到最后都还能如常举行定期会议。【注释四十一】在教会内部,教权本身受到种种限制。低级教士拥有严格的人身保障,可以抗衡上级暴政,不必担心主教采用淫威手段迫使他们屈从君主。我无意妄评教会这一古老制度,我只是想说,教会未让教士心灵遭受政治奴役。

此外,诸多教士具有贵族血统,把贵族阶层具有的那种自豪与桀骜不驯带入教会,而且都属于社会上流阶层并享有种种特权。这种封建特权,虽然对教会的道德权威危害极大,但却让教士面对世俗政权时保持独立精神。

不过,最让教士怀有公民的思想观念、需求感情以及澎湃激情的,是土地所有权。我曾耐心翻阅很早以前的省三级会议留存的大部分会议记录与辩论记录,尤其是朗格多克行省三级会议的相关档案,因为与其他行省相比,该行省教士参与公共管理事务更多;我还曾耐心翻阅1779年与1787年的省三级会议记录。我带着我所处时代的思想去翻阅它们,却惊讶地发现,那些主教和修道院院长——许多人的品德与学识颇为出众——撰写的道路或者运河修建报告,具有行家水准,从科学技术人文等各方面阐述了农业增收、工业发展以及居民生活状况改善的最佳途径。他们与同样负责诸如此类事务的教外人士相比,不分伯仲,往往还更胜一筹。【注释四十二】

与根深蒂固的主流意见相反,我冒昧认为,剥夺天主教教士的一切土地占有权并将其收入改为薪俸的做法,只有益于罗马教皇和世俗君主,却使人民丧失了拥有自由的极其重要的组成部分。

一个人,一生最美好的时光都服从外来权威,在居住之地又不能拥有家室,因此,可以让其扎根于这片土地上的,唯有与土地的密切联系。斩断这种联系,就会无所归属。在这片偶然降生之地,他就像陌生人一样生活于世俗社会,这里几乎没有任何东西直接触动其利益。他的信仰寄托于教皇,他的衣食仰赖于君主,他的祖国唯有教会。每当发生政治事件,他心中所想的,只是对教会有益还是有害。只要教会自由昌盛,其他有何所谓?对于政治,他最自然的状态就是漠不关心。他,是基督之城的优秀成员,是其他地方的平庸公民。他,作为孩童老师和品德指路人,拥有的竟然是如此思想与情感,其结果只会在公共生活上软化整个民族的灵魂。

欲正确认识地位变化所引起的精神革命,就必须重温1789年教士等级阶层的陈情书。【注释四十三】

教士虽然在陈情书中常常流露出偏执态度,有时还顽固留恋其曾拥有的特权,但与第三等级或者贵族阶层一样,仇视专制制度,支持公民自由,热爱政治自由。他们宣称,保障个人自由,不能依靠承诺,而要依靠类似于人身保护法令[47]之类的法律制度与程序。他们呼吁,要摧毁国家监狱,要废除特别法庭和调案制度,司法程序要公开,实行所有法官终身任职制度,所有公民均有权担任公职,任人要唯贤。他们要求:征兵时,少一点羞辱与压榨下层民众,而且任何人都不得免除服兵役义务;可以赎买领主权利,因领主权利源于封建制度,乃有悖于自由;劳动自由不受任何限制;废除内陆关税;大举兴办私立学校,每个教区必须至少设立一所学校,并实行免费教育;所有乡村均应设立民间慈善机构,诸如济贫院和慈善工场等;要想方设法鼓励发展农业。

在政治方面,他们比任何人都更强烈地宣布:唯有国民拥有召开议会、制定法律、自由表决是否征税的不可剥夺、不可转让的权利。他们认为:未经本人或者代表投票表决,不得强迫任何法国人纳税。他们还要求,三级会议,由自由选举的代表组成,而且必须年年召开;三级会议必须公开讨论一切重大事务;三级会议必须制定普遍适用的法律,任何特殊惯例或者特权都不得与之抵触;三级会议应当有权编制预算乃至监督王室;三级会议代表不受侵犯,大臣必须对三级会议负责。他们也要求,各行省都应设立三级会议,

---

〔47〕 人身保护法令(拉丁文:Habeas Corpus),主要指应由法官审查羁押是否合法,而决定是否签署羁押某人或者下令释放某人的令状。人身保护令源自中世纪英国。自13世纪起,英国法院即发布各种与刑事诉讼有关的令状,包括审查逮捕理由的令状。17世纪,斯图亚特王朝复辟,大肆迫害新教徒和反王权派。代表工商业资产阶级和新贵族的辉格党援引旧例,通过议会制定《人身保护法》,并迫使英王查理二世于1679年5月26日签署颁布。其主要内容:非依法院签发的载明理由的逮捕令状,不得逮捕羁押任何人;已被依法逮捕者应视里程远近,定期移送法院审理;经被捕人或者其辩护人申请,法院可签发人身保护令状,命令逮捕机关或者其人员陈述逮捕理由或者解送、保释以及释放被捕人,违者可处罚金。——译注

各城市都应设立市政府。当然,关于神权问题,他们只字未提。

虽然他们中某些人罪恶昭彰,但是,总体而言,我不知道,这世界上还有哪国教士比大革命爆发之际的法国教士更卓越、更开明、更具有民族性、更多地关注公共道德而不是私人道德、更具有坚定信仰。彼时对教士的迫害,就很好地说明了这一点。我开始研究旧王朝时,对教士是充满偏见的;结束这一研究时,对他们是充满敬意的。实际上,教士身上的缺点,只不过是一切行业组织固有的缺点。无论是政治组织还是宗教组织,当它们牢固建立而具有严密组织时,都具有扩张干涉他人的倾向,就会走向不宽容而偏执的地步,就会本能而盲目地维护本组织的特殊利益。

旧王朝的资产阶级比如今的资产阶级更具有独立精神,甚至其组织构造上的许多缺陷都有助于培育这种独立精神。早已说过,资产阶级当时占据的官职多于如今,而且资产阶级其时对官职的热衷也大于如今。但请注意,两者有所不同。那时的官职,政府既不能敕封也不能夺走,任职者更有尊严而不必听任统治者摆布。就是说,如今促使人们奴颜婢膝的原因,在那时,恰恰是他们受尊重的最大原因。

导致资产者与人民大众不幸分裂的种种豁免权,也导致资产者成为假贵族,而在假贵族身上也往往表现出真贵族才具有的高傲心态与不屈精神。资产阶级分裂为一个个小团体,这些小团体只关心小团体利益而把社会利益抛诸脑后。【注释四十四】每一个小团体都有其特权与尊严必须捍卫。任何人都不可能隐没于人群中而苟且偷生。可以说,每个人都是站在舞台上。这个舞台虽然不大,但灯火通明,而且同样的观众,始终在台下,随时准备报以掌声或者嘘声。

彼时压制一切反抗呼声的手法,远没有如今巧妙。彼时的法兰西,并未变成像如今这样的万马齐喑之地,相反,尽管尚无政治自由,但很适合传播呼声:呼吁者只要抬高嗓音,远处就能听到。

那个时代,确保听到被压迫者呼声的唯一途径,就是司法机构。彼时的法国,就政治、行政制度而言是专制国家,但就司法制度而言,仍然是自由国度。的确,旧王朝的司法运作,极其笨重、复杂、拖沓而且代价高昂,毫无疑问,这些都是严重问题。但是,彼时的司法机关从不屈从王权,而屈从王权乃最大腐败,盖不仅腐蚀法官,而且很快就会毒害全体人民。但是,彼时的司法并不具有如此弊端。彼时的法官,不但终身任职,而且并不追求升官发财,这两点对于保持独立很关键,其道理在于:无法革职,如何收买?

的确,王权已经剥夺普通法院审理几乎所有涉及当局案件的权力,但是,王权仍然对法院心怀恐惧,因为王权虽然阻止了法院审理那些案件,但尚不敢阻止法院受理控告以及发表意见。古语云"名不正言不顺",彼时的司法语言仍然保留这一风格,法官常常把政府上述行为直截了当地称为"专横行为"。[注释四十五]法院也不时地干预政府活动,虽然往往导致行政管理无法正常进行,但有时倒也成为个人自由的保障,此乃"以毒攻毒"也。

在司法机构内部及其周围,古老风尚在新潮思想之间仍然具有活力。毫无疑问,高等法院更关心它们自己而非公共事务。不过,必须承认,在捍卫自身独立与荣誉时,它们始终表现得顽强不屈,并把这种精神传给周围所有人。

1770 年,当巴黎高等法院被撤销时,高等法院法官虽然丧失了地位与权力,但没有任何人屈服于国王淫威。不仅如此,其他法院,例如,审理间接税案件的法院,并未受到株连和威胁,但是,当国王的严厉处罚已经确定无疑时,他们挺身而出,愿同受罚。甚至还有更精彩的情形:在高等法院出庭辩护的首席律师们,甘愿抛弃名利地位而与高等法院同进退共命运,宁愿缄默不语也不愿在被羞辱的法官面前出庭。我不知道,在各国自由人民的历史上,还有什么比这件事更伟大。这样的伟大事件,就发生在18世纪,就发生在路易十五宫廷附近。

诸多司法惯例已经成为国民习惯。人们接受了法院的诸多观念:一切案件均须辩论,一切判决均可上诉,审判公开,注重程序。所有这一切,都与奴役格格不入。这就是旧王朝留传给我们的自由人民教育的唯一内容。政府也学习了诸多法言法语以及司法习惯。例如,国王认为,发布敕令必须说明缘由,作出结论必须阐明理由;御前会议裁决有长长的前言;省督指派执达吏传达指令。在渊源古老的一切行政机构内部,例如,在法兰西财政官署或者当选官员内部,各类事务都公开讨论并经辩论才作决定。所有这一切习惯,所有这一切形式,都已经成为君主专横跋扈的障碍。

只有平民百姓,尤其是农村人,除暴力外,对压迫几乎始终没有任何反抗手段。

刚才列举的多数制衡手段,平民都无法采取。要想采用上述手段,就必须具有能够为人所看见、呼吁能够为人所听到的社会地位。因此,除平民外,没有任何法国人,只要他愿意,不能在看似屈从的同时,谴责当局,并在谴责中抗争。

彼时的国王,以首领而不是以主子的口吻,向国民发布谕旨。路易十五统治初期,曾在一敕令前言中说:"我们无上光荣地统率着一个自由而大度的民族。"其实,他的祖先早就用更为古老的语言风格,在感谢勇于进谏的三级会议时表达过同一意思:"我们宁愿跟自由人而不是农奴讲话。"

18世纪的人们,没有那种奴性之源的贪求安逸欲望。这种欲望,萎靡柔弱却又顽固不化,很容易与某些私德——例如,爱家、尚俗、尊重信仰,甚至对教仪采取不冷不热但又按时参加的态度——混杂交织在一起;它崇尚正直忠诚但排斥英雄主义,善于培育遵规守矩但又怯懦之人。总之,18 世纪之人,既比如今好又比如今坏。

彼时法国人,追求欢乐、崇尚享乐。与如今相比,他们也许更习惯于无拘无束,其思想感情也许更杂乱无章,但对我们如今看到的有节制的、有礼貌的肉欲主义毫无所知。彼时的上层社会,热衷于追求华丽炫耀而不是舒适方便的生活,更热衷于出人头地而不是发财致富。即使资产阶级也并非一心贪图安逸,他们常常放弃追求安逸而追寻更美妙更高雅的享乐,人生目标绝不是金钱。当时有人用古怪但不失自豪感的口吻写道:“我了解我的同胞:他们善于铸造并挥霍金银但不会如常人那样崇拜金银,他们随时准备回归古老的信仰——勇敢、荣耀,我敢说,还有慷慨大度。”

此外,绝不能以对最高权力的服从程度而评价人们是否卑鄙,这是错误标准。旧王朝的人们无论如何顺从国王意志,绝不会屈从胡作非为的权威,绝不会因可资利用或者会对自身造成伤害而屈从权威。于他们而言,如此可耻的奴役绝对不可想象。彼时国王在他们心中激起的种种情感,此后世上最专制的君主们都无法做到,但是,由于大革命将如此情感从他们心中连根拔掉,我们再也几乎无法理解他们。他们像爱父亲一样热爱国王,像敬上帝一样敬重国王。他们顺从国王最专横的命令,不是缘于强迫而是缘于爱;他们往往仍然拥有自己的灵魂,即使完全顺从国王时也如此。于他们而言,顺从的最坏弊病是强制;于我们而言,此乃最微不足道的毛病。目前的最坏弊病,乃迫使他人服从的奴性。不要看不起我们的先辈,我们没有这种权利！愿上帝保佑,在发现先辈的偏见与不足时,能够发现他们的一点点伟大！【注释四十六】

因此,倘若以为旧王朝是奴役与依附的时代,乃大错特错。【注释四十七】那时拥有的自由，比如今多得多。不过，那种自由，凌乱零碎而时有时无，始终局限于某个阶层之内并与特权和例外的思想观念联系在一起；那种自由，允许对抗法律与专横压迫行为，却始终无法为所有人提供最天然而必不可少的保障；那种自由，尽管范围狭小而且形式扭曲，但富有生命力，在中央集权竭力把所有人的性格都打造得整齐划一、服服帖帖、暗淡无光的年代，让诸多个体保留着天然本性、多彩个性与容貌，在他们内心孕育着自豪感，并让荣誉之爱常常压倒一切情感；那种自由，培育了我们即将看到的充满活力的灵魂、自豪勇敢的天才，让法国大革命成为千秋万代既敬仰又恐惧的对象。倘若在自由不复存在的土地上，能够培育出如此阳光的美德，岂不怪哉？

但是，那种凌乱而病态的自由，倘若是为法国人推翻专制政权创造了条件，也许也会导致法国人比其他民族更不适合在专制政权的废墟上，建立和平、自由、法治的政权。

第十二章 18世纪法国农民境况有时何以比13世纪更糟糕

到18世纪,法国农民不再遭受封建势力欺凌,也很少遭受政府暴力蹂躏。他们享有公民自由,拥有小块土地,但是,其他阶层都抛弃了他们,其孤单处境也许绝无仅有。此乃奇特而全新的压迫,其影响值得专门考察。

据佩雷费克斯[48]说,17世纪初期,亨利四世就抱怨贵族在抛弃乡村。18世纪中期,逃离农村几乎成为普遍现象。那个时代的所有文献都证实了这点,并为之痛惜:经济学家在论著里,省督在通信中,农业行会在报告中,都指出了这点。在人头税登记簿中也可以找到确凿证据。人头税按照实际居所征收,所有大贵族以及部分中等贵族的人头税都在巴黎缴纳。

留在乡村的贵族,几乎都是经济差而无力迁移的,【注释四十八】只好与农民为邻。其处境,在我看来,是富裕地主从未遭遇过的。【注释四十九】一方面,他们不再是农民的首领,不像从前那样有心照顾、帮助和领导农民;另一方面,他们不同于农民而不用承担公共捐税,对农民贫困也不再抱有同情,也不会分担他们没有切肤之痛的农民疾苦。那些农民不再是其臣民,而他们也不是农民的手足兄弟。此种现象史无前例。

上述情形导致贵族心不在农村。心不在农村,甚至比身不在农村的影响,更普遍、更深远。这种居住于领地的贵族,常常会抱有他不在乡村时其管家具有的种种心态和做事方式:认为佃农只

---

〔48〕 佩雷费克斯(1605年—1670年),法国高级教士、路易十四的家庭教师,1664年任巴黎大主教,著有《亨利四世传》。据说,是在其教育下,路易十四才崇尚亨利四世。——译注

不过是债务人而苛刻对待佃农,从而严格按照法律或者惯例榨取租金,其结果是,封建末期的苛捐杂税,竟然比封建时代全盛时期更苛刻。

这种贵族,经常负债累累、穷困潦倒,在庄园里通常过着极其吝啬的生活,心里盘算的只是攒钱以便冬季进城挥霍。平民百姓说话往往一针见血,借用猛禽中身量最小的那种鸟的名字,把这种小贵族叫作“燕隼”。

毋庸置疑,会有人拿个例反驳,但我论述的是阶级,唯有阶级才值得历史注意。谁能否认,当时也有诸多富裕地主,不计利害得失关注农民的福祉?但是,如此行为恰恰违背了其所处社会地位的规律。要知道,无论他们如何努力,这一规律就是促使他们漠视农民的,也同样是促使农民仇恨他们的。

人们往往把贵族抛弃乡村,归因于个别大臣、国王的特殊影响。如有人归因于黎世留,另有人归因于路易十四。没错,在君主制的最后三个世纪,促使贵族与人民分离,吸引贵族踏入宫廷进入仕途的,几乎一直都是历代君主旨意。17 世纪尤其明显,盖其时的贵族仍然令王权生畏。当时向省督提出的诸多问题中,就有这个问题:“你行省的贵族,愿意留在乡村,还是选择离开?”

有位省督在答复此问题的回信中抱怨,其行省贵族宁愿与佃户待在一起而不愿在国王身边尽义务。请注意,此处谈及的行省,指安茹即后来的旺代。据说,后来,唯有这些拒绝向国王尽义务的贵族拿起武器投入战斗,捍卫君主制并为之献身。他们之所以享有这份突出荣耀,就在于能够把农民吸引在其周围,可是,他们竟然因宁愿生活于农民之中而受到指责。

不过,必须注意,不能把当时贵族抛弃农民的现象归因于某个国王的直接影响。此种现象长久不衰的首要原因,不在于某个人的意志，而在于各种机构的缓慢而持续的运转。在 18 世纪，政府意欲革除此种弊端，却甚至无法控制其扩大，此乃一个明证。随着贵族不可逆转地失去政治权利以及地方丧失自治权，贵族移居城市就在增多，无须引诱他们出走，他们也已无心留下，田园生活于其而言已经变得寡然无味。

前面论及的贵族，应理解为指全国各地富有地主贵族。在中央集权国家，开明而富有者纷纷离开乡村。也许可以进一步断言，中央集权，意味着低效并阻碍农业发展。也许可以借孟德斯鸠的深刻话语而进一步阐述。孟德斯鸠指出："土地出产是多是少，主要不取决于土地是否肥沃，而取决于居民是否享有自由。"不过，我可不想离题太远。

前已谈及，资产阶层何以抛弃农村而在城市寻找栖身之地。旧王朝的一切文献资料，均证明了这一点。那些文献资料证明，在农村，几乎从未见过一代以上的富裕农民。农民一旦通过辛勤劳动积聚一点钱财，就会立即让子女放下犁锄进城，并为他买下一官半职。从那时直至如今，法国农民都对让其发家致富的农业常常流露出一种奇特而厌恶的态度。目前，其原因已消失，但后果尚存。

事实上，长期居住于农民之中并不断与农民保持联系的唯一有教养者，或者按照英国人所说的唯一绅士，就是教堂牧师。教堂牧师本来是可以成为乡村居民的主宰者，要是他们如伏尔泰所言，不是那么明目张胆地与政治权力等级制度紧密相连的话。政治权力等级制度，虽然赋予了教堂牧师诸多特权，但也在一定程度上导致平民百姓仇恨他们。【注释五十】

就这样，上层阶层几乎完全脱离农民，农民疏远了本来可以帮助、引导他们的乡亲。那些乡亲，接受教育，富裕起来后，就避开农民。农民好像是被淘汰的国民,被人撂在一边。

在文明欧洲任何一个伟大民族之中,都未曾见过上述情形。即使在法国,也是晚近才呈现如此现象。在14世纪,农民受到的压迫虽然更深,但是,他们得到的救助也更多:虽然贵族有时会残暴地对待农民,但从未抛弃农民。

18世纪,村庄是一切贫穷、蒙昧、粗野者的共同聚居地,村庄官员也一样未受良好教育并遭人鄙视,村理事也不怎么识字,村收税员不会清算村民以及自身的财产账目。彼时的领主不仅无权统治农民,而且还认为,打理村务简直有损身份。他们认为,分派军役税、招募自卫队员、监管徭役,都是卑贱行当,乃理事才做的苦差事。在那时,唯有中央政府关注农村社区,但是,山高皇帝远,乡村居民并不畏惧它。再说,中央政府关注农村,只不过是想从中捞取利益而已。

下面看看这个被抛弃阶级的处境吧:无人想对它施以暴政,也无人想引导、服务它。

彼时,毫无疑问,封建制度压在村民身上的最沉重负担已经清除或者减轻,但是,人们不甚了解的是,取而代之的也许是更沉重的负担。他们虽然不再遭受先辈所遭受的一切苦难,但却经受着先辈从不知道的诸多痛苦。

众所周知,在两个世纪里,军役税增加了十倍,而且全部落在农民身上。此处得解释一下向农民征收军役税的方式,以说明在文明年代里,还制定或者保留了哪些野蛮法律,而国家中最有教养者却无意修改这些野蛮法律。

在1772年财政总监致各行省省督的密信中,发现关于军役税的描述。其描述简直是准确简明的杰作:“军役税分派很随意;征收者负连带责任;在法国绝大部分地区,都是对人而不对物进行征收;随纳税人财产状况变动,每年军役税也发生变化。”短短三句话就概括了一切,没有任何语言更能巧妙地说明其弊端。

每个教区应纳税额,逐年确定。按照那位大臣所说,税额不断变化,农民前一年根本无法预料次年应缴多少。教区每年都要随便任命一位农民担任收税员,再由他负责将捐税摊派至所有人头上。

我曾说过会谈谈收税员处境,还是听听1779年贝里行省三级会议的言论吧。这个三级会议是无可怀疑的,因为它完全由国王选定的不缴纳军役税的特权者组成。它在1779年说:“鉴于没人愿意担任收税员,就轮流担任。军役税的征收每年都交给新收税员,不论其能力如何、正直与否。每年纳税人名册的制作均反映其制作人品德,可以反映收税员的恐惧、弱点或者罪恶。此外,他该如何做好工作?只能暗自摸索。有谁能够确切知道邻人有多少财富以及相互的贫富高下?这些只能由收税员自行判断,由他以其财产乃至人身保证能够履行其职责。在两年之内,他往往必须花一半时间奔走于纳税人之家找其纳税。遇有不识字者,就在邻居中找人替补担任收税员。”【注释五十一】

稍早之前,蒂尔戈曾经说起另一行省的情形:“收税员职务把担任这一职务者推向绝望境地,几乎总是导致其破产,而且如此这般,把村里富裕人家陆续推向贫困境地。”

话说回来,那些不幸者拥有横征暴敛的权力,既是牺牲品,也是暴君。在任期内,他不仅导致自己破产,手中也掌握着村民破产的命运。用那个行省三级会议的话来说,就是:“对亲友邻居的照顾优惠,对敌人的仇恨报复,对庇护者的保护,生怕引起老雇主老东家的不快,所有这一切,都在同其心中的正义打架。”恐惧常常让收税员变得残酷无情。在有些教区,没有治安员和执达吏陪伴,收税员就不敢露面。1764 年,有位省督致函大臣:"倘若收税员没有执达吏协助收税,就没有人愿意缴税。"吉耶纳行省三级会议说:"仅维勒弗朗什选举区,就有一百零六个治安员和执达吏在协助收税。"

18 世纪中期,法国农民为了逃脱横征暴敛的捐税,就模仿中世纪犹太人:在外人面前装作穷困潦倒,实际并非如此。可见,拥有财富,让他感到害怕。在距吉耶纳行省百里之地,我发现的一份文献可以证明这点。1761 年,曼恩农业行会报告说,本打算把牲畜作为奖品发给农民以示鼓励,但是,"后来打消了这个念头","因为卑鄙者的嫉妒心会给获奖者招致危险,几年内摊派捐税时,他们会遭遇无穷烦恼"。

在如此征税制度中,对于窥探邻居情况,向收税员告发其财产增加情形,个个纳税人都有着直接而永久的切身利益;人人都被教唆要嫉妒、仇恨并告发他人。如此之事,岂非发生在印度斯坦的贵族领地上?【注释五十二】

不过,同期的法国部分地区,捐税不重,征税较温和。例如,有些三级会议行省就是如此。这些行省确实有权自行征税。例如,在朗格多克,军役税只按土地多寡计算,不因土地所有人财富变化而增减。它们为此编制了详细的土地登记簿籍供查阅。这种登记簿籍每三十年重修一次。登记簿籍依土依肥瘠分为三等。每个纳税人事先就能确切地知道自己应缴纳多少。倘若不缴纳,唯有其本人,或者不如说,唯有其土地,应对此负责。他倘若认为,给他多分配了捐税,就有权要求,将其捐税份额与其选定教区另一居民的捐税作比较。这就是今天所称的"比例平等制度"。

可以看出,这一切,正是如今遵循的那套制度,而且从那时起,就并未加以改进,而只是在推广。值得注意的是,我们尽管采用了旧王朝的国家管理模式,但并未学习吸收旧王朝的其他东西。我们是从旧行省而不是从旧王朝那里,借鉴了最好的管理方法。我们采用了其机器,但抛弃了其产品。

农村常见的贫困现象,产生了不利于消除贫困的种种所谓金科玉律。黎世留在政治遗嘱中写道:“人民一旦富裕,就难以用法律管理。”18 世纪,人们看法不至于如此极端,但仍然有人认为:倘若不是生活所迫,农民绝不会干活,因此,穷困是防止懒惰的唯一保障。这与有些人谈论殖民地黑奴时所说的那套理论如出一辙。如此观点,在统治阶层极其流行,以至于几乎所有的经济学派都不得不加以批驳。

众所周知,军役税最初目的,是供国王购买士兵而免除贵族及其封臣附庸的军役义务。到 17 世纪,如前所述,军役义务纳入自卫队名下而重征,而且完全落在人民头上,几乎全都落在农民头上。

想想各行省省督官邸中整箱整柜的有关追捕抗命自卫队士兵或者逃亡者的骑警队办案笔录,就足以断定,征募自卫队困难重重。对农民而言,没有哪一种公差比担任自卫队员更让人难以忍受。为逃避这种苦差,他们常常遁入森林,导致政府动用武装进行追捕,让人惊诧不已,而如今义务征兵制的执行,易如反掌。

旧王朝农民极端厌恶自卫队,起因不在于法律原则而在于执法方式,尤其在于如此执法会让可能被征募者长期心神不定,因为只要未婚,未满四十岁前都可能被征入伍。他们担心执法方式无常,担心即使抽中免征签也无济于事,担心禁止找人替换,担心被派遣去干农民都不愿干的艰苦危险又毫无提升希望的营生。不过,最应谴责的是,如此重担只让农民承受,而且是落在最穷苦、最无依靠的农民身上。那些农民地位最卑下,结果导致他们难上加难。

我手中有很多1769年的教区抽签记录。它列明了每个教区免征军役者的情况:这个是贵族家仆,那个是修道院守卫,另一个实际上只是"过着贵族生活的"资产者奴仆。其实,只有富裕阶层可以免征。当一个农民年年都被列入最高纳税者行列时,其子弟就享有特权,可以免征为自卫队员,此乃所谓的鼓励农业发展。经济学家在其他方面无限崇尚鼓吹平等,对这种特权不但无动于衷,反而要求推广,就是说,要加重最贫困、最无依无靠的农民负担。有位经济学家说:"士兵军饷如此微薄,吃穿住如此简陋,如此没有独立人格,除地位最低微者外,过于严酷而令人无法承受。"

路易十四统治末期,交通要道要么无人维护,要么交由交通要道使用者即国家或者沿途地主维护。不过,在此前后,交通要道的维护保养开始单纯依靠徭役,就是说,由农民单独负责维护。不必花一分钱,就能使道路畅通,这种方法很妙。因此,到1737年,财政总监奥里要求推广到全法国,并授权省督可以任意关押不服徭役者,或者派兵搜捕不服徭役者。

从此以后,每当贸易增长而更需要良好道路时,徭役就会扩大,徭役负担也会增加。【注释五十三】1779年,贝里行省三级会议报告说:这个穷省每年以徭役形式建造的工程,价值估计高达七十万里佛。1787年,下诺曼底行省估计的徭役数额相差无几。没有什么比这些数字更能说明农民的悲惨命运。社会进步,其他阶层富裕,农民阶层失望。文明,造福于除农民外的所有人。【注释五十四】

我曾看到同一时期的省督在通信中说,鉴于徭役只能用于建设交通要道,或者如当时的人们所说只用于建设王家道路,因此,修建村道不能使用徭役。【注释五十五】真是咄咄怪事,最穷最苦最少出门者反倒要负担道路维修费用,而且如此念头,还如此牢固地扎根于那些既得利益者的脑中，并竟然认为其他解决方法都不可行。1776年，徭役改为地方税。于是，徭役化为新税，不平等得以改头换面继续存在。

徭役，从领主徭役变为王家徭役，并逐渐扩展到所有公共工程。我发现，在1719年，竟然使用徭役修建兵营！【注释五十六】有法令规定：各教区必须派遣最能干的工人，一切工程都应为它让路。【注释五十七】在当时，押送罪犯进监狱，押送乞丐进慈善收容所，都使用徭役；军队换防搬运军什，也使用徭役。军队辎重极其沉重，因此，这种徭役非常繁重，必须从远处调集大量车辆和牛马才能拉走这些东西。【注释五十八】这类徭役，开始并不多，但是，当常规军越来越多时，就成为最沉重徭役之一。我发现，彼时有些国家工程承建商不断要求调派徭役，将木材从森林运往沿海军用船坞。此类徭役通常领取工资，不过工资很低而且总是被人随意削减。捐税负担如此不合理，有时如此沉重，难怪军役税收税员顾虑重重。1751年，有位收税员写道："因修路而向农民征收的各项费用如此沉重，不久就会造成他们无力缴纳军役税。"

如果农民身旁存在一些有钱又有教养之人，即使不能保护农民，至少也愿意并有权力在掌握穷人与富人命运的共同主宰者面前，为农民求情。若如此，怎可能制定如此沉重的税收规定？

我看过一位大地主于1774年恳请省督修路的信，说：这条道路有助于促进全村繁荣富裕，并列出种种理由；建议设立集市，并断言若有这个集市，产品价格就会翻倍。这位好人还说，只要政府资助一下，就可以创办一所学校，为国王培养勤奋臣民。他以前从未考虑到上述问题，但是，两年前国王密令将其软禁于他自己的城堡中后，他才考虑上述问题。他坦率写道："在自己庄园流放的这两年，让我确信这些工程极其有用。"

然而,我们发现,尤其在大饥荒年代,昔日维系农村大地主与农民之间的那些保护与依附关系已经松弛或者破裂。每当发生危机,中央政府就会因这种关系的削弱而深感恐惧。政府意欲重建被它打倒的那些个体权力或者政治团体,争取其支持帮助,但却无人响应。此时,它往往会惊讶地发现,原来那些人那些团体已经死去,而且是被政府剥夺生命的。

在极端困难的时期,尤其是在最穷的那些行省,有一些省督,就像蒂尔戈一样,不顾法律规定,下令富有大地主必须提供粮食给佃农,直至收获时节。我看过诸多本地教士于 1770 年写给省督的信件,他们建议向教区大地主抽税,不论是教会教士还是世俗人士。他们写道:"这些人拥有大量田产,但并不在当地居住生活。他们从中攫取的大笔财富,都在别处挥霍。"

即使在正常年代,乡村遍布乞丐。诚如勒特罗纳所说,穷人在城里可以得到救济,但是,在乡村,尤其是冬季,除行乞外别无出路。

这些不幸的人们,不时遭到残暴对待。1767 年,舒瓦瑟尔公爵[49]曾采取措施,企图一劳永逸地清除法国行乞现象。从省督们的信件中就可以看出,所采取的手段是何等残酷。骑警队受命在全国范围内同时行动抓捕乞丐。据说,被抓捕的乞丐高达五万多人;身强体壮的被押往服苦役;剩余的送往四十多家乞丐收容所。其实,让有钱人发发善心救助他们,或许会更好。

旧王朝政府,如同我曾所说,面对上层社会的高官贵人时,如此温良恭俭让;面对下层社会尤其是农民时,往往如此冷酷无情,

---

〔49〕 舒瓦瑟尔公爵(1719 年—1785 年),法国政治家,曾担任军事、外交要职。1758 年至 1770 年任国务大臣。因力主改革以及鼓吹战争,于 1770 年遭只想得过且过的国王路易十五贬职。——译注

总是让人猝不及防。我没有看到有哪份档案记载,省督下令逮捕资产者。但是,不断有农民被抓去服徭役、军役,或者因乞讨、扰乱社会秩序等而被抓捕。前者接受的是独立法庭的耗时很长的公开审判,后者接受的快速审判而且规定对判决结果不准上诉。

1785 年,内克写道:“平民百姓与其他阶层存在巨大距离,这容易转移视线而让人不注意政府如何滥权对付老百姓。倘若仁慈与人道不是法国人的性格特征与本世纪的精神,对于那些自己免受苦难但对苦难抱有同情心的人们而言,就会是无穷无尽的忧愁。”

可是,压迫之深重,体现更明显的,不是在已受苦难上,而是在不让他们改善自身处境上。彼时的农民,虽然是土地自由保有人,但几乎如其祖先农奴一样愚昧无知,而且其境况常常比其作为农奴的祖先更悲惨。农民,身处工业技术惊人发展的时代,却身无一技之长;身在文明灿烂的世界,却仍未开化;身上保留着其种族独有的智慧和敏锐,却并未学会如何加以利用;种地是其唯一的谋生手段,甚至连地也无法种好。“呈现在我眼前的,是 10 世纪的农业。”有位著名的英国农业专家说。那些农民,唯一擅长的是当兵打仗;至少在这个行当,他们与其他阶层存在天生而必要的联系。

就这样,农民生活于孤独而贫困的深渊,完全与世隔绝而被禁锢于此。在天主教被废除而未遭反抗、教堂遭受亵渎前不到二十年的时期中,政府有时采取如下办法清查县区人口:把教堂牧师清点的参加复活节圣餐人数,加上小孩与病人的估计数,得出的总数就认为是居民总数。发现是如此统计人口时,我既感到吃惊又几乎感到害怕。然而,时代思潮已经从四面八方深入这些粗人的心中。它们是采取种种怪异方式,通过一条条曲折而隐蔽的地下渠道进入的。因此,从地表上看,并未发生任何变化,农民的信仰、风俗、习惯,似乎并未改变;农民是臣服而喜悦的。

不要相信法国人在面对最大痛苦时常常伪装的轻松淡然。此种心情，只不过说明人们在面对无法摆脱的恶运时，只能苦中寻乐。但是，不想不等于完全释怀。倘若给他们打开一条出路，可以摆脱其似乎不在意的苦难，他们就会立即朝那条路飞快跑去。其速度猛烈得无法阻挡，他们会看都不看你一眼，就从你身上直接踏过。

对上述情形，我们今天看得非常清楚，但是，那时的人们却无法看到。上层阶级向来难以体会老百姓的灵魂，尤其是农民灵魂中所发生的一切。农民所受教育及其生活方式，让其对人类问题具有自己的独特理解，而且这种理解不为其他人所理解。但是，当穷人和富人几乎不再拥有共同利益、痛苦、事业时，那遮蔽各自心灵的黑暗就会变得深不可测，两者就会鸡犬相闻而老死不相往来。在大革命爆发之际，高居社会大厦中上层的人们，拥有的是何等怪异的安全感啊！1793 年近在眼前时，他们还在奢谈什么人民美德、绅士风度、忠诚贡献、开心快乐！看到、听到这些，怎不觉得奇怪？多么可笑、多么可怖的一幅景象！

权且略作停留，回顾刚刚叙述的那些小事，想想上帝治理社会的最伟大法则之一，再考虑前行吧。

法国贵族阶层顽固坚持要把它们与其他阶层区别对待。贵族最终得以免缴大部分公共捐税，而让其他阶层承担。他们幻想，没有这些负担，就保住了其尊严。刚开始时，似乎确实如此，但没过多久，就有一种看不见的体内疾病缠住他们，致其日益虚弱，却无人过问。他们享有的豁免权越多，其家境就越贫困。他们担心会与之为伍的资产阶层，却越来越富，越来越有教养，并生活在贵族身边，拒绝接纳贵族，还反对贵族。既不愿把资产阶层当作合伙人也不愿把他们当作同胞的贵族，不久就发现，资产阶层已成为对手、敌人,而且最终成为了其主子。尽管资产阶层组成的奇怪政权解除了贵族领导、保护、救济其封臣附庸的责任,但是,贵族的经济特权以及荣誉头衔仍然完好无损。因此,贵族认为,自己并未丧失什么,仍然是上层阶层,自欺欺人地认为仍然是统治者,何况围绕在他们周围的仍然是契据中叫作"臣民""附庸""自由土地保有人""佃农"的人们。但是,实际上,没有谁会再听候贵族的差遣,所谓的贵族已经是孤家寡人;贵族行将遭受推翻命运时,唯有选择逃亡。

贵族阶层和资产阶层,尽管命运千差万别,但有一点却相同,即最终都脱离了人民。资产阶层根本不接近农民,面对农民的困苦,裹足不前;根本不与农民联合,与普遍不平等现象作共同斗争,反而企图为了私利而制造新的不公正,资产阶层就像贵族阶层拼命维护自身特权一样拼命谋取特权。他们原本出身农民,但是,在他们眼中,自己与农民已然形同陌路甚至素昧平生。资产阶层直至把武器交给农民时,才意识到自己是在无意之中激起了他们的革命热情。但是,对于这种热情,资产阶层无力引导也无力驾驭。资产阶层曾经是鼓动者,但注定是牺牲者。

看到曾经傲视整个欧洲的法兰西大厦沦为一片废墟,世世代代都会感到惊讶。但是,只要认真阅读其历史,就不难理解其衰落。刚才描述的几乎一切罪恶、弊端、错误以及致命偏见的产生、存在与发展,都归因于我们大多数国王为进一步实现专制统治而采取的把各阶层分而治之的狡猾手段。

但是,在资产阶层与贵族阶层完全分裂后,农民阶层与贵族阶层以及农民阶层与资产阶层也完全分裂。这种分裂现象,在各阶层内部也相继发生,从而在各阶层内部出现诸多彼此分裂的特殊小集团,与各阶层之间的情形一模一样。整个国家也是如此,尽管是一个同质的整体,但是,各个组成部分不再紧密地联系在一起。自此以后,再也没有什么组织力量可以制衡政府,再也没有什么组织力量可以帮助政府。如此这般,社会基础一旦动摇,宏伟的君主大厦就会顷刻完全倒塌。

到头来,似乎唯有人民从其曾经的主子的罪恶与失误之中获得了好处。实际上,他们虽然挣脱了主子的统治,但无法摆脱主子灌输给他们的或者允许他们拥有的错误思想观念、陈规陋习、不良嗜好的束缚。由此可见,人民有时竟然会像奴隶那样行使自由权,不能控制自己的行为,乃至粗暴蛮横地对待自己的老师。

第三编

第一章　文人何以在 18 世纪中期成为政治权威及其影响

暂且把我试图描述的酝酿伟大革命的古老而普遍存在的事实搁一边，转而关注较迟出现并最终决定那场大革命的发生、性质与地位的一些特殊事实。

长期以来，法兰西乃欧洲最富有文学天赋的民族。但从前的法兰西文人，从未展现其在 18 世纪中期展现的精神，从未拥有其在那时拥有的地位。如此情形，法兰西未曾有过，我想，其他国家也未曾有过。

不同于英国文人，他们不但在日常生活中从不卷入政治，而且远离政治；没有任何权力，在遍地官吏的社会中未曾拥有任何官职。

不过，他们并非如德意志同行那样，完全不问政治而埋头研究纯哲学或者纯文学。他们一直关注政府问题,而且事实上,真正关注的就是这种问题。他们终日谈论的,是社会起源及其原始形式问题,是公民原始权利以及政府原始权利问题,是人与人的天然以及人为关系问题,是风俗习惯的利弊及其合法性问题,是法律原则问题,乃至深入研究所处时代的政体基础问题,兴趣浓郁地考察其结构,评论其总体设计。当然,并非所有文人都把上述宏大问题作为其深入研究的课题,大部分人不过是浅尝辄止,而且常常是戏谑一下而已,但却没有人完全忽视上述问题。从抽象以及文学角度解读政治问题的观点,在那个时代的作品中随处可见,从论著到诗歌,没有哪部作品完全不带有这一特点。

那些文人的政治观点,各不相同,倘若意欲从中协调,把林林总总的观点打造为统一的政府理论,完全不现实。

但抛开细枝末节而看主要观点,就不难发现,不同观点的文人们至少都同意其中一种最普遍的理念。这种理念,仿佛是不约而同地想到的,仿佛是在各自观点产生前就早已存在他们头脑中的,仿佛是各自观点的共同来源似的。无论在后来的旅途中,各自奔向何方,但是,其起跑点是相同的:大家都认为,应当用以建立在自然理性法基础上的根本而简单的法则,取代规范所处社会的传统而复杂的习惯法。

倘若深究,就会明白,所谓18世纪的政治哲学,完全可以用那种理念概括。

其实,它并非新理念。三千年来,它就不断地在人类想象中闪现,但却未栖息下来。这一次,它究竟如何占据那个时代所有文人头脑的?为什么不像往常那样只停留在几个哲学家的头脑里,但当却一直潜入大众头脑之中,点燃了他们经久不衰的政治热情,竟然让日常闲聊话题,都变成抽象的宏达社会政治问题,甚至连妇女与农民都不例外？那些无地位无财富无荣誉无职无权的文人，如何一跃而成为当时事实上的主要政治权威，而且尽管是其他人在行使政府权力，但却是他们成为独一无二的政治权威？我将简要回答并阐明，那些似乎仅仅属于我们文学史的事件，对于大革命乃至我们这个时代，究竟产生了怎样非同寻常甚至可怕的影响。

18世纪思想家普遍形成的那些理念，与其所处社会的基础理念截然不同，这并非偶然。那些理念，是他们眼前那个社会景象向他们自然提供的。眼见荒谬可笑的特权如此泛滥，他们的心情越来越沉重，越来越觉得特权没有存在理由。如此景象把他们的思维都同时推向，或者毋宁说是他们目睹如此景象都同时奔向，同一理念：人人生而平等！看到历朝历代沿袭下来的诸多凌乱而古怪的制度，没有人想修补一下而适应新时代需要；看到那些毫无用处的旧制度、旧传统，仿佛还要垂训万世，他们不由自主地感到极其厌恶，自然而然地在理性照耀下，一心描绘重建社会的新蓝图。

有些作者本身的处境，为其对普遍而抽象的政府理论问题产生兴趣作了准备，并促使其盲目地相信那些理论。【注释五十九】他们的生活完全脱离实际；他们没有任何实际经验，无法抑制自身的天生热情；他们不知道，最向往实施的改革会受种种现状的阻碍；他们根本没有想过，最需要采取的革命具有无法回避的危险。他们之所以对此毫无认识，是因为没有政治自由，从而对政事知之甚少甚至根本无法知道。他们本身没有担任官职，也没有看到担任官职者如何处理政事。其实，只要见过自由社会，只要听过自由社会发生的事情，即使不问政事，也能受到教育，但是，他们甚至缺乏这方面的肤浅教育。与专业政治学者相比，他们却更敢于提出创新计划,更热爱普遍的思想理论体系,更蔑视古代留传下来的智慧,更相信他们个人的理性。

同样出于愚昧无知,民众对他们言听计从、盲目崇拜。法国人倘若如从前一般可以通过全国三级会议参与国家管理,通过省三级会议参与地方管理,就不会像那样轻易受那些文人的蛊惑,就会遵循公共事务的经验而对纯理论保持警惕。

法国人倘若能够像英国人那样,不摧毁旧体制就能逐渐改变其精神,也许不会随时随地臆想出那么多新鲜花样。可是,每个法国人每天都在感受到,其财产、人身、福祉、尊严,都在受某些旧制度、旧法律、旧政治惯例或者旧腐朽势力的侵害或者限制,而且每个人都看不到有什么药方可以医治这种怪病,似乎不是全盘忍受,就是要全盘摧毁整个政体。

不过,在其他自由的废墟里,我们保留了一种自由:仍然能够几乎不受限制地进行哲学思考,探究社会起源、政府本质以及人类原始权利等问题。

终日受到法律实施困扰的人们,不久就迷上了政治文学。迷恋政治文学的,还有那些由于天性或者社会地位而远离抽象思辨的人们。一切受到不平等军役税摊派损害的纳税人,对于人人生而平等的思想,无不感到振奋;庄稼遭受贵族邻居的兔子祸害的小地主,听说一切特权都应受理性的谴责,无不欢喜雀跃。就这样,公众激情都披上了哲学外衣,政治生活都裹上了强烈的文学色彩,文人引导着舆论并一时占据了在自由国家里通常由政党领袖占据的位置。

后来,就不再有人能够代替这些文人的地位。

全盛时期的贵族阶层,不仅主导政务,还主导舆论,给人们的创作定基调,给人们的思想定条条框框。到 18 世纪,法国贵族完全丧失了这方面的权力,其信誉也随之丧失。曾被贵族占领的精神领域成为真空后,作家们得以轻松传播其思想并独占贵族以前的阵地。

不仅如此,阵地被夺走的贵族还支持文人的思想理论。贵族完全没有想过,普世理论一旦得到大众接受,就会无可避免地转化为政治激情与行动。因此,贵族竟然把与其特权甚至生存完全冲突的种种理论,视为奇妙的精神寄托。他们沉溺其中,自娱自乐;一边心安理得享受着种种特权,一边心平气和地探讨一切根深蒂固的习俗是如何荒谬的。

旧王朝上层阶层竟如此盲目推进自身灭亡,常常令人惊讶。如何才能让他们明白其处境?要让达官贵人明白如何避免自身面临的危险,就如要让下层民众捍卫自身权利一样,没有自由体制是不可能的。法国公共生活的最后一丝痕迹,已经从我们眼中消失了一个多世纪。自那时起,最关心维持旧政体的人们,从未听见那座行将腐朽的古老大厦发出的震动或者噪音。由于大厦外表并没有发生什么变化,就以为一切都完好无损。他们的思想,仍然停留于前辈的观点上。1789 年的贵族陈情书,如同其 15 世纪的陈情书,担心的仍然是侵犯王权的行为。而国王,即不幸的路易十六,诚如伯克一针见血指出的那样,在即将葬身于民主潮流前夜,仍然将贵族阶层视为王权主要对手。国王就像还生活于投石党运动时代一样,不信任贵族;对于资产阶级和下层民众,就如其先王,认为是王室最可靠的支持者。

但是,我们在亲眼目睹众多革命残迹后,就会更加惊讶:先辈头脑中,竟然没有暴力革命的概念。暴力革命,他们未讨论过也未设想过。在自由社会,每天都有小震荡不断警示社会可能爆发大震荡,但是,即将坠入深渊的 18 世纪法国社会,根本一丝倾覆征兆。

1789 年三级会议召开前,三个等级历次上呈的陈情书,我都认真读过。我所说的三个等级,指教士等级、贵族等级和第三等级。我注意到,此处要求改革法律制度,彼处要求改革风俗习惯,我都一一做笔记。我把这项繁重工作完成并把所有这些要求汇总后,惊恐发现,人们要求的,乃是同时而系统地废除国家的一切现行法律制度和风俗习惯;我立即明白,世界有史以来最大规模最大危险的一场大革命,即将到来!明天就将成为牺牲品的那些人,对此浑然不知,还以为,借助理性,仅仅借助理性,就可以毫无震荡地对如此古老而复杂的社会实施全面而突然的改革。可悲的人们,竟然忘掉了先辈四百年前简洁有力的法语箴言:追求过大自由,就会陷入过大奴役!

贵族阶层与资产阶层长期被排除于一切公共生活外,缺乏这方面的经验并不令人意外。但令人意外的是,那些主导国家事务者,如大臣、省督、其他各级官吏,竟然毫无预见能力。他们中有许多人擅长本职工作,对当时政府的一切细枝末节都了如指掌,但对于观察社会运动、判断群众心理动向并预测其结果的伟大治国科学,就像普通民众一样茫然不知。其实,也只有在存在自由的政治体制中,才能完全学会治国安邦的要诀。

这点从 1775 年蒂尔戈致国王呈文,可以看得清清楚楚。他进谏说:要由全民自由选举的代表组成议会,每年由国王主持召开为期六周的议会,但不给议会任何实权。议会只讨论而不干涉行政事务,只提供咨询意见而不下达指令,只讨论法律草案而无权立法。蒂尔戈说:"倘若这样,就可以集思广益而又不会损害王权,公众舆论将会满意而又无任何危险。这种议会无权反对政府采取必要措施,即使议会不听话——其实这是不可能的——国王陛下也永远是国家主宰。”真是难以理解上述方案的意义或者蒂尔戈所处时代的精神。事实上,往往只有在革命末期,才能不受指责地实行蒂尔戈所提出的方案,即不给予真正自由而只给予自由影子。例如,奥古斯都的尝试就很成功。每当厌倦没完没了的冗长辩论时,只要能获得安定,人们就甘愿受骗。历史告诉我们,若想国民满意,只要从全国找些无关紧要之人或者依附政府之人,发给其薪水,让其在国民面前表演一番政治议会的角色就行。如此事例不少。但是,在大革命爆发之初,如此做法无不失败:不仅不能让人民满意,反而激起人民的愤怒。自由国家的任何公民都懂得上述道理,可是,堂堂行政官蒂尔戈却对此一无所知。

法兰西民族对国家事务很生疏而缺乏了解,对国家制度不满却又无力改善。与此同时,它是世界上最有文学修养、最钟爱聪明才智的民族。想想这些,就不难理解,文人何以成为法国的一种政治力量而且最终成为主要政治力量。

在英国,研究治国理论者与治理国家者,融合在一起:有些人将新思想引入实践,有些人通过实践修正理论。但在法国,政界仿佛分为两个彼此隔离、互不往来的区域。前一区域者负责治国;后一区域者负责研究治国的抽象基础理论;前者采用日常具体措施,后者宣扬普世法则而从不考虑如何实施;一部分人只管实务;另一部分人只管理论。

他们目睹的现实社会,传统的、混乱的、无序的,法律五花八门而互相抵触,等级森严,人们社会地位一成不变,税赋不平等。他们要在这个社会基础上逐渐建造的,是一个虚构社会:在那里,一切都简单而协调,一切都统一而公平,一切都合乎理性。

就这样,人们逐渐抛弃了现实而沉湎于想象之中,漠视现实社会,一心想的就是将来能够如何如何,最终于心理上生活在文人建造的那个理想王国里。

人们往往把法国大革命归因于美国独立革命。后者确实对法国大革命发生了诸多影响,但其影响不如当时法国本身思想的影响。在欧洲其他国家,美国独立革命还只是新奇事件时,法国人就觉得它只不过是对其所熟悉的思想理论的肯定而已,是其思想理论有血有肉的体现;在欧洲其他国家,它令人震惊;在法国,它令人信服。美国人似乎只是在践行法国思想家的设想,从而让我们头脑中的梦想得以成真,这就好比费内隆[1]突然出现在萨朗特一样。

伟大人民的政治教育完全由作家进行,这在历史上完全是新鲜事。法国大革命的独有特点以及我们如今目睹的法国大革命后的面貌,也许主要归因于此。

作家们不仅向从事大革命的人民提供了思想武器,而且把自身情绪气质传导给人民。法国人民别无其他启蒙老师,长期接受的是作家们的教育,对实践一无所知,在阅读过程中染上了作家们的本能、性情、好恶乃至怪癖。其结果是,当国民最终行动起来时,就把所有的文学思维习惯搬到政治生活之中。

研究法国大革命史就会认识到,激励人们撰写如此卷帙浩繁

---

〔1〕 弗朗西斯·德·费内隆(1651 年—1715 年),又译"费讷隆"或者"费奈隆",法国天主教神学家、诗人和散文家,18 世纪思想先驱。著有《论女子教育》《忒勒马科斯历险记》《死者对话录》《致学院书》等。1699 年,出版商未经其同意就出版具有鲜明民主倾向的《忒勒马科斯历险记》。该书隐晦地提出改革要求,主张建立极端温和的君主政体,反映了 17 世纪末期法国中小贵族和资产阶级对路易十四内外政策的极度不满情绪。由于此书公开出版,费内隆遭恼怒的国王路易十四削去康布雷大主教一职后隐居康布雷。在《死者对话录》中,其让孔子、苏格拉底、柏拉图、亚里士多德等古人聚在一起,展开对德行、幸福、荣誉、爱国等问题的讨论。"一切战争都是内战,因为全人类都是兄弟姐妹"是其留传于世的一句经典名言。——译注

的抽象治国论著的精神,正是激励人们进行大革命的精神。两者都热爱普世理论,都热衷于大肆立法以及对称立法,都蔑视现状,都具有理论自信,都渴望制度创新,都希望遵照逻辑法则、按照统一方案彻底重建体制而不愿对现有制度作细枝末节的修修补补。这是何等恐怖的景象啊!作家身上的美德,有时却是政治家身上的罪恶;能够让人们写出优美文章的东西,却可能会导致大革命。

其时的政治语言,甚至吸收作家作品的某些语言,随处可见大而化之的表述、抽象的术语、浮夸的话语以及文绉绉的句式。在这种政治激情的驱使下,如此风格的语言,流行于所有阶层,甚至不费吹灰之力就扩散至最低层民众。早在大革命前,路易十六的敕令就经常提到自然法与人权。我发现,农民在诉状中称邻舍为"同胞"、称省督为"尊敬的行政官",称教区教士为"圣坛使者",称上帝为"最高主宰"。要是那些农民会写字,就会成为相当厉害的作家。

上述法兰西人的新品性与其主要的旧品性完全地融为一体,导致人们常常将仅仅由那种独特教育而产生的东西归因于天性。我听说,过去六十年,我们在政治上崇尚普世理想、制度以及夸夸其谈。此种爱好或者酷爱,与我们种族的某种特质即我们过分强调的所谓法兰西精神有关。这种精神仿佛是一直隐藏在我们历史中的,直至上世纪末才骤然显露。

奇怪的是,虽然我们保持了源自文学的习惯,但却几乎完全丧失了对文学的热爱。我从政期间就惊讶地发现,人们几乎不怎么阅读 18 世纪的著作,更不必说其他时期的著作,而且极端鄙视作家,但却无比忠实地保留了早在其出生以前的文学作品所揭示的主要精神缺点。

第二章　不信教何以在18世纪成为法国主要思潮及其对大革命的影响

自16世纪的伟大革命[2]以来，在孜孜不倦地分辨种种基督教传统真伪的过程中，人们就一直具有大胆怀疑或者抛弃一切基督教传统的精神。这种精神，在路德[3]时代，导致数百万名天主教徒脱离天主教，而且导致每年都有基督徒脱离基督教。这就是继异教之后出现的不信教思潮。

一般认为，在18世纪，基督教在整个欧洲大陆丧失了其大部分权势。不过，在大多数国家，基督教虽被抛弃却并未遭受猛烈攻击，即使那些脱离基督教者似乎也是抱憾而去；不信教，是统治阶层以及知识分子阶层的一种潮流，在资产阶层以及平民百姓之中尚不流行，只是少数人的心血来潮而不是主流思潮。1787年，米拉波说："在德意志，普遍误以为：普鲁士各邦就充斥着无神论者。真实情况是，虽然可以发现几个自由派思想家，但是，那里的人民仍然像宗教信仰最虔诚的地区一样信仰宗教，甚至还存在大量狂热分子。"他颇感遗憾的是，弗里德里希大帝不准天主教教士结婚，尤其是禁止已婚教士领取圣职俸禄。他说："倘若允许教士结婚，会更无愧于其伟人称号。"唯有在法国，不信教才成为普遍而强烈、偏

---

〔2〕 指欧洲16世纪兴起的宗教改革运动。它是欧洲新兴资产阶级以宗教改革为旗号发动的一次大规模反封建的社会政治运动，主要反对教皇通过教会对全国进行控制以及天主教会内的骄奢腐化。该运动从罗马教廷出售赎罪券开始爆发到英国国王亨利八世改革国教而达到高潮，在欧洲历史上产生了重大影响，是欧洲资本主义发展的必然结果，也为其进一步发展奠定基础。——译注

〔3〕 马丁·路德（1483年—1546年），出生于神圣罗马帝国艾斯莱本（今德国境内）。原本是天主教奥斯定会的会士、神学家和神学教授，是16世纪欧洲宗教改革运动倡导者，基督教新教路德宗派创始人。其发起的宗教改革运动终止了中世纪天主教教会在欧洲的大一统地位。——译注

执而咄咄逼人的狂热。

法国所发生的是闻所未闻的情形。在其他时期,既有宗教也曾遭猛烈抨击,但是,往往是信奉新宗教而猛烈抨击旧宗教。即使是那些虚假而令人厌恶的古代宗教,遭遇诸多猛烈攻击,也是直至基督教欲取而代之时才发生;在此之前,它们是在怀疑与冷淡之中无声无息地逐渐衰老消亡的。这是宗教的衰老消亡过程。在法国,人们怀着满腔怒火攻击基督教,并未试图用新宗教取而代之。人们狂热不休地欲从灵魂深处铲除其信仰,结果却造成灵魂空空荡荡而无所寄托。许许多多的人们疯狂投入这一吃力不讨好的事业。绝对不要宗教信仰,似乎对民众具有吸引力,但这违反人类天性,是会让人类灵魂坠入痛苦深渊。不信教,以往导致人们陷入萎靡不振的病态之中,而这一次导致人们坠入满口胡言的狂热之中。

倘若只是几个大作家否定基督教信仰,就不足为奇。问题是,为何所有作家都毫无例外地持这种而不是其他思想观点?为何没有任何人倒向另一种思想观点?为何他们可以超越先辈而让民众对其言听计从?要回答这些问题,必须从那些作家所处时代以及其所在国家的具体情形入手。唯有如此,才能解释作家们的思想及其得到大众追捧的原因。伏尔泰的那种思想观点,早已有之,但直至18世纪才盛行于法国。

首先必须承认,较之其他国家,法国教会并不存在更多应受攻击的理由。相反,法国教会存在的罪恶与弊端,少于大部分天主教国家。较之过去以及其他国家,法国教会宽容得多。因此,必须从社会状况而不是宗教状况中寻找上述现象的具体原因。

要明白这点,就必须牢记前一章所阐述的观点:政府的种种罪恶在政治上所引发的反对意见,被当局拒之门外,就只能潜藏于著作中,作家就会成为推翻整个国家政治社会制度的真正强大的政党领袖。

明白这点后,就可以转向另一问题。这个问题的关键,不在于作为当时宗教机构的教会存在哪些罪恶,而在于它给即将到来的大革命设置了哪些障碍,尤其是给作为大革命发动者的作家们设置了哪些障碍。

教会治理教会的根本原则,与作家们希望在世俗政府中建立的起主导地位的原则,互相抵触。教会主要依靠传统,而作家极其藐视遵循传统基础建立的一切制度;教会承认高于个人理性的权威,而作家只信赖个人理性;教会以等级阶层差别为基础,而作家主张各等级阶层平等融合。倘若两者要和睦相处,双方就必须承认,由于本质不同,政治与宗教社会就不能采用相同原则进行治理,但是,当时根本无法达成上述共识。因此,抨击国家制度,似乎就必须摧毁教会制度,盖教会制度乃国家制度的基础与模型。

此外,当时的教会本身就是首要的政治团体,而且是最令人厌恶的政治团体,尽管并非最具压迫性的政治团体。其原因在于:教会已卷入政治圈,尽管这背离其本性与使命;教会谴责别处的罪恶,却让政治权力中的罪恶神圣化,并利用其神圣不可侵犯性掩护罪恶,似乎是欲使政治权力像教会自身一样万古长存。因此,抨击这样的教会,肯定会引起民众共鸣。

除上述一般原因外,作家首先拿教会开刀也有特殊原因,也可以说是也有个人原因。教会,是与作家最接近、最直接对立的政府代表。作家对其他权力机构只是偶尔有所感觉,但是,教会这种权力机构,是专门负责监视其思想动态、查禁其作品而且天天为难他们的机构。作家反对教会、捍卫人类普世自由,就是为自身事业而斗争。这场斗争,就是从打碎最束缚他们的羁绊开始的。

此外,在作家们看来,实际也如此,教会是他们要攻击的整个庞然大厦中暴露最充分、防御最软弱的部分。【注释六十】世俗君王的权力得到加强，而教会权势则随之削弱。教会一度凌驾王权之上，后来与王权平起平坐，最后沦为王权庇护对象；君主与教会已达成交易：教会向君主提供精神力量，君主向教会提供物质力量；君主令臣民信守教会教规，教会让信徒服从君主意志。临近革命时代时，此乃危险交易；对于建立于信仰而非强制基础上的权势而言，如此交易永远不利。

法国国王虽然仍然自诩教会长子，但是，在履行所承担的教会义务时漫不经心，保护教会的热情远远不如保卫自身政权的热情。当然，他们不允许人们直接触碰教会，但容忍人们在远处投掷无数箭矢伤害它。

当时对教会敌人半管不管的做法，不但没有削弱反对力量，反而增强其力量。压制作家，有时可以阻止但有时反而加速其自由传播，例如，当时实行的出版审查制度，就不可避免地让其力量增长了数百倍。

迫害作家，只会引起其怨恨，而不会让其害怕。他们能够忍受激发斗志的折磨，而不能忍受摧垮斗志的桎梏。起诉作家，几乎总是拖拖沓沓、杂音一片、不了了之，似乎不是为了勒令停笔，而是激发继续写作。因此，允许完全的出版自由，或许对教会造成的损害会小一些。

1768 年，狄德罗致信大卫·休谟〔4〕：“你认为我们的不宽容比

---

〔4〕 大卫·休谟(1711 年—1776 年)，英国哲学家，与约翰·洛克、乔治·贝克莱并称三大英国经验主义者。出生于苏格兰贵族家庭，曾学法律并从事商业活动。1734 年，第一次到法国，开始研究哲学，从事著述活动。1763 年，休谟再到法国，担任英国驻法国大使馆秘书，代理公使职务。主要著作：《人性论》《人类理解研究》《道德原则研究》和《宗教的自然史》等。——译注

你们的无限自由更有利于思想进步，可是，霍尔巴赫[5]、爱尔维修[6]、莫尔莱[7]和絮亚尔[8]不同意你的看法。”这位苏格兰人言之有理：他是自由国家的居民，有实际经验；狄德罗系从文人角度作出判断，休谟系从政治家角度作出判断。

无论是在美国，还是在别处，倘若我拦住遇到的第一个美国人，问他是否认为宗教有助于法律稳定和维护良好的社会秩序，他都会毫不犹豫地回答：没有宗教，文明社会尤其是自由社会，就无法存在。在他看来，尊重宗教，是国家稳定与个人安全的最大保障。甚至最不懂治国之道者也起码懂得这点。世上没有哪个国家有比美国更多采纳18世纪思想家的种种最大胆的政治学说，然而，唯独那些反宗教学说从未在美国问世，尽管美国享有不受限制的出版自由。

英法情形完全相同，甚至在大多数法国思想家出生前，像我们这种反宗教思想，就已经在英国传播。【注释六十一】造就伏尔泰的，正是博林布鲁克[9]。贯穿整个18世纪，英国都有不信教的著名代表人物。肩挑这一事业的，是才思敏捷的作家、思想深刻的学者，但是，他们从未像在法国那样取得胜利，因为所有对革命心怀疑惧者都急忙赶来拯救根深蒂固的信仰。甚至最深度卷入当时的法国社

〔5〕 保尔·昂利·霍尔巴赫(1723年—1789年)，生于德国巴伐利亚，1735年移居法国。18世纪法国启蒙思想家、哲学家，无神论者。参加狄德罗主持的《百科全书》编纂工作，是“百科全书派”主要成员之一。著有《自然的体系》《社会的体系》《揭穿了的基督教》等。其中，《自然的体系》一书有“无神论圣经”之称。——译注

〔6〕 爱尔维修(1715年—1771年)，法国启蒙思想家，18世纪法国唯物主义哲学家。曾任总包税官职务，目睹第三等级的贫困和封建贵族的糜烂生活而痛恨封建制度。后辞去官职，专心著述，并参与《百科全书》的编辑工作。——译注

〔7〕 莫尔莱(1727年—1819年)，百科全书派哲学家、作家。——译注

〔8〕 絮亚尔(1732年—1817年)，作家、记者，1774年法兰西学院院士。——译注

〔9〕 博林布鲁克(1678年—1751年)，英国政治家、哲学家。1714年，博林布鲁克逃亡法国期间，与伏尔泰接触，开始从事历史和哲学研究。1835年再次逃亡法国，继续研究历史和哲学。著有《论政党》《论人》等。——译注

会、不把法国思想家的学说视为谬误的那些人，也因认为其危险而加以拒绝。像每一自由民族中历来发生的情况一样，实力强大的政党发现，把其事业与教会事业捆绑在一起，是有利的。例如，博林布鲁克本人就与主教们结为盟友。就这样，教士极为感动，从未感到孤立，积极捍卫自身事业。英国教会，尽管其组织存在问题、内部弊端重重，但却经受冲击而完好无损。教会阶层涌现的作家和演说家，在竭力捍卫基督教。反对教会的理论，在政府并未介入的情形下，经过辩论，最终被社会抛弃。

但是，为何不在法国而到别国寻找例证？今天有哪个法国人愿意撰写狄德罗或者爱尔维修那样的著作？有谁愿意阅读它们？我还想问，有谁知道其书名？过去六十年，我们在公共生活方面获得的经验教训，虽然尚不全面，但足以让我们厌恶这种危险著作。看看吧，在那残酷的革命学校里，社会各阶层已经逐渐明白，必须尊重宗教。1789 年前最反宗教的旧贵族阶层，1793 年后变成对宗教最虔诚的阶层。他们是第一批受到冲击的，也是第一批皈依宗教的。资产阶级在胜利中感到自身受到冲击时，也逐渐重拾宗教信仰。就这样，尊重宗教慢慢地回到在社会动荡之中有所失去的人们心中，而且随着恐惧革命情绪的出现，不信教现象消失了，或者至少是掩藏起来了。

但是，旧王朝末期情形并非如此。我们完全忘掉了伟大的人类实践，对宗教在各大帝国治理中所起的作用一无所知，从而导致首先在对于维持国家秩序并使人民顺从的拥有最迫切、最切身利益要求的那些人头脑中确立不信教观念。他们不仅欢迎不信教思想，而且盲目传播，将不信教视为百无聊赖生活的一种消遣。

法国教会，从前曾产生许多大演讲家，当感到自己遭到所有与其拥有共同利益之人抛弃后，就变得沉默无语。人们曾认为，只要给教会保留财富和地位,它就会谴责自身的信仰。

否定基督教者声嘶力竭,仍然信仰基督教者鸦雀无声。如此情形,在随后的法国屡见不鲜,宗教领域如此,其他领域也如此。保留信仰者,由于唯恐自己是唯一忠于信仰之人,由于惧怕孤立而甚于犯错,就只好随波逐流,加入与其信仰不同的群众之中。就这样,在当时只不过是部分国民的思想情感,似乎成为全体国民的思想情感,而且自此以后,在那些造成这种假象者的眼里,此种思想情感就像是不可阻挡的。

在上世纪末,一切宗教信仰普遍威信扫地。这无疑给法国大革命带来了最大影响,铸造了法国大革命的特点。法国大革命让人觉得面目可憎,原因就在此。

当我力图厘清不信教运动在当时的法国产生的种种影响时,我感觉,不信教,与其说让人心堕落或者道德败坏,莫如说让人精神失常,做出如此怪异而极端的行为。

宗教抛弃灵魂时,并非如常见情形一般,造成灵魂空虚软弱。思想感情会代替宗教,充满灵魂的空间,让灵魂暂时不消沉。

倘若在宗教问题上,发动大革命的法国人没有我们虔诚,但是,他们至少拥有一种我们所缺乏而令人敬佩的信仰:他们相信他们自己。他们不怀疑人类力量以及追求完美的精神,他们热衷于追求荣耀,相信人类美德。他们把这种自信化为力量。诚然,自信常常会导致犯错,但是,没有自信的人民,只能接受奴役。他们从不怀疑其使命就是改造社会,就是让人类重生。对他们而言,如此思想情感早已成为一种新宗教,具有宗教所具有的某些重大影响,促使人们摆脱利己主义而崇尚英雄主义和忠诚奉献,促使人们胸怀广阔而不斤斤计较一般人在乎的个人得失。

我深入研究过历史,我敢断言,我从未见过如此革命:它从一开始就揭示,如此之多的人们身上具有如此赤诚、如此无私、如此伟大的爱国情怀。法兰西民族在大革命中显露了其主要缺点,但也同样显露了其青春的主要品质,即欠缺经验和慷慨大度。

不过,不信教运动,在当时造成了巨大公害。

在此前世界上发生的大多数伟大政治革命中,抨击世俗法律的革命者都尊重人们的信仰;在此前发生的大多数宗教革命中,抨击宗教的革命者从未试图改变世俗政权的性质和形式,或者彻底废除旧政权,因此,即使发生巨大社会动荡,也始终有一个岿然不动的基点。

但是,在法国大革命中,在宗教法规被废除的同时,世俗法律也被铲除,导致人类精神完全失常,不知何物可以依靠,何处可以栖息。那时的革命家,仿佛是陌生人种,勇敢得发狂,对任何新鲜事物都习以为常,对任何谨小慎微都不屑一顾,在执行任何计划时都从不犹豫不决。我们绝不应认为,这些新新人类,是一时的、孤立的、昙花一现的、注定转瞬即逝的上帝创造物。我们应当明白,自此以后,他们已经形成一个新种族,分布于全世界文明地区的角角落落,世世代代绵延不绝,无处不保持同一面貌,无处不拥有同一激情,无处不具有同一特点。这个种族,我们出生之时就已经看到,如今仍然生活于我们眼前。

第三章 法国人何以先要改革后要自由

如下现象值得注意：在酝酿大革命的一切思想感情中，严格意义上的公共自由，是最后出现的，也是率先消失的。

旧王朝的大厦，很久以前就开始晃动而摇摇欲坠，但是，尚未有人提及自由问题。伏尔泰几乎未思考这个问题。在英国逗留的三年期间，他虽然见识了自由，却并不热爱自由。他倾倒于英国人随意传播的怀疑论哲学，但对其政治法律却无动于衷，更关注的是其缺点而非其优点。伏尔泰在代表作《哲学通信》中，几乎没有论及议会。实际上，他最羡慕的是英国的学术自由，几乎不注意其政治自由，仿佛是没有政治自由也仍然可以长期存在学术自由。

18 世纪中叶左右，出现了专门论述公共行政问题的作家。由于他们观点相似，人们就统称其为“经济学派”或者“重农学派”。他们在历史上不如哲学家有名，对大革命的贡献大概也不如哲学家。不过，我认为，研究大革命真正性质的最佳方式，就是研究其著作。在治国问题上，哲学家们几乎都没有走出那些非常普遍而抽象的思想理论，而经济学派更关注事实，却并不放弃理论。前者高谈阔论，后者指出实际应做什么。大革命后来废除的一切制度，都是经济学派攻击的具体目标，而且没有任何一种制度是其中意的。另一方面，大革命建立的一切制度，都是他们此前热心鼓吹宣扬的，而且没有任何一种制度未在其著作中提到，没有任何内容不能在其著作中找到。

此外，在经济学派的著作中，就可以看出我们如此熟悉的那种民主革命的面貌。他们不仅憎恨某些特权，而且厌恶一切阶层差异；他们热爱平等，哪怕是奴役的平等。他们认为，一切阻碍其计划实现之物，都应打碎。他们不尊重契约，也不尊重个人权利，确切而言，在他们眼中，根本不存在什么个人权利而只存在公共利益。然而，总体而言，他们是友善和气之人、正直之法官和能干之官吏。他们是在忠于其事业的精神的激励下前进的。

经济学派无限蔑视历史。“多少世纪以来，一直都是根据错误原则治国，一切似乎都是偶然造成的。”勒特罗纳说。他们以这一思想为起点投入工作：任何制度，无论多么古老，无论在法国历史上的根基多么深厚，只要稍有碍手碍脚，不利于计划的协调推进，就会遭到废除。他们有人曾提出废除原来的地界划分并修改所有行省名称，结果四十年后召开制宪会议时就真的这么付诸实施。

经济学派头脑中尚未闪现自由制度思想之前，就已经具有后来的大革命所实施的行政改革与社会改革思想。他们确实非常赞成自由贸易以及自由放任的工商业政策，但是，对于严格意义上的政治自由，根本没有考虑，甚至当政治自由偶然闪现在他们脑海中时，第一反应就是排斥。他们大多数人一开始就强烈反对设立议会，反对地方政权以及其他下级政权，总之，反对不同时期在自由民族中建立的旨在制衡中央政权的力量。魁奈[10]说：“在政府中建立权力制衡制度，是有害思想。”魁奈的一位友人说：“建立权力制衡制度，纯粹是不切实际的荒诞之想。”

他们发明的对付政府滥权的唯一保障，就是公共教育。魁奈说：“倘若国民有教养，就不可能存在专制制度”。他的一位门徒说：“人们对政府滥权导致的灾难感到震惊，于是想出了无数毫无用处的手段，却忽视了唯一真正有效的手段，即持续开展正义与自然秩序的普遍公共教育。”他们所设想的，就是借助于如此胡言乱

---

〔10〕 弗朗索瓦·魁奈(1694年—1774年)，法国古典政治经济学奠基人、重农主义学派(经济学派)创始人以及主要代表，有“欧洲孔夫子”之誉。著有《经济表》《中国的专制制度》等。——译注

语的文字取代一切政治保障。

对于政府抛弃农村而造成农村一无道路、二无工业，三无知识，勒特罗纳深表痛惜。但是，他根本没有想过，让农村自治，一切都会更好。

即使具有高贵灵魂、罕见才能的蒂尔戈，虽然卓尔不群，但对政治自由同样不感兴趣。他只是到了人生晚期，在公众舆论启发下，才热爱政治自由。他就像大多数经济学派人物，认为最好的政治保障就是由国家按照计划遵循某种精神开展公共教育。据其同时代的一个人在《符合原则的教育制度》中所说，蒂尔戈对这种教育疗法具有无限信心。在呈报国王的奏折中，蒂尔戈提出了这种治国方略并说："陛下，我敢保证：十年后，您的臣民定将脱胎换骨，让您简直无法相认。在教养上、在道德上、在忠诚上、在爱国上，您的臣民远远把其他国家之人抛在后面。目前才十岁的孩子，到那时就会成为国家栋梁：他们热爱国家，服从权威系基于理性而非恐惧，热心帮助同胞，具有遵守法律并维护正义的良好习惯。"

法国早已摧毁政治自由，导致人们几乎把政治自由的条件与效果忘得一干二净。更糟糕的是，那些遗留的不成形残迹以及似乎是代替政治自由的种种制度，让人对政治自由持怀疑态度并产生种种偏见。其时尚存的大部分三级会议，形式陈旧，思想停留于中世纪，根本无助于社会进步，而只能起阻碍作用。即使是唯一可以取代各种政治机构的高等法院，不但无法防止政府作恶，而且往往还阻止政府从善。

经济学派认为：完成他们所设想的革命任务，无法依靠那些旧机构；委托主权者的国家实施其计划，也不甚满意。如何才能让全体人民采纳并实施体系如此庞大、各组成部分之间的联系如此紧密的改革方案？他们认为，由王权政府实施其计划，最适当、最容易。

这种新政权并非脱胎于中世纪,它不带有一丝中世纪的痕迹。在其弊端之中,经济学派发现它具有某些良好品质。就像经济学派一样,新政权天生就偏爱社会各阶层平等以及法制统一,从心底痛恨所有产生于封建制度或者倾向贵族制度的旧政权。在欧洲其他国家,找不到如此架构良好、如此强大有力的政府机器。在法国能够遇到如此政府,简直是天赐良机。倘若当时如今天一样,时兴让上帝随时出来干预,他们定会称之为天意。勒特罗纳说:“法国不知比英国好多少倍。在法国,人们转瞬就能完成改变国家整个状况的改革,而在英国,如此改革总是受党争阻扰。”

因此,问题不在于摧毁这个专制政权,而在于改变它。梅西埃·德·拉·里维埃[11]说:“国家必须遵循基本秩序准则进行治理。国家倘若这么做,就必须拥有无限权力。”另有人说:“国家倘若完全明白其职责,就可以赋予其自由。”从魁奈到博多修道院院长,他们所有人的思想都相同。

他们不仅指望王权政府革新社会,而且还从中借鉴一些他们意欲创建的未来政府的思想。在某种程度上而言,他们是依照这个王权政府的模样而描绘未来政府形象的。

经济学派认为,国家不仅要号令国民,而且要通过某种方式培育国民:国家应按照预先树立的榜样培养公民精神;国家的义务,就是向国民灌输它认为必不可少的思想观念,向国民灌输它认为必不可少的情感。实际上,就是说,国家权力无所限制,国家所作所为无所约束;它不仅要改造人,而且要改变人,甚至只要它认为

---

〔11〕 梅西埃·德·拉·里维埃(1720年—1793年),又译“米歇尔·德拉·内维尔”“梅谢尔·德拉·里维耶尔”“德·拉里维埃”或者“梅西耶·里维埃”,法国政治经济学家。与魁奈学术观点和治国主张相同,都属于重农主义学派。——译注

合适就可以将国民培养成另一种人！博多修道院院长说："国家可以随心所欲打造人。"这句话概括了他们的全部理论。

经济学派所设想的那个庞大社会权力，不仅比他们眼前的任何政权都更大，而且具有不同起源与性质。它不是直接源自上帝，与传统丝毫不搭界；它是非个人的：它不再称作国王，而称作国家；它不是家族遗产，而是全体国民的集体产物与代表，一切个人权利都必须服从全体意志。

经济学派相当熟悉这种中世纪闻所未闻的所谓民主专制的特殊专制形式：在这种社会中，不再有社会等级，不再有阶级划分，不再有固定地位；其所谓的人民，是由彼此几乎相同而且完全平等的个人组成；人民，虽然被视为唯一合法的主权者，但却被完全剥夺了亲自领导甚至监督其政府的一切权力。在人民之上，存在一个独一无二的代理人：这个代理人有权以人民名义处理一切事务，而不必征求人民意见；监督这个代理人的，是不具有任何组织机构形式的公共理性；阻止他的，是革命而不是法律；法律上他是臣民，实际上他是主人。

他们在法国四周都找不到任何符合其理想的东西，就转向亚洲腹地寻找。可以毫不夸张地说，他们没有一个人不在著述中对中国大加称赞。只要看看其著作，就可以发现溢美之词。由于对中国了解甚少，他们所说完全是无稽之谈。在他们眼中，那个任由一小部分欧洲人随意摆布的野蛮、软弱的政府，是可供世界各国效仿的最完美典范；中国政府就好比是后来全体法国人心目中的英国和美国。在他们看来，中国令人心驰神往、叹为观止，盖其君主不抱偏见，年年岁岁举行亲耕礼，奖掖有用之术；中国的一切官员，均通过科举选拔任用；中国只把哲学视为宗教，只把文人奉为贵族。

人们认为,今天称为“社会主义”的那些破坏性理论,是最近才产生的。这其实是误解,那些理论是第一代经济学派的思想理论。在彼时,某些经济学派幻想利用无比强大的政府改变社会形态,另一些则臆想利用政府摧毁社会基础。

只要读读摩莱里〔12〕的《自然法典》,就可以找到阐述国家无所不能及其权利不受任何限制的经济学派的全部学说理论,就可以找到最近几个年代让法兰西感到最为恐怖的诸多政治理论,就可以想象那些学说理论是如何诞生的:财产公有制、劳动权利、绝对平等、普遍的整齐划一、对一切个人活动实行刻板安排、对一切人实行专制控制、个人完全属于社会这个整体。

《自然法典》第一条规定:“社会上的任何东西,都不得单独地或者作为私有财产属于任何个人。”“财产所有权是可憎的,企图获取财产所有权者将被视为疯子和人类之敌而被终身监禁。”该法典第二条规定:“每个公民的生存、生活、工作,均由公共机构负责。”“一切产品统归公共商店,并分配给所有公民用于生活需要。城市统一规划建设,一切个人住宅都彼此相同。所有孩子年满五岁即从家庭带走,由国家出钱,按照统一计划,共同教育培养。”这本书读来似乎是昨天才写的。其实,它问世至今已有一百年,系出版于1755年,乃魁奈创建其学派之时。由此可见,中央集权与社会主义确实是同一土壤的产物。两者对应关系:一个是人工栽培的果实,另一个是野生自长的幼树。

那个时代的所有人当中,这个时代最不陌生的乃经济学派。他们对平等的热爱如此明确,对自由的爱好如此不确定,简直就是

---

〔12〕 摩莱里(约1700年—1780年),18世纪法国空想社会主义者。是18世纪法国学术史上最神秘的人物之一,真名不详。著有《自然法典》《论人类精神》《论人类心灵或者教育自然原则》等。——译注

我们的同代人。阅读发动大革命的那些人的演说与著述时,我猛然觉得身处陌生之地、陌生社会。但是,浏览经济学派著述时,又仿佛觉得自己是与他们生活在一起,刚刚与他们交谈过。

1750 年左右,全体国民对政治自由的要求不如经济学派那般迫切,由于已经不再拥有政治自由,就对政治自由丧失了兴趣乃至丧失了其观念。他们更渴望的,是改革,而不是权利。倘若当时法国拥有像弗里德里希大帝那样有见识有气度的君主,我绝对不会怀疑,他完全可以完成通过大革命才实现的诸多重大变革。倘若如此,他不仅不会丧失王位,而且还可以大大加强其权力。据说,路易十五最能干的大臣之一德·马肖尔[13]先生大致提出了这一设想并呈报主子。但是,如此伟业,不是听取建议就可以实现。如此伟业蓝图,唯有亲自描绘,才能梦想成真。

二十年后形势改观,政治自由已融入法国人的精神中并越来越吸引人,有诸多迹象可以证明这一点:各行省开始要求恢复自治权;全体人民均有权参政的思想深入人心;三级会议的回忆得以复苏;厌恶自身历史的法兰西民族,却唯独高兴地回想起这段历史;新思潮席卷了经济学派,迫使他们不得不在中央集权体制中增加某些自由因素。

1771 年废除高等法院时,过去常常深受高等法院偏见之苦的民众,目睹其死亡,深受触动,仿佛高等法院的倒塌,就是制约皇权的最后一道屏障的倒塌。

民众的反对,让伏尔泰既震惊又气愤。他致信友人:“几乎整个王国都陷入惊恐沸腾状态,外省也如同巴黎一样民意沸腾。可是,我倒觉得国王敕令充满有益改革的措施。废除卖官鬻爵制度,

[13] 德·马肖尔(1701 年—1794 年),1745 年任法国国王的财政总监,推行改革,遭贵族与教士反对。大革命时期死于狱中。——译注

实行免费诉讼制度，阻止全国各地当事人奔赴巴黎打官司而倾家荡产，国王负担领主法院费用，难道不是对国家大有裨益吗？难道高等法院不就是迫害狂和野蛮人吗？我的确佩服那些野蛮人与桀骜不驯的资产阶层站在一起。但我相信国王是对的。既然必须伺候人，我宁愿伺候血统高贵而且生来就比我强大的雄狮，也不会投奔两百只与我同类的鼠辈。"他还辩白说："想想吧，我应当无限感激国王赐予各地领主的恩典，因为国王负担了其司法费用。"

长期不在巴黎的伏尔泰，误以为人民精神面貌还是他离开时的情形。其实，形势已大不相同。法国人不再满足于改良而要求亲自改革。彼时早已显露，一场全面酝酿的伟大革命即将爆发。它不仅获得了人民同意，而且将由人民亲自实施。

我想，从这刻起，那场彻底的大革命就不可避免；它必将同时摧毁旧王朝最坏与最好的东西；没有充分准备的人民采取革命行动时，绝对不可能不摧毁一切。专制君主原本可以成为危险较小的改革者。想到那场革命一方面摧毁了如此之多扼杀自由的制度、习惯、思想，另一方面也废除了如此之多自由赖以存在的其他东西，我就倾向于认为，倘若由专制君主采取如此行动，大革命就会让我们最终成为一个自由国家，但是，以人民主权名义并由人民进行的革命，不可能让我们成为自由国家。

要理解那场大革命历史，就不能忘记上述东西。

法国人燃起对政治自由的热爱时，头脑中的诸多政治观念，不仅与自由制度不协调，而且几乎都与自由制度相抵触。

在他们的理想社会中，除公务员外，没有其他贵族，只有人民；除政府外，没有其他权力组织，而且这个政府，是领导国家、保护个人、拥有无限权力、独一无二的权力机构。他们渴望拥有自由，又根本不想抛弃这一最初理念，而只是企图把两者协调起来。

因此,他们着手将不受限制的中央集权政府与占绝对优势的立法机构糅合在一起:官僚行政和选民政府。全体国民,作为整体拥有主权;每个公民,作为个人被禁锢于最封闭的依附地位。对前者,要求具有自由人民的经验与品德;对后者,要求具有忠诚奴仆的品质。

人们早已习惯或者喜欢的制度与思想,与政治自由格格不入或者截然对立。为了把政治自由引入这种制度与思想之中,过去六十年来,自由政府不知历经了多少次徒劳无功的尝试,结果导致危害如此之大的革命,直至如此之多的法国人感到厌倦而心灰意冷后,才终于抛开其第二目的而回归第一目的,并聊以自慰地认为:无论如何,在一个主子之下平等地生活,毕竟还是享有一些乐趣。因此,今天的我们,更像 1750 年的经济学派,而非 1789 年的法国人。

我常常自问:在各个年代激励人类完成最伟大事业的这种对政治自由的热爱,源自何方,长在何处?

我清楚地看到:人民遭受粗暴统治时,就渴望自治。不过,这种热爱独立的感情,源自专制导致的某些暂时而特殊的弊端,绝不会长久存在,会与产生它的偶然因素一起消失。人们看似热爱自由,其实只是痛恨主子;为自由而生的人民,痛恨的是人身依附的恶果本身。

我也不相信,真正的自由之爱是受物质利益的诱惑,因为往往难以直接看到自由可以带来什么物质利益。从长远来看,自由迟早都会带来安逸、独立而且往往会带来财富。但是,在有些时候,它让人暂时无法享受这种利益;在另一些时候,只有专制才能够让人在这方面得到短暂满足。只想着自由能够带来物质利益者,从未长久拥有自由。

在历朝历代,让人们内心强烈依恋自由的,是自由特有的吸引力,是自由本身的魅力,根本与物质利益无关。人们热爱自由,盖唯有在上帝与法律的统治下,才能享有无拘无束说话、行动与呼吸的快乐。谁在自由之中寻求自由之外的东西,谁就注定被奴役。

有些民族历经千难万险而顽强追求自由,并非因为自由可以带来什么物质利益。对其而言,自由是一种宝贵而必需的幸福:失去自由,就没有其他东西可以慰藉其心灵;享有自由,就可以弥补一切损失。另有一些民族陶醉于繁荣昌盛之中,厌倦自由,任凭他人夺走自由,唯恐稍有反抗,就会损害其富足生活。如此民族要拥有自由,缺什么?对自由的热爱。别让我分析这种崇高爱好。自由,需要亲身体会;会自动进入已准备接受如此爱好的伟大心灵,会充实这些心灵,让它们激情燃烧。对于那些从未感受如此爱好的卑贱灵魂,根本不必进行解释。

第四章　旧王朝最繁荣的路易十六统治时期何以加速大革命降临

毫无疑问,路易十四称雄欧洲时,法国就已开始衰败;路易十四统治的最风光时期,就可以看到最初的衰败迹象;早在停止征服他国前,法兰西就已千疮百孔。谁没有看过沃邦[14]遗留的论政府统计表的骇人著述?在17世纪末,甚至在那场不幸的西班牙王位继承战争[15]爆发前,省督们在致勃艮第公爵的呈报中,就暗示国家已日益衰落,而且并不认为是最近呈现的迹象。有的省督呈报:"本选举行省区已连续几年出现人口大幅下降现象。"有的省督呈报:"昔日繁荣富庶的这座城市,如今已无工业。"有的省督呈报:"本行省原有的制造业,如今已遭抛弃。"有的省督呈报:"昔日居民土地收成远远超过现在,二十年前的农业远比如今繁荣。"奥尔良省督呈报:"近三十年,人口和产量锐减五分之一。"建议欣赏专制政府之人与热衷战争的君主,读读这些呈报资料。

上述问题的主要根源,在于政体弊端。无论是路易十四的死亡,还是战争的结束,都无法恢复国家昔日繁荣。18世纪上半叶,著文阐述政府或者社会经济的所有作家均认为,各行省并未恢复元气;很多人甚至认为,各行省持续走向崩溃。他们认为,唯有巴黎日渐扩大并富足。在这点上,省督、前大臣、实业家与文人看法一致。

我承认,我不相信法国在18世纪上半叶是走向衰落的。但

---

〔14〕 塞巴斯蒂安·勒普雷斯特雷·德·沃邦(1633年—1707年),法国元帅、著名军事工程师,功绩卓著。著有《王国什一税方案》《论要塞的攻击和防御》《筑城论文集》和《围城论》等。政治上崇尚自由,其《王国什一税方案》于1707年遭当局列为禁书。——译注

〔15〕 指1701年—1714年法德之间爆发的争夺西班牙王位继承权的战争,英、荷、葡等国均卷入。——译注

是,当时最熟悉情况的人士都普遍如此认为,这至少说明,当时是没有明显发展的。我看到的与这一历史时期有关的所有政府文献,确实都表明当时的社会处于一种昏睡状态:政府因循守旧毫无创新,城市几乎未作出努力让居民生活得更健康更舒适,甚至也没有任何个人从事可圈可点的事业。

大革命爆发前三四十年左右,情况有所变化:其时社会各组成部分似乎可以看到从前未曾注意到的内在涌动。如此现象,最初只有非常仔细观察者才能注意到,后来逐渐变得更突出更明显。这种变化逐年扩大加快,最终整个民族都行动起来而仿佛复活了。注意,激活这一庞大躯体的,不是旧精神,是新精神,而且让它复苏片刻,正是为了让其解体。

在那时,人人都在忧虑自身状况,都在努力改变自身状况,都在追求改变自身状况。追求改变,是普遍现象。然而,这种追求,让人焦急忧虑,让人诅咒过去,让人梦想与现实背离的东西。不久,这种精神就渗透到政府内部,导致政府内部发生改变而外部毫无改变,导致法律本身未发生改变而执法方式发生改变。

我曾在他处提及,1740 年的总监和省督与 1780 年的截然不同。这在那两个时代的政府公文函件可以得到详细印证。1780 年的省督与从前的省督,虽然拥有同样权力、同样下属,而且同样专横跋扈,但关注点却不相同:1740 年的省督只确保所辖行省的忠诚驯服、征兵尤其是征收军役税;1780 年的省督要关注诸多事务,头脑里装满了无数旨在促进公共福祉的计划,例如,主要关注道路、运河修建以及制造业、商业发展,尤其关注农业发展。絮里[16],就是这方面的模范行政长官。

---

〔16〕 絮里(1560 年—1641 年),亨利四世重臣,在军事、财政、农业等方面均有建树。——译注

正是在1780年代,开始成立我前面提及的农业行会、开展农业竞赛并颁发奖金。有些总监下发的公文,读起来不像公函而更像论述农业发展的论文。

最能体现统治阶层精神面貌发生变化的,主要是捐税征收方式。虽然像从前那样,法律规定本身仍然同样不平等,仍然同样专横苛刻,但是,执法时存在的一切弊端都已减缓。

莫里安[17]先生在回忆录中说:"我开始研究税法时,吃惊发现:单单漏税,特别法院就有权处以罚金、监禁、肉刑;包税官只要凭藉誓词,就可以控制他们的人身以及财产,如此等等。幸好我不是只研读法典。不久,我就有理由认定:法律文本与法律实施存在巨大差异,就如旧金融家和新金融家的习俗存在巨大差异一样。执法者总是倾向于罪刑轻缓化。"

1787年,下诺曼底省三级会议说:"征收捐税不知会产生多少弊端与烦恼!不过,我们应当承认,近几年征税温和而有分寸。"

文献考证充分证实了上述观点。对自由与生命的尊重随处可见,尤其是真正关心穷人的苦难,这在以前是没有的现象。税务部门对穷人极少施暴,减免情形更频,赈济更多。国王增加资助农村慈善工场或者贫民救济院的基金,还不时设立这方面的新基金。我发现,1779年,在上吉耶纳选举区行省,国家就为此发放了8万多里佛;1784年,在图尔选举区行省就为此发放了4万里佛;1787年,在诺曼底选举区行省就为此发放了48000里佛。路易十六不放心大臣独自管理这个政府部门,不时亲自过问。1776年,御前会议判决认定,国王在王室狩猎区狩猎时,毁坏了周围农田作物,应赔偿农民。国王为此亲自执笔,明令采取快速简便的方法支付赔款。

---

〔17〕 莫里安(1758年—1850年),法国政治家,著有《国库大臣回忆录》。——译注

蒂尔戈记述了这位善良而不幸的君主把亲手写好的东西交给他时所说的话:“你看,我也在做这方面的工作。”倘若按照旧王朝末年模样描绘整个旧王朝,最终描绘的就会是一幅比真相更美但却不逼真的图画。

随着统治者与被统治者在精神上发生上述变化,国家以前所未有的速度开始繁荣发展,一切迹象都可以证明这一点:人口在增加,财富增长得更快。北美战争[18]并未减缓这一发展趋势:国家因战争负债累累,但个人财富继续增加;人们越来越勤奋,越来越富有进取心,越来越富有创造力。

当时有位官员说:“自 1774 年以来,各类工业得到发展,所有消费税的范围都得以扩大。”事实上,只要把路易十六在位的不同时期国家与负责征税的金融机构所签订的合同进行比较,就可以看出,每次续签合同时,地租都在迅速攀升。1786 年的地租,比 1780 年的高出 1400 万里佛。因此,内克在 1781 年的奏折中说:“可以估算,所有消费税总数每年递增 200 万里佛。”

阿瑟·扬就断定,波尔多 1788 年的贸易额大于利物浦[19]。他还说:“近几年的海上贸易,法国比英国发展得更快;最近二十年,法国贸易总额翻番。”

倘若关注各时期的差异,就完全可以确信,国家的繁荣发展,大革命后的任何一个时期都没有大革命前二十年那么迅速。在这方面,唯有和平与迅速发展的为期三十七年的君主立宪时期[20],才

---

〔18〕 即七年战争(1756 年—1763 年),由欧洲主要国家组成的两大交战集团,以英法为主各为一方,在欧洲、北美洲、印度等地争夺殖民地和领土的战争。这次战争对于 18 世纪后半期国际战略格局的形成和军事学术的发展均产生了深远影响。法国在战争中失去了北美殖民地,英国成为世界第一大殖民帝国。——译注

〔19〕 波尔多系法国西南港口城市,利物浦系英国西北部港口城市。——译注

〔20〕 作者指法国 1815 年至 1852 年的这段历史时期。——译注

能与路易十六时期相媲美。【注释六十二】

倘若考虑到当时政府存在的一切弊病、工业存在的一切问题，人们就会惊讶，竟然呈现出如此普遍的欣欣向荣景象。诸多政治家可能会否认如此现象，因为他们无法对此作出解释。他们就会像莫里哀戏剧中的医生那样断言，倘若不按规则治疗，病人就无法痊愈。彼时的法国，税赋如此不平等，习惯法如此千差万别，存在诸多国内关税、封建特权、行会、贪赃枉法的官吏等，竟然呈现繁荣富裕景象，怎能让人置信？无论如何，法国此时确实开始走向富裕并呈现全面发展局面。这是因为，在那些制造品质低劣、啮合不协调、似乎注定不是推动而是阻碍社会机器前进的齿轮下面，掩藏着两种极其简单而强大的动力，足以使整部社会机器联为一体，朝着繁荣昌盛目标运转：一个是不再实行专制但却非常强大的、保障社会秩序的政府；另一个是拥有欧洲大陆最开明最自由的上层阶层、每一个人都可以自由发财致富并拥有其获得的这种财富的民族。

国王尽管继续以主子身份讲话，但实际上，得听从公众舆论，每天都得接受其驱使，不断咨询它、敬畏它，恭维它。根据法律条文，国王是专制君主，但在实际中，却处处受限制。1784 年，内克就在一份公开文件中指出一个公认的事实：“大多数外国人难以想象，公众舆论在法国具有如此威力；他们难以理解，这股甚至可以对王室发号施令的无形力量，究竟是什么。无论如何，事实就是如此。”

世上最肤浅的，莫过于把国家的伟大强盛完全归因于法律机制。制造产品的，不是工具的完善而是发动机的力量。权且看看英国吧：即使是其今天的行政法，与我们的相比，仍然显得更为复杂、更为五花八门，更为无章可循！【注释六十三】可是，与英国相比，欧洲有哪个国家拥有数量更多范围更广的公共财富、更为丰富多样更为安全的私人财产、更为牢固更为富裕的社会？可见，根源不在于某部法律是否优良,而在于推动整个英国立法的精神。某些器官是否完好无关宏旨,关键是生命是否具有强大力量。

虽然法国如我刚刚介绍的呈现繁荣发展局面,但是,人心却躁动不安,公众不满在加剧,仇恨一切旧制度的情绪在加大,国家明显在走向革命。

更重要的是,后来成为法国大革命主要发源地的,恰恰是发展最快之地。倘若研究法兰西岛地区〔21〕留下的档案,就很容易看出,邻近巴黎的地区,是最早最深刻地对旧制度进行改革之地。在这个地区,农民的自由与财产,较之其他任何选举区,更有保障;早在1789年前,徭役已消失;军役税征收,也比法国其他地区更正规、更节制、更平等。倘若想了解当时的省督可以在全行省实施哪些善政或者恶政,就应当读读于1772年修改的军役税征收条例。从该条例来看,军役税征收方式已有改观:政府专员每年下到各个教区,召集教区全体民众开会,当场评估财产价值并由双方确认,最后根据应缴军役税者的一致意见确定分摊军役税数额。如此处理,革除了行会理事的任意专横以及无谓地诉诸暴力的旧弊端。【注释六十四】当然,无论如何征收,毫无疑问军役税都存在其固有弊端:它只针对一个纳税阶层征收,而且是针对工业和土地征收。在其他方面,该地区的军役税与邻近选举区行省冠以类似名称的捐税,都存在很大区别。

另一方面,没有哪个地区的旧制度,比卢瓦河流域的河流出口处地区、普瓦图沼泽地区和布列塔尼荒原地区保存得更为完好。

---

〔21〕 法兰西岛,并非指真正的岛屿,而是指大巴黎地区,包括塞纳圣但尼省、瓦勒德马恩省、上塞纳省、瓦勒德瓦兹省、伊夫林省、埃松省和塞纳马恩省等。这一部分地区,是法兰西卡佩王朝最初实际控制区域,因为彼时国王像囚徒一样困在其实际控制区域内,对法兰西其他地区没有多大控制能力,就像对周围的一片汪洋无可奈何一样,故名。——译注

孕育并点燃内战战火的，最激烈、最长时间抵御大革命的，正是那些地区。因此，可以说，境况越好的法国人，越觉得无法忍受现状。

上述结论让人震惊，但是，历史就是充满着如此景象。

发生革命，并非都是由于处境越来越坏。最常见的情形是，仿佛毫无怨言地、若无其事地忍受着最难以忍受的法律的人民，一旦所承受的法律压力减弱，就会猛然爆发而摆脱法律。革命所摧毁的政权，几乎都比它之前的那个政权更好。经验告诉我们，就坏政府而言，最危险之时，往往就是着手改革之际。唯有伟大天才，才能拯救开始解除臣民长期遭受的压迫的君主。苦难，人们耐心忍受，是由于认为那是不可避免的；苦难，一旦有人主张清除，就会显得无法忍受。业已清除的一切弊端，似乎都会让人更易于感觉到残存的其他弊端，从而导致人们的情绪更为激烈。事实上，痛苦减轻后，感觉却会更敏锐。【注释六十五】封建制度，较之全盛时期，在即将灭亡时期更会激起法国人心中的仇恨。较之路易十四的整个专制制度，路易十六最微小的专横行为，似乎都更难以让人忍受；较之路易十四时期龙骑兵迫害新教徒，短期监禁博马舍〔22〕在巴黎引发了更大民愤。

1780 年，没有任何人认为法国在衰落。相反地，似乎彼时没有

---

〔22〕 博马舍（1732 年—1799 年），法国 18 世纪后期最重要戏剧作家。博马舍先后赢得路易十五和路易十六的信任，又善于投机经商，是法国巨富。曾受路易十六委派，赴国外执行秘密任务；在美国独立战争期间，开办公司运送军械和志愿军前往北美，为美国独立战争胜利作出了贡献。也因过于富有，法国大革命期间曾被作为革命对象而遭短暂监禁，不过，后来获得到人民宽恕。博马舍于 1772 年完成了以费加罗为主人公的第一部戏剧《塞维利亚的理发师》（又名《防不胜防》）；于 1778 年完成了《费加罗的婚礼》（又名《狂欢的一日》）；于 1792 年完成最后一部《有罪的母亲》。它们统称《费加罗三部曲》。其中，于 1784 年公演的《费加罗的婚礼》是三部曲中最优秀的作品。剧中描写小人物费加罗依靠智慧，战胜了企图秘密恢复初夜权的伯爵。主人公费加罗，不承认传统的封建观念和特权，自信在能力上要高于封建贵族，并决心要取而代之。该剧情节紧凑，冲突集中，语言诙谐、幽默，反映了第三等级对胜利充满信心的乐观情绪。拿破仑看过此剧后，称赞说：“《费加罗的婚礼》就是进入行动的革命。”——译注

任何东西可以阻碍法国发展进步。正是在那时,产生了人类可以不断无限完善的理论。对于未来,二十年前人们无所期望,彼时人们无所畏惧。人们的想象力早就沉浸于即将来临的闻所未闻的幸福中,促使人们不在乎已经拥有的财富,而一心奔向新事物。

之所以呈现如此现象,除上述一般原因外,还存在同样有力但更为特殊的原因。财政机构虽然已经如其他部门一样进行了改革,但是,仍然存在专制政府固有的弊端。财政管理是秘密的、没有任何保障的,仍然沿袭了路易十四和路易十五统治时期的某些恶习。政府努力促进社会繁荣,建设公共工程,进行奖励,发放救济金。这些举措,每天都在增加开支,而国库收入却并未同步增长,导致国王每天都陷入比其前任更为严重的财政拮据状态。国王如从前的国王们一样,无法按时还债,还四处举债,而且一切既不公开,也无竞争;债权人利息不一定有保障,甚至本金能否收回都完全取决于国王的诚信。

有位亲眼目睹上述现象,而且比他人看得更为清楚,从而值得信任的证人说:“那个时代的法国人与政府做生意时,承担着巨大风险:倘若购买政府公债,无法指望可以按期获得利息;倘若为政府建造军舰、维修道路,为士兵提供衣物,垫出的钱没有偿还担保,也没有偿还期限。他们不得不考虑与大臣签订的合同风险究竟有多大,就像搞冒险贷款一样。”他还意犹未尽地说:“在这个工业大发展时期,越来越多的人们热衷追求财富、享受安逸。那些把钱财委托给国家的人,更难以忍受破坏契约的行为,更何况破坏者正是本应最尊重契约的债务人。”

事实上,上述遭受诟病的法国政府的种种弊端,并不新鲜,但是,给人产生的印象却是新鲜的。从前的财政制度弊端远远更为严重,但是,后来政府与社会发生了变化,导致相对于从前,人们对上述弊端更为敏感。

皇权政府在最后二十年,变得更加活跃,致力于以往从未想过的各项事业,最终成为最大的工业品消费者、王国境内最大工程承建商。与政府有着经济关系、对政府借款颇感兴趣、投机政府市场、领取政府薪资的人数,惊人增长。国家财产与私人财产从未如此交织在一起。财政管理不善,在从前相当长时间内只是政府弊端之一,此时却成了千家万户的灾难。1789 年,国家欠债将近 6 亿里佛,而债权人本身又是债务人。正如当时一位财政专家所说,他们与同受政府财政管理不善之苦者联合起来,共同向政府发泄不满。请注意,不满人数越多,他们就越愤怒。随着经济发展,疯狂投机、渴望发财、贪图安逸福利的现象也在扩大,从而导致三十年前面对同样痛苦时逆来顺受之人,此时却感到忍无可忍。

在那个时期,产生了食利者、商人、工业家以及其他经营者、金融家。他们通常是最仇视新政策、最支持现政府、最服从其所蔑视或者厌恶的法律的阶层人士。在彼时,正是上述阶层人士,最迫切希望改革,最坚决支持改革。他们尤其大声疾呼要彻底变革整个财政系统,但根本没有想到,倘若这个政府部门发生如此急剧的变革,其余一切政府部门就必定会崩溃。

谁能阻止这场浩劫?一方面是有一个民族,发财致富的欲望天天都在膨胀;另一方面是有一个政府,不断刺激这种欲望,又不断从中作梗,燃起其希望后又让其失望。就这样,在这两方力量作用下,法兰西迈向毁灭。

第五章 减轻人民负担何以激怒人民

一百四十年来,人民从未有须臾片刻走上政治舞台,也根本不相信自己可以走上政治舞台,麻木不仁地被人视为聋子。因此,当人们开始关心人民命运时,就当着他们的面高谈阔论,仿佛他们不在场。人们似乎是专门讲给骑在人民头上的那些人听的,担心的唯一危险就是他们不能完全听懂。

在人民面前大声谈论人民常常遭受的那些残酷而不公正待遇的,正是最该恐惧人民发怒的那些人。他们互相揭发压迫人民最深重的政府部门的种种骇人罪恶,用文学手法描绘人民的苦难遭遇和微薄报酬。他们试图以此拯救人民,结果却激起人民的愤怒。此处的他们,不是作家,而是政府,是政府主要官员,是特权者本身。

大革命前十三年,国王就试图废除徭役,在敕令序言中御笔批示:“除少数几个行省(三级会议行省)外,王国几乎所有道路都由最贫穷的臣民无偿修建。一切负担全都落在那些除双手外就一无所有的人头上。在修路上,他们只具有极其次要的利益关系;真正拥有切身利益的,是地主,几乎都是特权阶层,因为修建道路可以促进其财富增长。为了富人利益,就强迫穷人牺牲时间提供无偿劳动修建道路,从而剥夺了穷人抵御贫苦饥饿的唯一手段。”

与此同时,法国也着手消除工业行会制度强加给工人的种种痛苦,并以国王名义宣告:“劳动权是最神圣的财产权利;一切侵犯劳动权的法律,由于违背自然权利,均应当视为无效;目前的工业行会制度是怪诞而专制的制度,是自私、贪婪、暴力的产物。”如此言论很危险,更危险的是此话说了也白说:数月后,又恢复了工业行会和徭役制度。

据说,让国王说出那番话的是蒂尔戈。蒂尔戈的大多数继任者也让国王说过类似的话。1780 年,国王宣布,今后军役税的增加必须公开登记,他还特地批注:“军役税缴纳者已经遭受军役税征收方式的折磨,如今又要遭受意外增加的军役税数额,导致最穷臣民捐税数额增长比例远远高于其他臣民。”国王当时虽然不敢谕令捐税负担一律平等,但至少已着手建立平等征税原则。他说:“朕希望有钱人不会觉得因平等征税原则而受损,因为他们如今缴纳的,只不过是他们早就应当平等承担的。”

但是,上述话语似乎更多的是激起人民公愤,而不是满足人民需求,在饥荒年代尤其如此。有位省督为激起有钱人的善心,就说:“那些不讲公义、为富不仁的地主所拥有的一切,都应归功于穷人的劳动,可是,他们为了增加财富,就把穷人压榨得只剩皮包骨并任其饿死。”在类似场合,国王也跟左右说:“朕希望人民不受无衣无食之苦,可是,有钱人却强迫他们劳动,报酬想给多少就给多少。朕无法容忍有人受贪婪者摆布。”

直至君主制末期,不同行政权力的斗争,都会引起上述类似的形形色色现象:争论双方都把人民苦难归咎于对方。1772 年,国王与图卢兹高等法院在粮食流通问题上的争论,就极其清楚地说明了这一现象。图卢兹高等法院认为:“政府的错误政策,会饿死穷人”。国王则反驳:“造成民众贫穷的,是高等法院的野心和富人的贪婪。”就这样,双方都在向人民灌输如下观念:人民的痛苦,责任永远都在更有权势的一方。

如此争论,无法在密函中看到,但可以在公开文件中看到,而且政府和高等法院都有意大肆印刷、四处张贴如此文件。国王向先王和他自己道出了之所以如此做的极其严峻的真相。他有一次说:“历代挥霍,导致国库不堪重负,不得不低价转让诸多不可转让的领地。”另有一次，国王出于理性而非谨慎地说：“尤其是工业行会，简直就是几代君王的财政部门贪得无厌的结果。”他接着补充：“不必开支常常无度，军役税增长无度，就是因为财政部门认为，秘密增加军役税是最简单易行的措施，尽管原本可以采取其他不太增加人民负担的措施。”【注释六十六】

上述所有东西都是讲给有教养国民听的，目的就是要让他们相信，遭到特殊利益集团抨击的某些措施，是有用的。至于人民，他们认为，即使听见也听不懂。

必须承认，他们是怀有拯救穷苦之人的真诚善心，但是，此种善心充斥着对穷苦人的极大蔑视，这不禁让人想起夏特莱夫人〔23〕的心态：伏尔泰的秘书告诉我们，夏特莱夫人无所顾忌地在仆人面前更衣，因为她认为，仆人根本就不是人。

千万不要以为，上述危险话语只是出自路易十六及其大臣之口。那些即将成为人民抨击对象的特权者，面对人民谈话时，并无二致。应当承认，法国上层社会开始关心穷人命运时，穷人尚未让其感到恐惧；他们关心穷人时，尚不相信穷人疾苦会导致他们自身的毁灭。这在1789年的前十年，体现得尤为明显：那时的人们，往往同情农民，常常谈论农民，研究该用什么方法拯救农民，揭露农民受苦的主要原因，谴责严重损害农民的税收法律制度。但是，彼时对穷人的同情，仍然像以往一样，缺乏远见，并未觉察危险所在。

1779年法国有部分地区召开了省三级会议，后来王国各省都召开了三级会议。只要读读其会议记录，研究其留下的其他档案资料，就会为其善意所感动，就会对文件中极其不慎重的表述感到吃惊。

---

〔23〕 夏特莱夫人，（1706年—1749年），又译“沙特莱夫人”，法国数学家、物理学家和哲学家，伏尔泰情人。1749年将牛顿《自然哲学的数学原理》译为法文。她还撰写发表了不少论文。——译注

1787年，下诺曼底三级会议说："经常可以看到，国王拨款修建道路的资金，只有利于富人，人民却得不到任何好处，因为这种款项往往是用于修建通向城堡的道路，使之更舒适，而不是修建镇村入口道路，使之更便利。"在这次三级会议上，教士、贵族阶层描述徭役的诸多弊端后，自愿捐赠5万里佛修建道路。他们说：采取捐款方式修建省路使之畅通，不会增加人民负担。对那些特权者而言，倘若用普遍税代替徭役并承担自己应缴纳的税赋，也许更能减轻人民负担。然而，特权阶层宁愿捐出从税赋不平等中获得的好处，也要保留拥有特权的外衣；他们宁愿放弃其特权的实质利益部分，也要想方设法保留特权的令人仇视部分。

有些行省的三级会议，完全由免缴军役税的地主组成。他们虽然企图一直保留免缴军役税的特权，但却用同样暗淡的色彩描绘军役税给人民带来的苦难。他们将军役税的一切弊端描绘为一幅令人恐怖的图画，并特意大量复制。令人奇怪的是，他们明显关心人民的福祉疾苦，却不时公开讲一些蔑视人民的话语。就是说，他们同情人民，但是，仍然蔑视人民。

上吉耶纳行省三级会议就如此，一边热烈讨论惠农问题，一边把农民称为"无知粗野、不安分爱闹事、性格粗鲁不驯服的家伙"。蒂尔戈为人民做了诸多好事，但说起人民，也是这种口吻。【注释六十七】

诸如此类的恶言恶语，常见于那些公开的、供农民查阅的文件中。彼时的人们仿佛生活于加里西亚那样的欧洲之地，在那儿，上下阶层所讲的话语截然不同，下层根本听不懂上层所讲的话。18世纪的封建法学家，虽然通常能够以前人未曾有过的公正、温和、体谅的态度，对待交纳年贡的农民以及交纳其他封建税赋的农民，但是，仍然不时冒出"卑贱农民"的话语。如此侮辱之语，看来就如那些公证人所说，是古已有之的。

越临近1789年,对人民疾苦抱以同情的情感,就越来越强烈,就越来越轻率。我手头有几个省三级会议于1788年致教区居民的通告,其目的是详细了解教区居民有哪些意见。

在上述通告中,有一份是由一位教士、一位大领主、三位贵族以及一位资产者签署的。他们均是三级会议成员,组成专门委员会以三级会议名义进行活动,命令各教区理事会召集全体农民开会,征询他们对其负担的各种捐税及其征收方式的意见。通告称:"我们大体知道,大部分捐税,尤其是盐税和军役税,对农民造成了灾难性后果,但是,我们还想了解每一种弊端的详情。"省三级会议的好奇心并未就此打住,它还想知道教区享有特权的教士、贵族或者平民的人数,还想知道他们究竟拥有哪些特权、拥有多少财产、是否居住于其领地上,还想知道教会是否拥有众多财产,或者是否如人们所说拥有不能转让的永久管业基金、究竟价值多少。即使是这么详细的调查,三级会议也不满意,它还想知道,倘若实行捐税平等政策,特权阶层应承担的捐税总额,军役税、附加税、人口税、徭役税各应分担多少。

如此做法,简直就是倾诉苦难而激起怒火,简直就是指明罪魁祸首并暗示如此之人为数不多而不足为惧,简直就是要在他们内心深处燃起贪欲、嫉妒和仇恨。人们似乎已将扎克雷起义[24]、铅锤党人[25]和十六人委员会[26]抛诸脑后,似乎根本不懂法国人的秉性:在天性的平和状态时,他们是世界上最温和、最仁慈的民族;一

---

〔24〕 扎克雷起义,是1358年法国北部爆发的反贵族反封建的大规模农民起义。扎克雷,源自"Jacgues Bonhomme"——"呆扎克",意即"乡下佬",是贵族对农民的蔑称,起义由此而得名。——译注

〔25〕 1382年,巴黎、鲁昂均发生反抗重税的市民暴动,史称"铅锤党运动"。——译注

〔26〕 在16世纪末宗教战争期间,巴黎联盟派组成的委员会,代表十六个区,支持吉斯公爵,一度推行暗杀恐怖活动。——译注

旦激情爆发,他们就会变成最野蛮的民族。

遗憾的是,我未能获取农民答复上述致命问题的所有呈文,不过,我还是找到了一些,足以了解农民的主要态度。

农民在呈文中,对于特权者,无论是贵族阶层,还是资产阶层,都一一指名道姓;有时还描述一番其生活方式并加以批判。人们好奇地计算那些特权者的财产价值;详细讲述那些特权的数量和性质,尤其是特权给村民造成的伤害;列举交租的小麦斗数;眼红地估算特权者收入,而且据说谁也不能分享其收入。人们认为,教堂教士的额外收入——其实人们早已称为“薪资”——过高;人们辛酸地注意到,教堂里一切都要付费,穷人下葬也得交钱;一切捐税的征收方式都不合理,都令人难受;没有捐税不受到人们抨击。总之,人们怒火冲天地谈论一切人一切事。

农民们说:“间接税很可恶:没有哪一家,包税官没有搜查过;在包税官眼中和手下,没有任何东西是不可侵犯的。注册税很重,军役税征税员,是暴君,贪得无厌,欺压穷人时无所不用。执达吏也好不到哪里去,没有哪个老实的农民能够躲过其暴行。村里的捐税代征人为了免遭如此恶霸的吞噬,不得不伤害其邻居。”

这次调查,不仅宣告大革命临近,而且预示大革命已呈现,并用其语言,展现了大革命全貌。

在16世纪的宗教革命与法国大革命的一切不同中,有一种不同尤其令人印象深刻:在16世纪,大部分显要人物投身宗教革命,出于野心或者贪婪;而人民投身宗教革命,却出于信仰,并不期望得到什么好处。在18世纪,情况则不同:激励有教养阶层投身革命的,是无私信仰与慷慨同情;而驱使人民行动的,是满腹怨恨愤怒与改变自身地位的强烈欲望。最终点燃并武装后者愤怒与贪婪的,是前者的热情。

第六章 政府对人民进行革命教育的方法

政府早已努力在人民头脑中灌输并牢固树立若干所谓革命思想:敌视个人、反对个人权利尤其鼓励暴力的思想。

国王头一个表明,可以用极其蔑视的态度对待最古老而且表面上最牢固的制度。路易十五凭借其革新与罪恶、活力与懒惰,动摇了君主制,加速了大革命的来临。人民目睹与王权几乎一样古老而且与王权一样稳固的高等法院土崩瓦解时,就依稀感觉到,暴力与冒险的时代已经来临,一切都有可能发生,没有任何古老东西应受尊重,没有任何新鲜事物不能尝试。

路易十六在位时,都在谈论改革。几乎没有被大革命推翻的制度,路易十六在大革命前未曾预见将被推翻。他颁布法令废除几个最坏的制度后,不久又予以恢复,仿佛其意图就是连根拔起那些坏制度,留待人们推倒。

在路易十六亲自主持的改革中,没有作充分准备,就突然改变了古老而受人尊重的某些习惯,损害了某些既得权利。这些改革,不只推倒了阻碍大革命的重重障碍,更重要的是向人民表明可以如何进行革命,从而为大革命作了准备。危害为甚的,恰恰是国王以及大臣们纯洁无私的意图,其原因在于:最危险的榜样,莫过于出于好意并由好心人实施的暴力。

很早以前,路易十四就在敕令中公开宣扬如下理论:王国内的一切土地,最初都是按照国家规定的条件而特许出让的,国家是其唯一的真正所有人,而其他一切所有人的产权,都是不完全的权利并存在瑕疵。这种理论源自封建法,而且是封建法濒临灭亡之际才传到法国的,但法院从未承认。它是近代社会主义的根本思想,很奇怪,社会主义竟然来源于君主专制制度。

在路易十四之后的历代君主统治时期,政府每天都以更通俗易懂的方式,现身说法,告诉人民应对私有财产抱蔑视态度。18 世纪下半叶,政府热衷于大兴土木工程尤其是修建道路工程,毫无顾忌地掠夺侵占所需用地并铲平阻碍工程建设的房屋。【注释六十八】自那时起,桥梁公路工程局就像我们如今所看到的那样,崇尚直线几何美:现有道路,只要有一丁点儿弯曲,都会弃之不用;宁愿径直穿过无数土地房产,也不甘心绕个小弯。因建设如此工程而遭到破坏或者损毁的财产,其赔偿数额随意而定,而且往往迟迟赔偿,甚至通常根本就不赔偿。【注释六十九】

下诺曼底省三级会议从省督手中接管政府时,发现政府过去二十年期间为修路而征收的所有土地价款,竟然均未偿付。在法国这个小小的角落,国家因此而拖欠民众的款项,竟然高达 25 万里佛。受到损害的大地主不多,但小地主就非常多,因为当时的土地所有权已经非常分散。因此,每个人都从切身经历中体会到,当公共利益与个人权利发生冲突时,微不足道的是个人权利。人人都牢记这一教训,并把它应用于他人而谋取私利。

从前,诸多教区都设有慈善基金会。该基金会按照遗嘱设立者意图、指定方式用于救济特定教区居民。在君主制末期,由于御前会议一纸法令,即由于政府的独断专行,大部分基金会就都遭到破坏或者改变了宗旨。政府通常把原属各村的上述基金,注资邻近的济贫院。即使这种济贫院,也在同期被政府改造成与遗嘱设立者初衷相悖的而且绝不会同意的用途。1780 年,国王颁布敕令,授权上述机构在保留终身使用权的情形下,出售人们于不同时期捐赠的财物,并将所得价款上交国家,但国家应支付相应利息。当时的政府说,这样可以更好利用没有充分利用的慈善捐赠物。人们已经忘记,教唆人们侵犯在世者个人权利的最好方法,就是无视逝者意愿。后来的任何政府,都不会像旧王朝政府那样如此蔑视去世者,如此毫无顾忌。英国人大为不同,会动员全社会力量,帮助每个人实现生前意愿,确保去世后所获尊重甚于在世时。

无偿征收征用财物、强制出售产品、设定最高限价,所有这一切手段,都是旧王朝政府所采用过的。我发现,发生饥荒时,政府就会事先规定,农产品应以什么价格在市场出售。倘若农民不从,政府就以罚款相威胁而强制其前往市场销售。

但是,危害最大的教育,莫过于刑事法庭在审理涉及老百姓的案件时所作所为。在防止有钱有势者的侵害方面,穷人远比人们所想象的更有保障,但是,和国家打交道时,诚如我在别处指出的,他们遭遇的是特别法庭、充满偏见的法官、仓促而虚伪的审理以及不得上诉而先予执行的判决。"在缺粮时期,委派骑警队长及其副官了解掌握可能爆发的骚乱和聚众事件;由他们负责快速审理相关案件,所作判决不得上诉;禁止其他任何法院审理此类案件。"在整个 18 世纪,这一御前会议法令规定都是金科玉律。从当时骑警队笔录中可以看出,遇有骚乱或者聚众情况时,会连夜包围可疑村庄,趁天亮前闯入民宅,没有任何法律手续就逮捕遭怀疑的农民。虽然御前会议法令规定逮捕被告人后,必须在二十四小时内送审,但是,他们遭遇的往往是押而不审。就像我们今天的做法一样,虽然上述规定非常严格,但不被人们遵照执行。

一个温和而稳定的政府,就这样日日向人民灌输那种最适应革命时代、最适合暴政的刑事诉讼法。此类学校的大门一直敞开着。旧王朝到最后都在向下层民众灌输这种教育。在这方面,甚至蒂尔戈也忠实效法前任。1775 年,当新推出的谷物立法遭高等法院抵制和在农村引发骚乱时,他就让国王颁布法令,剥夺普通法院审理叛乱案件的管辖权,并将其移交重罪法庭专属管辖。法令言明:“重罪法庭主要任务是镇压民众骚乱。可以快速审理案件,以儆效尤。”该法令还规定:凡离开本教区的农民,倘若未持有教会牧师和行会理事出具的证明,均应缉拿逮捕归案,像审判流浪汉一样审判他们。

不过,事实上,18 世纪君主统治下的刑罚,虽然形式恐怖,但几乎总是很温和。其原则是宁愿让人恐惧,也不愿意让人真正受到残酷处罚,或者莫如说,出于习惯与冷漠,人们专横残暴;出于自身本性,人们兼抑温和。但是,偏爱速战速决司法程序的情绪,越来越占上风。刑罚越轻,就越容易忘记定罪量刑的方式;轻缓刑罚之下,掩盖着令人恐怖的诉讼程序。

因握有真凭实据,所以我敢断言,大革命政府所采用的诸多手段,都可以在最后两个世纪旧王朝针对下层人民所采取的措施中,找到先例和榜样。旧王朝为大革命提供了诸多手段,大革命所添加的只不过是其独有的血腥残暴而已。

第七章　浩大的行政改革何以成为政治革命先导及其影响

早在大革命改变政体形式前，规范个人地位以及公共管理的诸多次要法律就已被废除或者修改。

行会理事会的破坏及其后不完全的部分恢复，深刻改变了工人与雇主的关系。新建立的关系，不仅不同以往，而且不稳定、不自然。教会权威已被摧毁，政府提供的保护不稳定不可靠，因此，在政府与雇主之间，手工业者处于尴尬而不明确的地位，不知道谁能保护自己或者谁应该收留自己。整个城市下层骤然落入如此茫然无措的无政府状态，一旦人民重登政治舞台，就会产生严重后果。

大革命前一年，国王一纸敕令就搅翻了整个司法系统：新设立若干新法院，取缔诸多法院，改变法院管辖权确定规则。可是，如我在别处指出的，法国负责审判案件、执行判决的法官数量庞大，而且事实上，所有资产阶层或多或少地与法院存在某种关系。因此，实施上述敕令的结果，就是骤然打乱了成千上万家庭的现状与前景，造成其社会地位岌岌可危。如此敕令也给当事人造成不便，在如此颠覆的司法革命迷雾之中，他们难以确定该向哪个法院起诉、该适用哪部法律。

尤其是 1787 年推行的激进政府改革，导致公共事务陷入混乱不堪境地，影响遍及每个人乃至每户家庭的生活。

我曾说过，在各选举区行省，即在法国四分之三左右的地区，其治理均托付给唯一的一个人，即省督。省督不仅不受任何监督，独断专行。

1787 年，各行省设立省议会，省督成为名副其实的地方行政官员。在每个村镇，设立经选举产生的议会，取代了旧的教区大会，而且也基本上取代了行会理事会。

那些截然不同以往的全新立法规定，不仅彻底改变了政务处理方式，而且彻底改变了人们的相应社会地位；不但同时实施于各地，而且几乎以同一方式实施于各地，完全没有考虑各行省的旧习惯法或者具体情况。如此现象深刻揭示，那个即将被大革命推翻的旧政府，已经完全具备大革命政府具有的中央集权特征。

很容易看出，在从前，习惯法在政府机构的运作中起着重要作用；相对于适用远远更为简单明了的新法律而言，人们在适用长期沿袭的复杂而模糊的习惯法时，更得心应手。

在以前的旧王朝法国，各行省权力机构多如牛毛、各不相同、千变万化，而且每个机构拥有的权力都没有明确界限，一件事情往往归属好几个部门管理，但是，最终各项公务却处理得井井有条，人们办起事来觉得相当方便。与此形成对比的是，新法律设立的全新权力机构，尽管数量很少、权限分明、设计得很协调，但是，在实际运作过程，很快就陷入彼此争权、互相冲突、往往各自削弱对方力量至双方都无法动弹的混乱状态。

那些全新的立法规定，还存在一个严重缺陷：它所设立的一切权力，都由集体统一行使。仅这一缺陷，就足以导致其难以实施下去，在开始实施阶段尤其如此。【注释七十】

在旧王朝年代，人们素来只知道两种治理方式。倘若委托单独一个人治理，就无须取得任何议会的同意。倘若存在议会，如三级会议行省或者自治市的情形，就不存在把行政权委托给任何具体个人的情形，该三级会议不仅领导和监督行政活动，而且亲自实施行政管理活动，或者通过组建临时委员会实施各项行政管理活动。

人们只知道上述两种治理模式，因此，倘若抛弃这一种治理模式,就得采用另一种治理模式。

奇怪的是:在如此开明、政府长期起着如此巨大作用的社会,人们竟从未想到将上述两种治理方式合二为一,竟然从未想到区分而不是分拆行政权与监督权;看似如此简单的思想观念,竟然从未有人想到,竟然直至本世纪才被发现。可以说,这实际上是我们在行政领域的唯一重大发现。我们将看到的,是截然相反的结果:人们憎恨旧王朝,却照搬其行政治理模式,却遵循其传统,却在国民议会中采用其各行省议会以及各城镇村会议所遵循的制度;我们还将看到的,是此前仅仅是陷入左支右绌窘境的治理,会如何突然呈现恐怖面目。

1787 年,各行省议会获得自治权,几乎在各方面都取代了省督一言堂式的管治权。根据中央政府授权,省议会有权决定军役税的征收事宜并监督军役税的征收工作,有权决定兴建公共工程计划并加以实施。桥梁公路工程局全体人员,从局长到工程监工,均由议会直接统领。议会有权自主决定,应当实施哪些工程,应当向大臣汇报哪些工作并提议奖励哪些人。各村社管理工作,也几乎属于相应议会的职权。此前由省督审理的绝大多数案件,几乎都由议会负责初审。如此等等,不一而足。在上述职权中,有诸多是不适宜于交由无法担负任何责任的集体行使,尤其不适宜交给首次实施统治权之人组成的集体行使。

把省督贬至无权无势境地后,仍然保留了这一职位,最终导致一切都陷入混乱。人们剥夺省督无所不能的专制权力后,又把协助并监督议会工作的职责强加给他。如此做法,仿佛期望免职官员,能够理解剥夺其官职的法律精神并协助该法律实施一样!

对付省督的手段,也被用来对付省督代理人。彼时设立了区议会,接管省督代理人所行使的职权。该议会在行省议会指导下

进行治理,并遵循省议会所遵循的类似原则。【注释七十一】

从1787年创立的省议会会议记录及其颁布的法令就可以了解到,省议会诞生初始,就与老谋深算、总是给议会活动设置障碍的省督明争暗斗。在此处,议会抱怨,自己费了九牛二虎之力才从省督手中夺回那些最需要的文件。在彼处,省督指责议会企图剥夺君主赐予的职权。省督有时向御前大臣告状,但是,大臣往往要么不置可否、要么心存疑虑,因为如此问题,对他和对其他人而言,都是新问题,都拿不准。有时,议会认为是省督治理无方,其负责修建的道路质量差或者选定的线路不对,对其负责治理的村镇管理不到位而放任自流。那些议会根本没有立法经验,往往犹豫不决。议员们四处征询意见,不断地收集各种建议。欧什行省省督声称:由于省议会已授权自治市自行征税,他有权反对省议会作出有关决定。省议会回应称,在这个问题上,省督可以提出建议但不能擅自作出决定,与此同时,它还派人向法兰西岛地区的省议会请教。

由于不断征询意见,由于受到诸多批评指责,政务处理进展缓慢,甚至完全停滞,造成似乎根本没有政府机构的局面。洛林省议会就说:"一切公共生活均完全停滞不前,所有善良市民都为此痛惜不已。"这话也反映了其他省议会的心声。

有时候,作为新生事物的议会,会因过分活跃自信而犯错。它们躁动不安,充满激情,梦想一举革除积年沉疴。它们会借口自身是城市监护人而亲自掌管公务。总之,它们本想改善一切,结果却把一切都搞得乱糟糟。

不妨想想吧,在法国,政府长期以来占据重要地位,天天影响着诸多利益,一件事情均有赖于政府或者需要政府协助、支持;唯有依靠政府而非自身,才能衣食无忧,才能发展自身事业,才能有所成就,才能修建道路,才能维护稳定,才能确保福祉。只要想想这些，就会明白，损害政府就会导致无数人受到损害。

这个新机构的弊端，在乡村尤其突出：它不仅打乱了权力秩序，还骤然改变了人们的地位，造成各阶级发生冲突对立。

1775 年，蒂尔戈呈奏国王改革农村行政制度时说：农村存在的最棘手问题，乃捐税分摊不平等。教区主要事务，就是分派、征收和使用捐税；就是如何让那些分担不同数额捐税者，甚至有些免缴捐税者，能够在教区事务上共同讨论、行动。在彼时，每个教区均存在根本不缴纳军役税的教士贵族、部分或者全部免缴军役税的农民以及缴纳全额军役税的其他人。这就像存在三个完全不同的教区一样，三者都要求分别对待，矛盾之大，根本无法协调。

事实上，农村捐税不平等现象最明显：没有哪个地方像农村那样，居民分为三六九等，而且往往分为彼此敌对的不同集团。倘若要在农村建立集体行使权力的自由小政府，就必须首先实行平等征税，就必须首先消除阶层差异。

1787 年，最终开始改革时，并未做到这一点。在教区内部，旧的阶层分裂及其主要标志捐税不平等，依然如故。尽管如此，仍然把整个管理机构移交给经选举产生的机构。如此做法，立即产生极其怪诞的后果。

倘若它是选举市镇官员的议会，教堂教士与领主就不能参加，盖其分属教士或者贵族等级阶层，而议会主要是第三等级阶层选举他们自身代表的机构。

可是，一旦选出市议会，教堂教士和领主却成为法定成员，因为把如此显要的两类居民排斥于教区政府外，完全不妥当。领主甚至主持那些他未曾参与选举的市议会会议，但是，不能插手大部分法案的表决。例如，通过军役税分摊或者征收方案时，教士与领主就不享有表决权，因为他们都享有免缴军役税的特权。当然，市议会也与人头税的征收决定无关,因为人头税仍然由省督按照其他方式确定。

虽然这位主席与他所主持议会的组成人员存在隔阂,但是,由于担心他会对其所不从属的等级阶层的利益施加间接影响,人们就要求不计这位领主的佃农投票数。就此事征求省议会意见时,省议会认为,上述要求非常公正、完全正当。教区其他贵族,除非被农民选举为议员,否则,不能参加这个由平民组成的市镇议会。即使有贵族被选为这个议会的议员,按照其议事特别规定,他们也只是第三等级阶层的代表。

领主参加议会,只是为了表示完全臣服于突然就成为其主人的昔日臣属。因此,担任议会主席的领主,与其说是其臣属的首领,莫如说是其臣属的囚徒。【注释七十二】如此看来,用如此形式把人们召集在一起,目的似乎不是让人们团结亲近,而是让人们更清楚地看清彼此差异有多大、彼此利益如何对立。

行会理事是否仍然是毫无威信、不靠强迫就无法履行职责的官员,抑或地位随其作为主要代理人的社区一起有所提高?其确切情形,无人知道。我见过 1788 年某村庄执达吏所写的信。在信中,他愤怒抱怨选他担任行会理事:“这个职位根本没有从前的行会理事所拥有的一切特权。”财政总监复信说,必须纠正如此思想:“要让他明白,他被同胞选为行会理事是一种荣誉;还应让他明白,新的行会理事不同于此前的行会理事,将更多地得到政府的重视。”

另一方面,人们看到,农民得势时,教区有地位者乃至贵族,都突然与农民亲近起来。巴黎附近一个村庄有位在高等法院拥有官职的领主抱怨,国王敕令不准他参加教区议会,即使作为普通居民也不行。另有一些人则表示:“愿意担任行会理事职务,为公共福祉服务。”

但这已经太迟了。在有富裕阶层接近农村人并试图与他们打成一片时，农民却退缩了，宁愿保持原来被迫保持的孤立状态。有些市镇议会拒绝贵族参加议会；另有一些市镇议会则反对接纳富裕平民。下诺曼底省议会说："据我们了解，有几个市镇议会拒绝接纳不在当地居住的教区平民地主，尽管那些人作为平民毫无疑问拥有参加议会的权利。另有一些议会甚至拒绝接纳那些在当地没有财产的佃农。”

所以说，次要法律之间，无处不充斥着都全新、含混而冲突的东西，甚至在触动国家主要法律之前就如此。那些仍然有效的法律制度也受到震动，没有哪一项法律不被中央政府宣布即将废除或者修改。

所以说，早在大革命爆发前，法国就已经突然地、大规模地革新了所有行政制度与习惯。如今鲜有谈及这一事件，然而，在当时，它就导致了我们伟大民族历史上的最大动荡。这第一次革命，对第二次革命起着无比巨大影响，把第二次革命塑造得不同于此前或者此后世界上发生的任何革命。

英国第一次革命[27]虽然撼动了国家的整个政治制度，甚至废除了君主制，但只是非常表面地触动了次要法律制度，几乎丝毫并未改变任何习俗或者惯例。它的行政与司法仍然保留原有形式，仍然沿袭昔日习惯做法。据说，在英国内战最激烈时，英国的十二位法官仍然在全国继续进行一年两次的巡回刑事审判。英国并未普遍发生剧变。英国革命的效果受到限制，英国社会顶层受到震荡但基础岿然不动。

---

〔27〕 指 1642 年至 1649 年发生的英国资产阶级革命。——译注

我们看到,自1789年以来,法国数次革命彻底改变了政府的整个结构,而且大部分革命,是依靠暴力,破坏既有法律,骤然完成的。然而,革命并未导致长期而普遍的混乱,绝大多数国民几乎感觉不到革命,有时甚至根本无法察觉已发生革命。

自1789年以来,在政治制度废墟中,行政制度始终完好无损。虽然最高掌权人或者中央政权形式有所改变,但是,日常行政事务并未中断也未受到干扰。每个人继续遵循他所理解的调整个人琐碎事务的准则和习惯;仍然要与他一直交往的而且几乎并未更换的同样的基层政府官员打交道。可以说,每一次革命砍掉的只是政府脑袋,其躯体仍然完好无损地活着,同样职权仍然由同样官员履行,只不过是在不同的政治制度下按照同样精神、遵循同样经验予以履行。他们起先以国王名义,随后以共和国名义,最后以皇帝名义,履行公务和进行审判。接着,命运轮回,同样一些人,用同样方式,又重新开始为国王、为共和国、为皇帝履行公务和进行审判。主子叫什么与他们何干？他们要做的不是公民,而是好官员、好法官。因此,革命初震过后,国内一切似乎都未发生变化。

大革命爆发初期,那些人们每天感受最深而且对人们福祉影响最大最长久的政府下属各级机构完全被推翻,政府突然更换了所有官员、更新了所有行为准则。国家最初似乎并未从这场大规模改革中感受到什么大震动,但是,所有法国人都亲身感受到了一种微震:动摇了每个人的地位,打乱了每个人的习惯,干扰了每个人的职业;尽管国家大事的处理仍然遵循正常程序,但是,在日常社会生活的小事上,没有人知道该听命于谁、该找谁办事、该如何行动。

由于国家各个组成部分已经失去平衡,因此,最后一击就足以动摇整个国家,造成从未目睹的最大动荡和最恐怖动乱。

第八章 大革命何以在旧王朝自动爆发

本书收笔时,兹归纳一下分散描绘的诸多现象,看看大革命如何在刚刚描绘的旧王朝自动爆发。

首先,倘若注意到,正是在法国,封建制度保留了伤害或者刺痛人的东西,完全丢掉了保护或者服务人的一切,就不会那么惊讶,注定猛烈摧毁欧洲古老政体的大革命,是在法国而不在其他国家爆发。

其次,倘若注意到,只有在封建法国,贵族在丧失拥有的古老政治权利、不再拥有领导与治理人民的权力后,不仅仍然保留着而且还拥有更为广泛的经济特权与利益,虽然处于从属地位但仍然是拥有特权的封闭阶级,虽然越来越不像贵族但越来越像世袭等级阶层,就不会那么惊讶:对贵族享有的特权,法国人会感到如此不可理喻、如此厌恶;看见那些贵族,法国人心中就会燃起民主的渴望,而且如此情绪至今不衰。

最后,倘若注意到,贵族阶级如此排斥资产阶级并与之决裂、如此脱离人民并对人民漠不关心,贵族阶级在民族中完全陷入孤立、表面上是一军统帅但实质上是光杆司令,就不会那么惊讶,千年贵族为何会在一夜之间就被推翻。

我已阐述,王权政府如何废除各行省自由后,在法国四分之三地区取代所有地方权力机构,把大小事务揽于己身;我还阐述过,此前只不过是法国首都的巴黎,其归宿必然是成为国家主宰者,或者说简直就是整个国家。法国独有的这两个特点足以解释,历经数世纪诸多猛烈冲击而且在倾覆前在推翻它的人们眼中似乎坚不可摧的君主制,为什么一次骚乱就可以将其彻底摧毁。

法国是长期完全没有政治生活的欧洲国家之一。在法国,个人完全没有参政议政能力、审时度势的思维习惯以及观察人民运动的经验，甚至几乎根本没有人民观念。因此，不难想象，法国人必然会一下子就坠入一场他们根本看不见的可怕革命——遭受革命最大威胁的，恰恰是走在革命最前列、开辟并拓宽革命道路之人。

不再存在自由制度，也就不再存在政治人物、政治团体以及负有引领公众舆论的有组织、有领袖的党派，因此，当公众舆论复活时，领导权只有落入哲学家之手；完全可以预料，引导大革命的，不是某些具体事件，而是抽象原则与普遍理论；完全可以预测，受到大革命抨击的，不是某部坏法律而是一切法律；完全可以断定，学者们设想的崭新政治制度，必将取代法国古老的政治制度。

由于教会与要废除的一切古老制度天然一体，毫无疑问，大革命推翻世俗政权时，必定打击宗教。自那时起，摆脱了宗教、习俗与法律束缚的改革者，其鲁莽冲动如此闻所未闻，难以想象会有什么可以约束他们。

凡认真研究过国家状况者，就不难预见，在如此情形下，没有哪种闻所未闻的鲁莽行为不敢尝试，没有哪种暴力不会得到容忍。

"什么！"伯克在一本雄辩的小册子[28]中喊道："竟找不到一个人为那个最小地区负责？竟没有一个人为邻居呼吁？每一个人，无论倾向王权主义、温和主义或者其他什么主义，都在家里束手就擒？"伯克不了解，人们惋惜不已的那个君主王朝，是在何等糟糕的条件下把法国人抛给新主人的。在大革命前，旧王朝政府就剥夺了法国人互帮互助的愿望与能力。在大革命突然爆发时，要想在法国最广大地区，找到十个习惯组织起来协调行动、进行自卫的

---

〔28〕 即伯克1790年的《反思法国大革命》一书。——译注

人,是徒劳的。能够担当此任的,唯有中央政权。在中央政权从国王之手落入不负责任而拥有主权的议会之手,并从温和变为恐怖时,竟找不到任何可以暂时起阻止或者缓冲作用的力量。总之,导致君主王朝如此轻而易举崩溃的原因,就是造成君主王朝垮台后一切皆成为可能的原因。

没有哪个世纪像18世纪,如此大力倡导宗教宽容、为政宽和、人道仁慈,并得到普遍接受;作为暴力最后栖息地的战争精神,已受限制并趋于缓和。然而,就是在如此崇尚温和的社会风尚中,却即将爆发最不人道的革命!不过,日趋温和的风尚,并非只是假象,可以感受到,自大革命怒火减弱后,这种温和风尚立即弥漫到一切法律之中,并渗透到一切政治习惯之中。

法国大革命最奇怪的特征之一,就是温和理论与暴虐行为的反差。倘若注意到,这场大革命,虽然由法国民族中最有教养的阶层酝酿准备,但由最无教养、最粗野的阶层实施,就不会感到惊讶。前一阶层内部,人们相互之间并不存在固定联系,并不存在共识,并未控制人民,因此,摧毁旧政权后,后一阶层就几乎立即摇身一变成为统治阶层。后者即使在不能亲自实施统治之地,至少也用其思想武装掌权者。此外,倘若注意到了后者在旧王朝的生活方式,就不难想象他们在大革命后的一举一动会怎样。

独特社会地位让法国人民养成了罕见品质。他们早已获得自由,早已拥有部分土地;他们彼此孤立而互相依赖,颇为自负而有节制;他们勤于耕作,不看重生活享受,能够忍受巨大痛苦,临危不惧,意志坚定。如此淳朴勇敢的法国人,随后组建的强大军队,威震欧洲。但也正因如此,导致他们成为危险的主人。数个世纪以来,法国人民几乎独自承担了种种弊端产生的一切重负,孤苦无依,默默沉溺于偏见、嫉妒和仇恨之中。严峻命运,把他们打造得冷酷无情,把他们塑造得既能忍受一切,又能迫使一切人受苦。

就是在这种状态下,法国人民夺得统治权并试图自己完成革命大业的。可以说,是书籍提供理论指导,人民负责付诸实践,让文人思想适应自身激情。

那些认真研究 18 世纪法国历史者,阅读本书后,必定会注意到,人民内部催生与发展了两大激情。它们是不同时代的产物,而且从未指向同一目标。

第一大激情,源远流长,是对不平等无法熄灭的刻骨仇恨。产生和滋长这种仇恨的原因,就是存在不平等。长期以来,如此仇恨一直以一种持续而无法抵御的力量推动法国人彻底摧毁中世纪遗留的一切制度,并激励法国人在清扫废墟后,建立一个人类憧憬的人人平等、人人地位类似的社会。

另一大激情,现身较晚,根基较浅,是推动法国人不仅渴望平等而且渴望自由的情感。

至旧王朝末期,上述两种激情都同样真诚强烈。大革命爆发初期,两种激情碰撞在一起,互相混合,一时融为一体,在彼此接触中产生火花,最终点燃法兰西的一切雄心。这就是 1789 年。毫无疑问,这既是缺乏经验的年代,又是胸怀宽广、热情洋溢、气壮山河、崇高伟大,更是永世难忘的年代。在见证这个年代的那些人和我们自己消失许久以后,人们必将以赞叹而崇敬的目光仰望这个年代。在这个年代,法兰西民族对自身以及自身事业感到自豪,相信自己能够在平等中享有自由。因此,在民主制度中处处设立了自由制度。他们不仅砸碎了将人们分为三六九等的阶级制度、世袭等级制度、行会以及造成其权利比其地位更加不平等的陈腐法律,而且一举粉碎了王权钦定的其他新法律。这些法律,剥夺了法兰西民族享有的自主自由,并在每个法国人身旁设立政府,充当其导师、监护人,必要时还充当压迫者。就是这样,中央集权与专制政府一起垮台。

但是,当发动大革命的精力充沛的那代人被摧毁或者丧失锐气时——如此情形通常会发生在进行此类事业的那代人身上,当对自由的热爱按照此类事件的自然规律,在无政府状态和人民专政中遭受挫折而软弱无力时,当惊慌失措的人民拼命寻找主人时,就给专制政府复辟提供了良机。那位注定既是大革命继承者又是大革命摧毁者的天才[29],不费吹灰之力就发现了这一良机。

实际上,旧王朝已经含有近现代的整套制度。它们不敌视平等,很容易在新社会中确立,当然也为建立专制制度提供了独特便利。人们在其他一切制度的废墟中寻找它们并且发现了它们。这些制度,曾产生促使人们分裂、屈从的思想、习惯与情感。人们使之复活并加以利用。人们从废墟中取回中央集权制度并将之恢复。人们在重建中央集权制度时,并未同时恢复已被摧毁的从前制约它的一切制度。因此,从刚刚推翻王权的民族腹部,突然冒出来的,是一个比任何法兰西君主政权更庞大、更完备、更专制的政权。如此冒险之举,极其鲁莽,却取得了前所未有的成功,其原因在于:人们只想着眼前之物而忘却了曾经目睹之物。就这样,专制统治者倒台了,但专制统治中最本质的东西仍然未倒台;专制政府消失了,但专制行政机构仍然存在。自此以后,人们多次努力打倒专制政府,但每一次都只是将自由的头颅安放于受奴役的躯体上。

自大革命爆发至今,人们目睹的,是酷爱自由之情反反复复、时隐时现。如此情形,今后将长期存在,盖人们仍然缺乏经验,仍然会处置不当,仍然容易沮丧、被吓倒,被打败,酷爱自由之情仍然

---

〔29〕 指拿破仑。关于作者这一论述的背景资料,参见本书第一编第二章“拿破仑”词条注释。——译注

肤浅而易逝。但是,与此同时,酷爱平等之情,始终占据着它最初渗入的人们心灵的深处,并与我们最珍贵的感情联结一起。前一种激情,不断随着形势变化而变化,或增强,或减弱,或获取力量,或失去力量,而后一种激情,却始终如一,执着而且往往永远热忱地盲目地专注于同一目标,为满足它而愿意牺牲一切,随时准备为支持和讨好它的政府提供专制统治所要求的思想观念、习惯与法律。

对于只愿意考察法国大革命本身者而言,大革命只是一片黑暗。唯有在大革命前的各个时代寻找,才能找到照亮大革命的火把。倘若不通透理解旧社会及其法律、弊端、偏见、苦难与伟大,就绝无可能理解旧社会衰亡后六十年间法国人的行为;倘若不透彻了解我们法兰西民族的本性,也不足以理解上述问题。

考察法兰西民族本身时,我发现,大革命比其历史上任何事件都更为不同寻常。地球上没有哪个民族像它那样,一举一动,反差如此之大,如此爱走极端;法兰西民族,更受情感而非理智的控制;其始终表现得比人们预料的更好或者更坏,时而低于、时而远远超过人类普通水准;其主要品质未曾改变,从两三千年前为其描绘的画像中,就可分辨出其如今的模样,可是,其日常想法与好恶,又是如此多变,甚至最后变成连其本身也无法预料的模样,而且对自身刚刚实施的行为,往往像陌生人一样感到惊讶;在独处时,最喜欢深居简出,最爱因循守旧,然而,一旦有人硬把其从家与习惯中拽出来,就随时都会走向天涯海角,敢冒一切风险;天生桀骜不驯,但有时却能够很好地适应君主的专横乃至强暴的统治,而不能很好适应杰出公民领导的自由而有序的政府;今天会坚决反对逆来顺受,明天又会对一切都俯首帖耳,让那些最甘于受奴役的民族也望尘莫及;只要无人反抗,一根丝线就能牵着其鼻子走,可是,一旦哪个地方出现反抗榜样，就谁也无法控制他们；如此法国人，总是让主人上当，而且主人不是过于怕他们，就是不够重视他们；如此法国人，从未自由到绝不会受奴役，也从未奴化到再也无力砸烂桎梏；如此民族，擅长做一切，但最擅长的是战争；崇尚机遇、力量、成功、喝彩与喧嚣，胜过崇尚真正的荣光；擅长英雄行为而非美德行为，擅长天才之为而非常识之为，适合谋划庞大规划而不适合完成伟大事业；是欧洲各民族中最耀眼、最危险的民族，天生就最擅长变化，时而令人赞叹，时而令人仇恨，时而使人怜悯，时而令人恐怖，但绝不会令人无动于衷。

唯有法兰西民族，才能发动一场如此突然、激进、迅猛，而又如此充满反复、矛盾和对立的大革命。倘若不存在我前述的原因，法国人绝不会发动大革命，但也必须承认，所有这些原因叠加在一起，也不足以解释发生于法国之外的类似革命。

写到这里，我已抵达那场值得纪念的大革命入口处。但是，我现在不想迈进去，也许不久我将愿意。到那时，我将不再关注大革命的原因，而将考察其本身，并最终大胆评判其所产生的社会。

作者注释

注释一

（前言第七自然段）

我专门查阅了几大省督辖区尤其是图尔的档案。图尔档案极其完整，记载的是位于法国中部、地域广阔、人口上百万的选举区行省的情况。在此感谢图尔档案馆年轻能干的管理员格朗梅松先生。对包括法兰西岛在内的诸选举区行省档案的研究，让我相信，王国绝大部分地区的情形也都如此。

注释二

（第一编第四章第二自然段）

罗马法在德意志的影响

——罗马法取代日耳曼法的途径

中世纪末期，德意志法学家主要而且几乎唯

一的研究对象,就是罗马法。那时的大多数德意志法学家,甚至不在德意志而在意大利各大学接受教育。那些法学家,虽然不是政治社会的当政者,但负有解释和适用法律的责任。他们虽然无法废除日耳曼法,但是,至少可以通过曲解日耳曼法而尽力将其纳入罗马法范畴体系。凡看似与《查士丁尼法典》[1]略有相似的日耳曼法律制度中的一切东西,他们都适用罗马法。就这样,他们在日耳曼民族的法律制度中,引进了全新的法律精神、惯例,逐渐把日耳曼民族的法律制度改造得让人无法辨认那就是日耳曼法。至17世纪,人们简直无法完全辨认哪些是日耳曼法,可以说,其时的日耳曼法,名为日耳曼法,实为罗马法。

我有理由确信,在法学家的上述改造过程中,日耳曼社会诸多阶层境况,尤其是农民境况,遭遇恶化。他们中有许多人,在此前一直拥有全部或者部分自由保有财产,在此后却一切都失去了,其原因在于,法学家们把他们比作罗马奴隶或者罗马佃农。

日耳曼民族法的逐渐改造以及人们徒劳无功的反对过程,在符腾堡[2]的历史上体现得十分明显。

自1250年符腾堡伯爵领地问世至1495年符腾堡公国创立的历史时期,其法律制度完全是土生土长的,是由习惯法、城市或者领主法院所制定颁布的地方法、三级会议所颁的法律所构成的。在那个时期,唯有教会事务,由外来法即教会法调整。

---

〔1〕《查士丁尼法典》,又称《国法大全》或者《民法大全》,是东罗马帝国皇帝查士丁尼下令编纂的并于530年左右编纂完成的一部汇编式法典,是罗马法的集大成者。它奠定了后世法学尤其是大陆法系民法典的基础,是法学研究者研究民法学的重要文献资料。查士丁尼,又译"优士丁尼",系东罗马帝国皇帝(527年—565年在位),由于其在位时间创造的政治经济文化成绩,其统治时期称为"查士丁尼时代",其下令编纂的上述法典对近代法律产生了巨大影响。——译注

〔2〕符腾堡,系德意志西南部的一个政治实体,最初指由康拉德伯爵(逝于1110年)以斯图加特为核心而建立的领地。——译注

自1495年起，由于罗马法开始渗入，其法律性质就发生变化。那些在外国大学研读法学而称为“博士”者，开始参政并占据高等法院的主要职位。从15世纪初期至15世纪中期的整个历史时期，就如同期英国发生的战争[3]一样，政界发起了反对法学家的斗争，但是，斗争结果却与英国迥异。在1514年的蒂宾根议会以及随后的历届议会中，封建制度的代表和城镇议员均提出诸多抗议，反对所作改变。他们抨击法学家，因为后者闯入所有法院，改变了一切习惯法和一切法律规定或者精神。最初似乎反对一方占据优势，他们得到了政府的承诺：今后要安排从贵族和公爵领地中挑选的有名望有教养人士进入法院，而不再从博士中挑选人员进入法院，并决定由政府官员和三级会议代表组成委员会，负责起草适用于全国的法典。可是，所有这一切，都白费气力！不久，罗马法最终从大部分法律中彻底清除了日耳曼民族法，甚至在日耳曼民族法生根发芽的土地上扎下了根基。

有一些德国历史学家认为，外来法战胜本土法，有两个原因：第一，精神思想重视古代文学与语言的运动，相应地，催生了蔑视民族精英智力成果的心理。第二，在整个中世纪的德意志及其立法过程中，一直流行如下思潮：神圣罗马帝国[4]是罗马帝国的延续者，神圣罗马帝国法律是罗马帝国法律的继承者。

但是，上述原因并不足以说明，为什么同一罗马法，会在同一

---

〔3〕 指红白玫瑰战争，系英国约克家族与兰加斯特家族为争夺王位而发动的战争，最终后者取胜并建立都铎王朝。——译注

〔4〕 神圣罗马帝国，全称为“德意志民族神圣罗马帝国”或者“日耳曼民族神圣罗马帝国”，系962年至1806年在西欧和中欧建立的一个封建帝国。其版图以德意志地区为核心，包括一些周边地区，在巅峰时期甚至包括意大利王国和勃艮第王国。神圣罗马帝国早期是由拥有实际权力的皇帝统治的国家，中世纪时期演变为承认皇帝为最高权威的公国、侯国、宗教贵族领地和帝国自由城市的政治联合体。日耳曼人认为，它系罗马帝国的继承者，所以称之为“神圣罗马帝国”。——译注

时期,同时传遍整个欧洲大陆。窃以为,这是由于在同一时期,君主专制政权在各地已稳固确立,欧洲古老自由已化为灰烬,而罗马法这种奴役法的到来,最切合君主们的心意。

罗马法,无处不完善市民社会,又无处不破坏政治社会,因为罗马法主要是一个高度文明却又高度奴化民族的作品。因此,国王们热衷采纳罗马法,并在取得统治之地确立罗马法的地位,其结果就是,罗马法解释者就在整个欧洲成为国王的大臣或者主要官员。在必要时,法学家们为国王们提供法律支持,以对抗法律本身。自此以后,法学家们常常如法炮制,每当君主破坏法律时,就必定有法学家现身声称,这种行为最合法,并引经据典地证明,这种破坏行为正当合理,错在被压迫一方。

注释三

(第一编第四章第七自然段)

从封建君主制向民主君主制的转变

既然一切君主制都在同一时期变成专制君主制,政体变化就不大可能与各国在同一时期偶发的具体情况有关。因此,可以认为,如此相似的同期事件,必定由同时在各地起作用的普遍原因所引起。

这普遍原因,就是它们处在由这一种社会形态向另一种社会形态的转变过程之中,就是它们处在从封建不平等状态向民主平等状态的转变过程之中。贵族已被打倒,而人民尚未觉醒;前者地位太低,后者地位不高,无法约束权力的行使。在君主黄金时代长达一百五十年的时期内,他们的统治,稳定而强势,而这两者往往互相排斥。那些君主,像世袭封建君主王朝的首领一样神圣,又像民主社会的主宰者一样专制。

注释四

(第一编第四章第十自然段)

德意志自由城市的衰落——帝国城市

德国历史学家认为,14、15世纪,是帝国城市最辉煌的时期。在那个时期,它们是财富、艺术与知识之乡,是欧洲贸易的主宰,是最强盛的文明中心。尤其是在德意志南北地区,它们最终与周围的贵族阶层结为独立同盟,犹如瑞士的城市与农民结成同盟一样。

至16世纪,帝国城市虽然保持繁荣,但已开始走向衰落。三十年战争〔5〕最终加速了其灭亡。在这个时期,几乎没有城市能够免遭破坏或者毁灭。

然而,《威斯特伐里亚条约》〔6〕却主动提到它们,维护其"直接国家"地位,就是说,它们直属皇帝。但是,在它们旁边的,一面是各大诸侯,另一面是皇帝本人。自三十年战争以来,皇权只及于帝

---

〔5〕 三十年战争(1618年—1648年),又称"宗教战争",系由神圣罗马帝国内战演变而成的全欧洲都参与的大规模国际战争。这场战争是欧洲各国争夺利益、树立霸权以及宗教纠纷戏剧化的产物。它以波希米亚人民反抗奥地利帝国哈布斯堡王朝统治为肇始,最后以哈布斯堡王朝战败并签订《威斯特伐利亚和约》而结束。战争基本上以德意志新教诸侯和丹麦、瑞典、法国为一方,并得到荷兰、英国、俄国的支持;神圣罗马帝国皇帝、德意志天主教诸侯和西班牙为另一方,并得到教皇和波兰的支持。中世纪后期神圣罗马帝国日趋没落,内部诸侯林立纷争不断,宗教改革运动之后又发展出天主教和新教的尖锐对立,加之周边国家纷纷崛起,就于1618年到1648年爆发了欧洲主要国家纷纷卷入的这场大规模国际战争。——译注

〔6〕 1648年10月24日,欧洲三十年战争参战各方签订《威斯特伐里亚条约》,重新分割欧洲领土,法国夺得欧洲霸权,瑞典巩固了在波罗的海的地位,德意志经济遭到严重破坏而导致内部分裂局面加剧,西班牙遭到削弱而导致葡萄牙脱离西班牙独立,荷兰和瑞士的独立地位也得到确认。《威斯特伐里亚条约》的签订,意味着近代国际关系体系的形成,有关国际关系的一些基本原则,如主权国家原则,也就此确立下来。一般认为,近代意义上的条约,肇始于《威斯特伐里亚条约》。——译注

国小诸侯。就这样,大诸侯与皇帝将城市主权日趋限制在极其狭窄的范围内。到18世纪,总共只剩下五十一座城市。这些城市,在议会中占有两个席位,可以发出独特的声音,但是,它们实际上无法再左右国家大事。

城市内部,负债累累。之所以负债,一方面是由于皇帝仍然按照城市鼎盛时期的经济状况征收捐税,另一方面由于城市治理不善。值得注意的是,这种治理不善,无论采取何种治理模式,似乎都是所有城市的神秘通病。那些城市,无论是贵族政体,还是民主政体,都民怨鼎沸,尽管民怨内容也许有所不同,但至少都同样激烈。人们认为,在贵族政体下,城市政府是少数家族的帮派小集团,左右一切的都是恩惠私利;在民主政体下,到处都充斥着阴谋诡计、卖官鬻爵。无论哪种政体,人们都抱怨城市政府自私而不公。皇帝不得不经常干预城市政务,企图恢复城市秩序。无论如何,城市居民数量减少、处境悲惨。因此,帝国城市不再是日耳曼文明中心,艺术远离它们而在新兴城市焕发光辉。那些新兴城市,是诸侯们创造的,代表着新世界。商业也远离了帝国城市。就这样,帝国城市昔日的活力与爱国热忱也不复存在。几乎唯有汉堡,仍然是财富和知识的一大中心,但是,这一现象的原因比较特殊。

注释五

(第二编第一章第二自然段)

德意志各地废除农奴制的年代

从如下列表可以看出,在德意志大多数地区,最近才废除农奴制。废除农奴制的地区及其年代:

1. 巴登:1785 年。

2. 霍亨索伦:1789 年。

3. 霍尔施泰因与施列斯威格:1804 年。

4. 拿骚:1808 年。

5. 普鲁士:弗里德里希·威廉一世[7]从 1717 年开始废除其领地的农奴制度。众所周知,《弗里德里希大帝法典》声称,已在整个王国废除农奴制度,但实际上,只是废除了最残酷的农奴制度(真正意义上的奴役),而保留了比较温和的农奴制度(世袭臣服的奴役)。直至 1809 年,才完全取消农奴制度。

6. 巴伐利亚:农奴制度消失于 1808 年。

7. 拿破仑于 1808 年在马德里签署法令,废除伯格大公爵领地以及爱尔福特、拜罗伊特等诸多小领地的农奴制度。

8. 威斯特伐里亚王国:1808 年至 1809 年废除农奴制度。

9. 利普—德特莫尔德公国:1809 年。

10. 绍恩堡—利普:1810 年。

11. 瑞典波美拉尼亚:从 1810 年开始废除农奴制度。

12. 海塞—达姆施塔特:从 1809 年以及 1811 年起开始废除农奴制度。

13. 符腾堡:1817 年。

14. 梅克伦堡:1820 年。

15. 奥尔登堡:1814 年。

16. 萨克森、卢萨蒂亚:1832 年。

17. 霍亨索伦—锡格马林根:仅于 1833 年废除农奴制度。

---

〔7〕 弗里德里希·威廉一世(1688 年—1740 年),德意志普鲁士国王兼勃兰登堡选帝侯(1713 年—1740 年在位),绰号“军曹国王”,系弗里德里希大帝之父。——译注

18. 奥地利:1811 年。1782 年,约瑟夫二世[8]废除了最残酷的农奴制度(真正意义上的奴役),而比较温和的农奴制度(世袭臣服的奴役)一直保留至1811 年。

德国目前有些地区,如勃兰登堡、古普鲁士、西里西亚等,最初的居民是斯拉夫人,后来被日耳曼人征服、占领。这些地区的农奴制度,均比德意志地区严酷,而且直至 18 世纪末期,仍然保留显著的农奴制特点。

注释六

(第二编第一章第四自然段)

《弗里德里希大帝法典》

在弗里德里希大帝的诸多功绩中,最不为人所知的——甚至在其本国也是如此——以及最不显赫的,就是其下令起草并由其继位者颁布的法典。我不知道还有哪项功绩更能说明弗里德里希大帝本人及其时代,更能充分显示两者的相互影响。

就人们赋予"宪法"一词的含义而言,这部法典堪称一部真正的宪法。它的宗旨,不仅调整公民之间的关系,而且还调整公民与国家的关系;它既是一部民法典,又是一部刑法典,还是一部宪章。

它依据的,或者仿佛依据的,是极其富有哲理、极其抽象的普世原则。这些普世原则,在诸多方面类似于 1791 年宪法中的《人权宣言》规定的原则。

法典宣告:国家及其居民的福祉,是建设社会的目的,是法律

---

[8] 约瑟夫二世(1741 年—1790 年),奥地利哈布斯堡—洛林皇朝的神圣罗马帝国皇帝(1765 年—1790 年在位)。他以施行开明专制著称,在国内推行一系列激进改革措施,包括废除农奴制,建立统一的国家机构,剥夺帝国境内各天主教主教世俗权力,阻止教皇干预帝国事务等。——译注

的边界;唯有为了公共利益,法律才能限制公民的自由和权利;国家的每个成员均应根据其地位与财产为公共利益而工作,个人权利应当服从公共利益。

法典只字未提君王、王室的继承权问题,甚至连与国家权利不一致的个人权利也未提及。国家这个词,已被人们用来特指王权。

相反,法典阐述了普世人权:普世人权的基础,是谋求自身利益而不损害他人权利的天赋自由。凡是未被自然法或者国家制定法禁止的行为,都是允许的。每一个国家居民都有权要求国家保卫其人身和财产;倘若国家不提供帮助,个人就有权采取武力进行自卫。

在阐述上述重大原则之后,立法者并未像1791年宪法那样,确立人民主权的信条以及自由社会的民主政府组织,而是突然笔锋一转,得出有民主但无自由的规定:立法者认为,主权者乃国家的唯一代表,并把刚刚阐述的社会所拥有的一切权利都赋予主权者。根据该法典的规定,主权者不再是上帝的代表,而只是社会的代表、代理人、奴仆,诚如所有署名弗里德里希的著述所作的如下论述一样:唯有他,才能代表社会;一切权力,都由他行使。法典序言写道:国家元首,负有为全社会谋利——社会的唯一目的——的义务;为此,他有权指挥和控制一切人的行动。

我发现,这位全能的社会代理人的主要义务,有如下几种:对内,维护社会安全与稳定,保障每一个人不受暴力侵犯;对外,缔结和约与宣战;唯有他才有权制定颁布法律,制定普遍适用的社会管理制度;唯有他才有权宣布赦免、撤销刑事犯罪。

为了维护公共安全和社会稳定,国内现存的一切组织、一切公共机构,均受国家元首的领导与监督。为了国家元首能够履行上述职责,他得拥有一定收入和权力,因此,国家元首有权根据个人身份、职业、财产、经营、生产或者消费状况,征收捐税。国家公职人员履行职权时,以国家元首名义发布的命令,就如同元首本人亲自下达的命令一样,应当得到遵守执行。

在这颗完全现代化的头颅下,我们即将看到的,是一具完全哥特式的躯体。弗里德里希只不过是撤除了该躯体身上可能妨碍他自身权力运转的东西。整部法典所打造的,仿佛是从一种创造物向另一种创造物过渡的庞然大物。在这一奇怪的创造物中,弗里德里希展示的对逻辑的轻蔑程度,正如其对权力的关切程度一样,并证明,他不愿攻击尚有自卫能力的东西,以免给自己造成无谓的困难。

农村居民,除某些地区和某些地方外,尚处于世袭奴役之下。这种世袭奴役,不限于与徭役以及与占有一定土地相联系的劳役,而且还扩展到占有者的人身——我们已明白这一点。

法典再次确认了土地所有者的大部分特权,甚至可以说,确认那些特权,是违背法典规定的:法典明文规定,在地方惯例与新立法存在冲突的情形下,应以新法规定为准。法典庄严宣告,国家不得废除任何此类特权,但是,通过赎购或者司法程序予以取消的除外。

法典确实规定废除真正意义上的奴役,因为那是一种人身奴役,但是,取而代之的世袭臣服,如人们阅读该法典就可以得出的结论一样,仍然是一种奴役。

这部法典,费尽心思区分资产阶层与农民阶层,并在资产阶层和贵族阶层之间,单列一种中间阶层,那就是由教士、非贵族阶层出身的官员以及高等院校和中小学教师组成的阶层。

不同于中间阶层的资产阶层,也与贵族阶层不同,他们地位低下。一般而言,他们不能购买贵族地产,也不能在政府部门中担任显要官职;他们也不享有觐见资格,就是说,他们不能出现于宫廷,罕见情形除外,但是,其家庭成员是绝对不能同往宫廷的。像在法国一样,这一资产阶层越来越有教养、影响越来越大,从这一资产阶层出身的国家官员,即使不能占据最显赫的官职,也已经占据了那些最繁重最有作为的官职,所以,如此低下的地位,就让他们越来越感觉受到伤害。仇视贵族特权的怒火,在法国大大推动了大革命,而在德国则酿成了对法国大革命的最初喝彩。虽然法典的主要编纂者属于资产阶层,但是,他无疑是遵循其主子命令而编纂法典的。

在德意志的普鲁士地区,古老的欧洲政体尚未完全衰落。虽然弗里德里希蔑视如此政体,但是,他认为,要完全扫除那些政体残余,尚需时日。一般来说,他只限于剥夺作为整体的贵族参加会议和加入政府的权利,但并未取消贵族个人享有的特权;他限制调整的只是某些权利的实际运用。可是,到最后,这部依据法国哲学家弟子的命令拟订并在法国大革命爆发后付诸实施的法典,却成为最真实、最现代的立法文件。这一立法文件,为受法国大革命的影响而即将在全欧洲废除的封建不平等奠定了法律基础。

法典宣告,贵族阶层是国家的主要阶层,并明文规定:应优先任命贵族中有能力者担任一切荣誉职位;唯有贵族,才能拥有贵族财产,才能创立限嗣继承财产,才能享有贵族世袭的狩猎权、司法权以及教会资助权;唯有贵族,才能以自己姓名命名其自身所拥有的土地。因特例而允许拥有贵族财产的资产阶层,只能在所允许的严格范围内,享有所拥有财产所赋予的权利和荣誉。资产阶层即使成为贵族财产的拥有者,也不能将贵族财产留给资产阶层继承人,但是,继承人属第一顺序继承人的除外;在没有第一顺序继承人或者其他贵族继承人的情形下,在去世后,其财产必须拍卖。

《弗里德里希大帝法典》的最大特色之一,就是附录中有关政治犯的刑事政策规定。

弗里德里希大帝的继位者弗里德里希·威廉二世[9],无视法典中存在我刚才阐述的封建专制制度,而认为其叔父的这部法典是具有革命倾向的,所以,一直拖至1794年才颁布。据说,他后来之所以放心,是由于他认为那些出色的刑法条文可以纠正法典所含有的有害原则。确实,人们以前从来没有见过而且自此以后也从来没有见过,有比它规定得更全面的刑法。该法典规定,不仅叛乱与密谋要处以最严厉的刑罚,而且批评政府法令时不敬,也要严厉处罚;严禁购买、传播危险著述,印刷、出版、发行人都要对作者的行为负责;舞会、化装舞会和其他娱乐活动,都视为公开集会,必须得到警方批准,在公共场合聚餐亦然;出版、言论自由,受到严格而专横的监督;禁止携带武器。

最后,这部有大半内容取自中世纪的法典,似乎无处不体现出,其极端的中央集权精神类似于社会主义精神。例如,法典宣称:凡无力维持生活、无权取得领主赈济和社区赈济者,其衣食、工作、工资均由国家负责解决;必须保证这些人从事有力所能及的工作。国家必须设立拯救贫困市民的机构。此外,国家有权取消那些鼓励好吃懒做的基金,并将这些基金的金钱分发给穷人。

理论上大胆创新,实践上谨小慎微,是《弗里德里希大帝法典》处处可见的特点。一方面,它宣称,现代社会的一大原则,就是人人必须平等纳税;另一方面,它却允许那些允许免除捐税的各省法

〔9〕 弗里德里希·威廉二世(1744年—1797年),又译为"腓特烈·威廉二世",普鲁士国王(1786年—1797年在位),弗里德里希·威廉一世之孙,弗里德里希大帝之侄。1789年法国大革命爆发后,他与神圣罗马帝国皇帝利奥波德二世同为最顽固的反对法国大革命的欧洲君主。1791年,他们在皮尔尼茨会晤,发表皮尔尼茨宣言,宣称要以武力对待法国大革命。——译注

律继续存在。法典规定,臣民与君主的争讼,应按处理所有其他诉讼的程序和规定进行裁决,但实际上,当此规定违忤国王利益或者感情时,就永远不可能予以执行。一方面,大肆宣扬有关桑苏西堡磨坊的国王守法故事[10];另一方面,国王却在诸多场合不声不响地破坏法律。

这部法典看似有诸多革新之处,实质上几乎无甚革新。倘若

---

〔10〕 桑苏西堡,又译为“桑苏西宫”或者“无忧宫”,位于柏林附近的波茨坦。普鲁士国王弗里德里希·威廉一世登基后,波茨坦发展迅速而需要兴建磨坊。1736 年,他批准磨坊主约翰·威廉·加运利兹在波茨坦加伦山上修建风力磨坊。1737 年,磨坊建成并投入运营。弗里德里希大帝继位之后,下令在该磨坊旁边兴建桑苏西宫。建成后的桑苏西宫致使该磨坊风力大大减弱。磨坊主加运利兹以“通风权”为依据,与弗里德里希大帝发生了一场著名的法律争端。影响深远的“德国磨坊主告国王”的传奇故事,就此展开。1746 年 6 月 4 日,弗里德里希大帝令波茨坦“战争与领地法院”审理该案,并附亲笔信说:“由于无忧宫……确实导致加运利兹的磨坊因为风少而必须停工、还要年年交租……”实际上,就是弗里德里希向法院认可并批准加运利兹的如下诉求:“要不就减免租金,要不就由国王承担费用,在其他合适的地方建一个新磨坊。”此后,加运利兹加倍利用国王的大度,自己经营那个由国王出钱兴建的新磨坊,而将无忧宫旁边那座风力微弱的旧磨坊卖给卡勒茨。卡勒茨在十年后又把磨坊转卖给科格。1781 年,科格也以“通风权”受损为由将弗里德里希大帝告上法庭,并赢得诉讼:“国王承认其权利并从 1781 年起豁免其租金。”1787 年,普鲁士国王弗里德里希·威廉二世下令拆除那座即将倒塌的老磨坊,自掏腰包重建一座荷兰式风磨,并继续出租给磨坊主科格经营。这就是今天游客见到的那座“无忧宫花园里的老磨坊”。从弗里德里希·威廉二世执政始,一个关于“德国国王因不堪忍受大风车的嘎嘎吵声而派兵野蛮拆迁老磨坊,而磨坊主则通过司法途径告倒国王”的故事传说,突然开始悄悄流传。据现代德国学者考证:这个故事传说,第一次出现在公众面前,是在 1787 年。其最早文本,不是德语而是法语,出自匿名作家撰写的“Vie de Frederic”(《弗里德里希传》)传记中。这个传说故事很快出现德文版本,“出口转内销”回到其发源地德国,而且添油加醋增加了诸多内容。1821 年,第三任磨坊主科格的遗孀想把它卖给其邻居普鲁士国王弗里德里希·威廉三世,但遭后者拒绝。1840 年,普鲁士国王弗里德里希·威廉四世主动买下老磨坊,并修葺一新,使之成为无忧宫的组成部分。至此,波茨坦地区当年的四十多座大风车磨坊,唯有这一座得以幸存。而从这一系列事件中,渐渐地又产生出了另一段传说:德国皇帝写信给磨坊主,并随信赠他 6000 大元,希望他能好好保存那座老磨坊,并为德国保存那一种法治精神的动人故事。1871 年,第一次统一德意志全境的德国第一位皇帝威廉一世,宣布这座老磨坊为“历史磨坊”,并把它作为一个炫耀历代德国帝王的文治武功、鼓吹狂热的“日耳曼民族优越论”和忠君主义、爱国主义的教育基地,免费开放给公众参观。从此,这座老磨坊的传说,就一代又一代地流传。关于上述传说的真伪考据问题,可参见财新网文章:《大风车传说:“老磨坊真相”背后的真相》,载 http://reading. caing. com/101991/102010. html。——译注

为了18世纪末德意志普鲁士地区的社会真实状况,而去研究这部法典,岂非咄咄怪事!事实上,当时的普鲁士民族似乎对法典的颁布毫无察觉,而且在当时,只有法学家才会去研究它。如今大多数有识之士都没有看过这部法典。

注释七

(第二编第一章第十三自然段)

德意志农民的土地

人们发现,有些农民,不但是拥有土地的自由民,而且其土地系永久的限嗣继承土地[11]。如此农民拥有的土地,是不可分割的,而且就像某些英国习俗一样,通常只能由最小的那个儿子继承。最小儿子继承该土地时,只需向其兄弟姐妹支付一笔用作婚嫁的金钱。

在整个德意志,或多或少地存在农民拥有的可继承性地产,因为显然并非所有地产都被封建制度吞噬。在西里西亚,在大多数村庄,贵族直至如今都拥有大量土地,但是,较少碰到由居民完全拥有自由保有土地的村庄。在德意志某些地区,例如蒂罗尔、弗里西亚,农民拥有的主要是可继承性土地。

但是,在大多数德意志地区,上述土地产权或多或少都属于例外情形。即使有的村庄存在上述土地产权,拥有如此土地产权的小地主,代表的是农民中的某种贵族而已。

---

〔11〕 关于限嗣继承土地、可继承性土地、自由保有土地等封建土地所有权形式,可进一步参见《不动产》(法律出版社2005年10月,第1版,罗杰·H.伯恩哈特等著,钟书峰译)。——译注

注释八

(第二编第一章第十四自然段)

莱茵河沿岸地区的贵族地位以及土地分割状况

例如,从科隆选帝侯领地获取的资料信息以及从该地生活于旧王朝的人民状况来看,可以说明如下情形:有诸多村庄没有贵族而由王权代理人进行统治;在有贵族的村庄,贵族统治权也非常有限;贵族地位的炫耀性大于权力性,至少对于个人而言是如此;贵族拥有诸多荣誉,占据统治者角色,但是,对于人民,并不拥有真正的或者直接的权力。我还越来越确信,在这个选帝侯领地,土地所有权已被分割得支离破碎,有大批农民成了土地所有人。这尤其要归功于有大量贵族家庭长期处于赤贫或者半赤贫状态。经济困境和需求迫使他们出售土地,而农民趁机就以地租或者现金形式购取上述土地。我有一份18世纪初期科隆主教区的人口统计表,在那时,科隆土地状况已有列表统计。我发现,从那时起,有三分之一的土地属于农民。从如此状况产生的思想、观点,与德意志其他不存在如此情形的地区相比,非常接近于革命的状态。

注释九

(第二编第一章第十五自然段)

调整贷款利息的法律如何加速土地分割

至18世纪末期,禁止收取利息——无论利率是多少——的法律仍然有效。蒂尔戈告诉我们,即使在1769年,在诸多地方仍然如此。他说,这种法律尽管经常遭到侵犯,但是仍然如此规定。领地法院法官允许出借本金而收取利息,而普通法院法官则会对收取利息的行为定罪处罚。我们仍然可以发现,有违约债务人,以出借本金而收取利息为由,对债权人提起刑事诉讼。

如此法律规定,除对正常的工业贸易发生相当大影响外,对于土地分割以及佃户的状况也具有巨大影响。包括地租以及其他租金在内的永久租金,无休无止地成倍增长。如此立法,导致旧地主在急需借款时,只有从拥有的土地中划出小块土地出售,以收取一笔现金或者永久租金。如此做法,一方面导致土地的分割,另一方面以永久债务的形式加重了小地主的负担。

注释十

(第二编第一章第二十八自然段)

在大革命爆发的十年前什一税早已激起强烈不满的实例

1779 年,吕克镇的小律师以极其不满的口吻抱怨,教士以及其他什一税的主要征收人,以高得离谱的价格把稻草回售给农民。这种稻草,是农民以什一税的形式上交给他们的,而且是农民耕作土地极其需要的肥料。上述抱怨,已经带有大革命的气息。

注释十一

(第二编第一章第二十八自然段)

教士挥舞特权而脱离人民的实例

1780 年,拉瓦尔修道院的院长与修士抱怨,他们的生活资料要纳税,修缮修道院的建筑材料也要纳税。他们声称,该税等同于什一税,他们享有免缴什一税的特权,因此,他们不必缴纳该税。大臣告诉他们,可以向地方当局投诉,并可以向税务法庭起诉。

注释十二

（第二编第一章第二十九自然段）

教士拥有的封建权利——无数实例之一

瑟堡修道院（1753年）

那时的瑟堡修道院，在瑟堡周围的各教区拥有以现金或者实物支付租金的领地，而且在一个教区就拥有三百零六蒲式耳小麦的实物租金。它拥有圣热纳维耶夫男爵领地、巴斯杜劳莱男爵领地兼领地磨坊、纳维尔奥普莱恩男爵领地，它们之间的位置相距至少有十里格远。该修道院还有权向半岛上的十二个彼此相隔很远的教区征收什一税。

注释十三

（第二编第一章倒数第二自然段）

封建特权尤其是教士拥有的封建特权给农民造成的困苦感受

就在大革命发生前，有位农民致信省督。这封信所说的事实是否权威可靠，无法确定，但是，倒完全可以说明写信人所属阶层的心理感受：

"虽然我们这个地区没有几位贵族，"他写道，"但是，并不能得出结论说，土地上的税赋不重。恰恰相反，这里几乎所有的采邑，都由天主教会、大主教区、圣马丁集体寄宿教会、努瓦尔穆捷班尼迪克定派教会、圣于连班尼迪克定派教会或者其他教派教士所拥有。这些教派或者神职人员，从不减少任何赋税，而且不断拿出只有上帝才知道是谁捣鼓出的蒙上了灰尘的羊皮纸文件！

"整个地区无处不充斥着税赋负担。大多数土地每年每亩要上交七分之一产量的小麦，其余的要上交葡萄酒。有的人要上交十分之一的产物给领主，有的人要上交五分之一的产物给领主，如此等等。无论如何，首先要上交什一税——有时是十二分之一，有时是十三分之一。所有的封建负担都不同寻常，我知道，从占土地出产的四分之一到十四分之一的情况都有。

“租赋有金钱、谷物、蔬菜、徭役、木材、家禽、水果以及蜡烛，如此之多的横征暴敛，我们会怎么想？我听说还有更奇怪的租赋：面包、蜡、鸡蛋、无头猪、一束束玫瑰、一捆捆紫罗兰、镀金马鞍等。此外，还有数不胜数的各种领地税赋。为什么法兰西不取消如此之多的税赋？最后，我们盼望充满智慧的政府会解决一切问题。政府会伸手帮助因满足叫作封建特权的、贪得无厌的捐税需求而导致赤贫的人们。那些封建税赋特权，我们是永远没有资格通过买卖转让而予以清除的。

“对于售地金这种专横的税赋，我们会怎么想？人们花尽积蓄购买土地，到取得土地时还要支付大笔费用，评估费、契税、印花税、登记费等多如牛毛。除此之外，他还得将契据提交领主，并向其支付售地金，数额以购买价款为基数计算——有的要付十二分之一，有的要付十分之一，有的要付五分之一，有的要付二十五分之一。我甚至了解到，有的要付价款三分之一的售地金，有的要付与购买土地金额一样的售地金。世界上最凶残最野蛮的国家，也不会像我们的横征暴敛者那样，发明如此之多的苛捐杂税，并说这是我们祖先定下的规矩（如此充满文学和思辨色彩的辞藻，简直令人难以相信是出自农民之手）。

“什么?！刚刚逝世的国王恩准补偿城镇的已被继承土地的基本租金，但这并不包括农村已被继承的土地？对于农村的，他也得开始这么处理啊。他为什么不允许贫穷农民打碎身上的锁链？为什么不允许他们挣脱领主的捐税负担？为什么不允许他们免缴造成如此巨大伤害的地租？城市与农村在返租问题上应当没有什么区别，在领主群体与个人之间也应当没有什么区别。

“教会土地持有人的管理人，每当所有人变换时，都要向农民索要财物。最近就发生如此事情。我们的新大主教的管理人一到任就宣布，其前任德·富勒里先生的佃户都要清理；与其前任签订的租约都无效；不愿双倍加租者或者不愿支付比付给德·富勒里更多贿赂款的佃户，都予以扫地出门。就这样，取消了佃户七、八年的仍然具有法律效力的租约。更要命的是，强迫他们在圣诞夜就立即退租。在一年的这个重要时刻，他们哪里去找住处啊。普鲁士国王所作所为最坏的莫过于此。”

事实上，就教会财产而言，似乎前手什一税持有人的租约不能给继受人设立任何负担。写信人注意到城市的封建负担可以赎回而农村的不能时，说明了如下早已证明的事实：抛弃农民的事实以及地位高于农民之人逃避负担的方式。

任何长期占统治地位的制度，在其应然发挥影响的领域确立其地位后，都会超越其应然调整的领域，最终对法律没有规定由其调整的领域发挥巨大影响。封建主义制度，最初属于政治制度范畴，后来改造了社会制度，并从根本上改变了人类地位以及个人生活领域的财产状况。它通过以不平等的方式分割遗产，对继承施加影响，其确立的原则不再限于某个省份而是适用于资产阶级本身，如诺曼底的情形。人们也许会说，它控制了一切地产，因为几乎没有任何土地是完全不受其控制，或者完全没有任何土地的所有人不会感受到其效力。它不但影响到个人财产，而且影响到城市财产。它通过征收有关费用，影响着工业；通过不平等的税收影响人们的收入，而且普遍影响各行各业的人们的经济状况；通过税费、徭役等影响地主的状况；通过无数途径对农民施加影响，尤其是通过土地捐税、售地金以及专营税收等对农民施加影响；通过征收市场税费对商人施加影响；通过收取过路费，对贸易从业人员施加影响，如此等等，不一而足。人们会说，在摧毁封建制度的过程，大革命让人人都有所感觉，才让人人都能看见大革命。

注释十四

（第二编第二章倒数第四自然段）

政府慈善——徇私笼络人心的手段

1748 年，是 18 世纪饥荒与灾难最多的一年，国王为此拨出 2 万里佛稻谷。图尔大主教声称，在他的主教区，必须通过他才能获得帮助，唯有他才能分配国王划拨的救济物资。省督也宣布，这个资助是面向全行省的，而且必须由他分配给各教区。在经过漫长的扯皮后，为达成妥协，国王双倍划拨稻谷给图尔行省，由大主教和省督各自分配其中的一半。然而，他们两人都认为，应由教区教士进行分配，而且分配之事与领主或者行会理事无关。从财政总监与省督的往来通信中，可以看出，按照省督的说法，大主教只想把稻谷分配给其宠信之人，尤其是把大部分稻谷分配给罗什舒瓦尔公爵夫人。此外，在那一大堆通信中，有显要贵族要求特殊对待其教区的信件，有财政总监要求特别关照某个教区的信件。

在中央政府行政不透明而向遥远之地发出指示的情形下，无论处在什么制度之下，政府慈善都难以落到实处，都会产生弊端。

注释十五

（第二编第二章倒数第四自然段）

政府慈善款物划拨实例

在一份于1780年呈报给上吉耶纳省三级会议的报告中，可以读到如下文字：“从1773年（慈善资金成立当年）至1779年（包括在内），陛下已向本地区划拨总计385,000里佛。仅省督所在地蒙托邦选举区就获得了超过240,000里佛的慈善救济款物，可见大部分救济款物都花在蒙托邦。”

注释十六

（第二编第二章倒数第二自然段）

省督管控工业的权力

省督辖区档案有诸多与管理工业有关的档案。

工业不但要受行省政府机构、行会等设置的障碍的约束，更多的是还要常常受国务委员会的规章制度以及省督的特别指示的困扰。省督就布匹的长度、选用的材料、采用的工艺、如何避免生产环节出错等，没完没了地指手画脚。除省督代理人外，他们还要接受地方工业监督官员的管理。其时的中央政府在这方面插手的程度远超如今，而且比如今更专横，更是瞎指挥。中央政府生产出无数官员，从而迫使人们要服从无数人的指挥，要养成顺从无数官员的习惯。

请记住，更多沾染这些习惯的，是资产阶层（即将胜利并掌权的工商贸易从业者），而不是即将被打倒的阶层。因此，大革命注定会传播如此习惯，注定会让他们的权力更大而不是摧毁他们。

上述所有结论,都是从阅读题为“工厂、作坊、制衣、制约行业”的无数信件与档案资料中得出的。其实,法兰西岛省辖区的档案文件中就有类似言论。在上述档案文件中,可以看到诸多由监督官向省督详细报告其检查工厂执行有关规定的情况。此外,还可以找到御前会议要求省督禁止或者批准生产某种布匹的法令,建议省督要求工厂使用某种纤维、采用某地布匹或者使用某种工艺的指示。

上述检查工厂的监督官言论的主要特色,是国家有权利也有义务,强制工厂做出不仅有利于公共福祉而且有利于个人利益的行为。其结果是,监督官们感觉自己有义务促使工厂采用最好的生产方法、插手其经营细节。他们给所有的行为涂上了一层厚厚的暴力色彩以及严厉处罚的特色。

注释十七

(第二编第三章第四自然段)

路易十一政府的精神

最能体现路易十一政府精神的,就是他颁布的适用于城镇的无数规章制度。我有幸详细研究了国王为安茹、曼恩、都兰等地的诸多城镇制定颁布的制度。

所有那些制度,几乎都是在一个模子的基础上建立的,而且完全可以看出都出自同样的规划。这些东西,所呈现的是有点不同于我们所了解的路易十一的画像。

注释十八

（第二编第三章第四自然段）

一个 18 世纪的城市政府

我抽取了与昂热有关的于 1764 年就城镇管理进行的调查问卷卷宗。我发现，省督及其代理人、城市委员会及其省督法院等都在分析、抨击这个城市的制度或者为其辩护。由于这个城市的样本反映了其他诸多城市的状况，就必须看看这个并非独一无二的画像中的描述。

《省督法院关于昂热城市体制现状及其改革的呈报》：

“昂热城市委员会几乎从未向广大市民咨询过意见，即使最重要的工程也没有，除非有专门法令强制征询市民意见。不属于城市委员会成员之人，根本不知道其政务活动，即使高级城市官员也只了解一点皮毛（实际上，那一小撮资产阶层寡头分子的倾向是，能不咨询人民大众的意见，就不咨询）。”

根据 1681 年 3 月 29 日的法令，城市委员会由二十一名官员组成，他们是：

市长，授予贵族称号，任期四年；

四个临时城市官员，任期两年；

十二个助理城市官员，一旦当选任期终身；

两个城市检察官；

一个律师；

一个法院书记员。

上述人员拥有诸多特权：他们负担的人头税数额最少；他们可以享有免除为军队提供住宿、军需用品或者纳税的义务；省督法院说，他们享有免税特权，享有免除其他负担的特权，享有免缴消费税特权,甚至享有获得免费礼物的特权。除此以外,他们享有蜡烛费,有些人可以领取薪水、享有免费食宿。

从上述事实细节不难看出,担任那时的昂热城市终身官员是肥缺。注意,这种制度无处不是让最富有者可以享有免税特权。在上述报告中,我们还进一步发现:“这些职位,都是有当地最富有者购买的。他们购买官职,打的如意算盘就是可以大大减少应缴纳的人头税,其结果是导致额外增加其他居民的负担。目前,有几位城市官员本应缴纳250 里佛至300 里佛的人头税,结果在购买官职后只需缴纳30 里佛。其实,倘若按照拥有的财富,他们中的任何一个人都要至少缴纳1000 里佛的人头税。”我们在这份报告的另一处发现:“在最富有的市民中,我们遇到的有四十位官员或者官员遗孀,由于担任官职的缘故而享有免缴该城市确定的相当大数额的人头税的特权。他们免缴的数额,就转移到无数穷困潦倒的生意人身上。这些生意人认为,他们自己负担的人头税过多,经常抱怨他们自己做出了太大的贡献。如此抱怨是没有道理的,因为在其他城市,人头税的负担也不是公平分配的。”

市三级会议由七十六个人组成,他们是:

市长;

两个天主教代表;

一个来自教士的理事;

两个来自省督法院的代表;

一个来自大学的代表;

一个骑警队中将;

四个城市官员;

十二个终身任职的城市官员;

一个王室派驻省督法院的检察官;

一个市属检察官；

两个来自森林河流管理局的代表；

两个来自选区的代表；

两个来自盐场的代表；

两个来自包税官的代表；

两个来自造币厂的代表；

两个来自法律顾问团体的代表；

两个来自城市法官的代表；

两个来自律师的代表；

两个来自贸易行会的代表；

最后是十六个教区各派出的两个代表。

人们认为，这个代表名单，可以很好地代表人民，尤其是行业行会。从中可以看出，这一代表名单，设计初衷就是要让各方面的代表都不会独大，都不可能占多数。

每当城市委员会出现空缺时，市三级会议就为每个空缺职位提名三个候选人。

城市委员会的多数职位，就如我观察到的其他城市机构一样，都不是固定分配给某个岗位的。也就是说，选举人选定的不是治安官或者律师顾问诸如此类的官职。省督法院认为，如此做法非常不好。

在省督法院看来——它似乎是最忌妒城市委员会，而且我强烈怀疑，它反对的其实是它自身在城市机构中并不享有多少特权——“议会组成人员过多，而且有部分是没有文化之人。议会只应讨论城市财产的处置问题、贷款问题、税赋问题以及城市官员的选举问题。其他问题，应当由规模更小的由贵族组成的议会讨论。能够成为这种议会成员的，唯有塞尼斯查尔西的中尉、王室检察官以及从六个团体中选举的其他十二个贵族——教会、司法、贵族、大学、商人、资产阶层——其余的,则不属于这些团体。贵族的选择权,首先应赋予市三级会议;其次,属于贵族本身组成的议会或者应选出贵族的那些团体。”

所有上述国家官员,即拥有官职或者贵族头衔而进入城市政府的人员,与我们如今的官员都相似。但是,在地位方面,却有很大不同。倘若希望避免出错,在这点上我们必须小心。几乎所有上述官员,在购买官职之前都是贵族,或者都是为了成为贵族而极力挤进官场的。他们并没有离开所在城市的打算,也没有升职的任何愿望。这些就是他们与当今官员的不同之处。

《城市官员的呈报》:

从这份呈报我们得知,城市委员会是路易十一在废除从前的城市民主体制后所建立的,而且这种城市委员会往往是遵循上面所阐述的制度而建立的,也就是说,限制大部分政治权力只落入资产阶级手中;弱化或者铲除平民百姓的作用;为了以改革的名义吸收更多社会成员,拥有大量的城市官员;把大量的贵族头衔以及种种特权赋予领导城市工作的资产阶层。

在上述呈报中,发现了路易十一的继任人签发的授权令状。他在仍然限制下层平民百姓的权力的同时,承认这种新机构。我们得知,查理八世[12]于1485年签发的这种授权令状受到昂热高等法院的抨击。这就如英国一样,与城市令状有关的诉讼提交普通法法院审理。在1601年,高等法院再次签发法令,确立王室令状所赋予的政治权利。自此以后,只有御前会议才拥有如此权力。

这份呈报对于市长和其他官员的影响,就是根据1708年6月

---

〔12〕 查理八世(1470年—1498年),系法国瓦卢瓦王朝嫡系的最后一位国王(1483年—1498年在位)。——译注

22 日城市委员会的决定，由三级会议提出三个候选人供国王作出选择。另一个影响就是，根据 1733 年和 1741 年城市委员会的决定，商人有权担任城市官员（常设职位）。最后，我们发现，那时的城市委员会要负责人头税的分派，要负责军队的装备、食宿，救济穷人、流浪人员。

城市官员要承担的职责可以列一个长长的清单。这些职责，进一步扩大了他们的特权、巩固了他们的地位。可以看出，他们很怕失去这些特权和地位。他们为其工作给出的理由非常有趣，例如，该呈报说："最基本的工作，就是考虑监管不断增多的经济问题，因为资助费用、盐税、印花税、登记税以及非法收取的登记费以及土地自由保有费的行为在增多。由各种税费引起的没完没了的纠纷，迫使他们要代表城市到不同的法院应诉，从高等法院到御前会议，以答辩支持遭到起诉的城市政府行为。三十年的公共服务经验让他们明白，一个人的一生几乎难以抵挡包税官的代理人为获取中介费而不断给居民设下的种种陷阱。"

奇怪的是，竟然有人写信告诉财政总监本人上述事情，试图说服他保留写信人拥有的特权，而且养成了如下根深蒂固的习惯，认为负责征收捐税的部门就是敌人，人人都可以予以抨击，并认为这种抨击，不会遭到任何人的反对。最后，这种习惯，传播范围越来越广，逐渐变得越来越强烈，巩固了财政税收部门是不值得信任的、是臭名昭著的暴君的看法，它们不是哪一个省督代理人而是所有人的敌人。

那份呈报还说："根据 1694 年 12 月 4 日的御前会议法令，以 22,000 里佛的代价，首先把所有官职都并入城市委员会。"这表明，那年的官职补偿金总数就是那个数额。根据 1723 年 4 月 26 日的法令，由 1722 年 5 月 26 日法令设立的该城市官员职位，也并入城市委员会。换句话说,是允许城市赎回那些官职。根据 1723 年 5 月 26 日的法令,允许该城市借款 120,000 里佛,赎回上述官职。1728 年 7 月 26 日的法令,准许其借款 50,000 里佛赎回该城市办事员官职。那份呈报说:“为保留自由选举的权利,为允许某些所选官员享有为期两年的以及其他所选官员享有终身的与其职位有关的特权,城市已经付钱。”在有些城市官职已被 1733 年 11 月的敕令设立的情形下,根据市长和终身城市官员的请求,御前会议于 1751 年 1 月 11 日颁布法令,强行命令赎回金额为 170,000 里佛。支付这笔赎回款后,国王允许停止收取入城费十五年。

上述情形可以很好说明旧王朝涉及城市的行政管理活动。先强迫它们负债,而后授权它们可以增加赋税以还债。此外,允许那些税赋成为永久税赋,而后政府要求分成,就如我在别处已谈及的一样。

呈报进一步说:“只通过设立王室法院,就把路易十一赐予城市官员的巨大司法权剥夺了。”直至 1669 年,他们还对雇主与工人的纠纷享有司法管辖权。城市收费账目,根据设立或者批准续期该收费的法令,应向省督报告。

从该呈报同样可以看出,前文提及的、出席三级会议的、来自十六个教区的代表,是由行业、协会或者社区选举的,绝对代表选派他们的小团体,在每项事务上都要听从该小团体的命令。

最后,呈报揭示,在昂热,就如在其他地方一样,每一项开支,都要由省督以及城市委员会批准。我们必须承认,无论何时把城市管理权赋予少数几个人,并赋予他们特权以代替薪水,免除他们因对市民实施行政管理而导致的个人责任,中央政府在必要时都会出现。整个呈报,其实撰写得很差,但揭示了城市官员极其担心现状会有任何改变。他们列举的每一项好坏理由,都旨在维护现状。

《省督下属代理人的呈报》:

省督收到上述两份互相矛盾的呈报,因此,想征询其下属代理人的意见,而下属代理人给出了意见。

“城市官员的呈报意见不值得注意。其目的只是想证明其特权的正当性。省督法院的呈报比较有用,可以参考,但是,没有理由赋予其想要的特权。”

下属代理人认为,城市行政机构早就需要进行改革。除我们已经知道的而且是城市官员拥有的特权外,他告诉我们,市长在任期内,除有50法郎的薪水、100法郎的开支费用外,至少还享有600法郎的房租补贴。城市检察官如城市办事员一样,也享有住房。为了获得免缴税费特权,城市官员各自给自己设立了一笔消费资金。每人每年都可以免费入城,可以免费获得整桶整桶的葡萄酒以及其他财物。

下属代理人没有建议取消城市官员的免税权,但建议将他们的人头税,由固定而不足额的缴纳,改为每年由省督规定应如何缴纳、缴纳多少。他希望,这些官员也像其他人一样作出贡献,因为他们的免税权是没有先例的。

下属代理人的呈报又说,城市官员负责编制人头税征税清单,但这项工作做得马虎草率而且肆意妄为。因此,每年省督都收到无数投诉抱怨。从此以后,这一部分工作,最好由每个行会或者社区按照普遍公认而且确定的方式予以确定。只由城市官员负责编制资产阶层以及不属于任何团体之人如商人、特权阶层奴仆的人头税清单。

下属代理人的呈报也确认了城市官员所陈述的事实,即1735年城市已以170,000里佛赎回城市官员职位。

《省督写给财政总监的信》:

根据上述文件,省督给财政总监写信说:"减少城市官员数量,对于市民以及公共利益很重要。城市官员数量过多,而且他们享有特权,已成为公众的极大负担。"

省督继续说:"我很震惊,昂热在各个时期为赎回城市官职而付出了如此巨大的金钱数额。倘若把赎回官职的总数额用于有益用途,会大大有利于该市,而不是成为该市的沉重负担,并变成那些官员的特权。"

省督继续说:"管理部门内部的滥权行为,值得御前会议充分注意。除各种费用以及每年高达 2127 里佛的蜡烛费(这笔钱国王一直都是谕旨按照正常开支由城市承担的)外,公共开支不是浪费就是按照官员指令用于秘密用途。任职三十四年的王室检察官,简直是行政管理部门的主子,唯有他才知道管理部门如何运作,并藉此不让市民获取任何有关公共经费使用的信息资料。"因此,省督请求财政总监减少城市官员数量,保留如下职位:一个任期四年的市长职位、任期六年的永久城市官员职位、任期八年的王室检察官职位、永久的一个城市办事员和一个捐税征收员职位。

省督建议的该城市的其他机构职位,与该省督提议的图尔其他地区的完全相同。省督认为,如下职位必不可少:

1. 保留三级会议,但只作为选举城市官员的选举机构。

2. 建立特别的贵族委员会,负有执行 1764 年敕令的职责。这种委员会由十二个成员组成,任期六年,不是由三级会议选举,而是由名望之士所属的十二个团体选举(各个团体选举各自的成员)。如下团体系名望之士所属团体:

省督法院;

大学;

选举区；

森林河流管理局；

盐场；

捐税征收员；

造币厂；

律师与法律顾问；

城市法官；

出庭律师；

商人；

资产阶层。

如我们所注意到的，几乎所有的名望人士，都是公务员而且所有公务员都是名望人士。从这点我们就可以得出结论，正如这些文件的其他内容所揭示的，彼时的资产阶层渴望获得官职。就如今天的他们希望参加公职范围之外的活动一样。唯一的区别是，如我在正文中所说，那时最为不足道的官职都是购买的，而今天的求官者并不需要付出什么。

我们从上述方案中可以看出，城市权力的整个实际情形，是把权力赋予非同寻常的委员会，而且这个委员会是把行政权完全托付给人数非常少的资产阶层小圈子。平民百姓唯一可以略微露面的会议，除负责选举城市官员外，没有任何职权，也不再提供咨询意见。我们还必须注意，省督比国王更限制平民和反对平民，因为国王在敕令中允许三级会议行使大部分职权。但是，省督比资产阶层更自由更民主，至少从我所引述的呈报来判断是如此。这个呈报表明，另一个城镇的名望之士甚至打算完全排斥平民百姓享有国王和省督赋予他们的选举城市官员的权利。

也要注意，省督使用的是“资产阶层”与“商人”这两个词指不同的两种名望之士：给这些词下一个准确定义，就可以知道划分为资产阶层的人数是很少的，就可以知道有多少无名之辈在他们周围工作。

“资产阶层”有广义和狭义两层含义：它可以代表资产阶层成员，还可以指这个阶层核心成员中的某些人。有一份呈报回答1784年的调查时说：“资产阶层是因出身或者财富而可以舒服地生活而不必为钱而工作者。”从其余的呈报可以看出，“资产阶层”不指属于行会或者工业协会的那些人，但是，很难准确地说究竟应指哪些人。上面那份呈报也注意到：“在那些声称自己是资产阶层的人中，我们常常遇到一些人，除根据他们有闲暇时间可以称为资产阶层外，根据其他方面并不能称为资产阶层，因为他们没有财富，也不突出，也没有教养。资产阶层，通常是在财富、能力、生活方式与习惯等方面比较突出者。组成行会的贸易人士，从未被人称为名望之士。”

商人与资产阶层一道，既不属于工业行会也不属于工业协会的阶层。这个小阶层的界限在哪里？那份呈报说：“难道我们要把处于底层并拥有一定销售经验的店主与批发商相混淆？”为解决这个问题，呈报建议，每年由城市官员起草一份名望之士的店主名单，交给他们的领导或者行会理事会，由他们召集城市官员讨论决定谁应是名单上的名望之士。必须注意，不要在起草的名单上列明谁曾是家仆，谁曾是车夫，谁曾是商贩，谁曾从事过什么低人一等的行业。

注释十九

（第二编第三章第十三自然段）

18世纪城市管理最突出特征之一，不是废除一切代议制度和不允许公众参政议政,而是城市治理遵循的制度规定极其不稳定,朝令夕改,时而用,时而弃,时而增,时而减。如此状况,最能说明地方自由被贬低至何种程度。似乎无人注意到这一点。如此变动不居,足以在相关制度确立以前,就摧毁人们心中的任何观念、任何思古幽情以及最适合所建立制度之地的爱国心。就这样,为大革命即将进行的历史大破坏做好了准备。

注释二十

(第二编第三章第二十二自然段)

从法兰西岛地区省督文件看18世纪村庄治理

我即将提及的状况取自诸多地区,目的就是说明教区治理所遵循的形式、教区治理常常具有拖拉特点,就是为了揭示18世纪教区三级会议性质。

这里涉及的是法兰西岛地区名叫伊夫里农村教区的教士住房和教塔修缮问题。如此修缮建议,应向谁提出申请,应获得谁的批准?如何决定由谁支付修缮费用?如何获得所需修缮资金?

1. 教士向省督提出申请,说明教塔和教士住房亟须修缮:从前的教士添加了无用的建筑,完全改变破坏了原来的结构特点;由于村民允许先前的加建工程,应由他们负担恢复原状的费用以及补偿前任教士继承人付出的费用。

2. 1747年8月29日省督作出决定,是否需要修缮,应由教会理事会召集会议进行讨论。

3. 村民经讨论,宣布他们无人反对修缮教士住房,但是,教塔修缮务必保证建在唱经楼上,而且教士是什一税的收取人,因此,应由他负责修缮唱经楼(前一世纪末期即1695年4月的御前会议法令规定,唱经楼修缮费用由教区有权收取什一税者负担,而教区居民只负责教堂正厅的修缮)。

4. 考虑到双方主张存在冲突,省督作出新决定,派遣建筑师科迪尔实地考察教士住房和教塔,调查评估该工程。

5. 形成一份专门记载伊夫里一些地主在省督全权代表面前所作陈述的报告。这些地主,有的是贵族,有的是资产者,有的是当地农场主,提出了支持或者反对教士主张的证据与理由。

6. 省督再次作出决定,他委派的建筑师起草的评估报告,必须提交由教会理事会重新召集的由当地地主与村民参加的大会讨论。

7. 在根据省督新决定召开的教会理事会上,当地村民宣称,仍然坚持原来的意见。

8. 省督作出新决定:(1)在其下属代理人办公地点科尔贝,并在其出席的情况下,把所评估的工程合同提交给教士、教会理事会、教区的显要居民确认。(2)鉴于建筑已属危楼,所有维修费用应由村民负担,但是,那些坚持认为教塔是唱经楼组成部分并应由什一税主要征收人负担的村民,可以向普通法院起诉寻求救济。

9. 通知各方参加其下属代理人在科尔贝举行的会议,招投标并签订合同。

10. 教士和若干村民要求,项目管理费用应如往常一样不应由承建商承担,因为这些费用很高,会导致他们无法找到承建商。

11. 省督决定,因合同问题产生的费用,由省督代理人解决,因此,其费用属于合同以及所征收捐税的一部分。

12. 村中一些名望之士授权的 X 先生出席合同投标会,同意根据建筑师评估报告拟定的合同。

13. 合同文本规定:修缮费用 487 里佛,相关费用 237 里佛 18

苏6但尼尔，总计724里佛18苏6但尼尔。[13]

14. 最终，城市委员会于1748年7月23日作出决定，授权征收这笔修缮费用。

可以注意到，在处理此事的过程中，有几次要召开教区大会。如下的其中一次教区大会会议记录，可以告诉读者一般情况下，此类事情是如何处理的。

公证员起草的公证文书说："今天，在教区大会结束之际，在通常的地点，铃响之后，在X先生面前，科尔贝公证人出现在教区居民举行的大会上。签名人以及见证人如下：葡萄种植农、教会理事、指示召开大会的省督的代表米肖先生，已经阅读本公证书并要求公证此次大会。

"在大会上有一位教区村民说，教塔在唱经楼之上，因此，修缮教塔是教士责任。有一位教区村民说……（接着列举了其他支持或者反对教士观点的居民姓名），而后有十五位农民，他们中有泥瓦匠、葡萄种植农等宣布他们同意前面之人的发言。然后，葡萄种植农兰博先生在他们面前说，他完全同意省督将作出的任何决定。索邦神学院博士、教士X先生也出席会议，坚持其申请以及申请书所载明的内容。参加会议之人都要求作出公证文书——此公证文书当着签名人之面，在伊夫里教区教堂墓地予以制作并得到通过。这份公证文书报告是从上午十一点到下午两点之间起草制作的。"

我们可以看出，教区大会纯粹是一种行政调查。它具有司法程序属性及其价值。它不是票决决定的，也不是按照所体现的教区意愿作出决定的。它只收集个人意见而且绝不会对政府决定具有约束力。诸多其他文件告诉我们，事实上，设立教会大会，就是

〔13〕 里佛、苏、但尼尔，均属法国旧王朝时期的货币单位，换算比率如下：1里等于12索尔、1索尔等于20但尼尔。——译注

为了说明解释省督的决定,而不是审查省督决定,即使省督决定与教区利益攸关。

从上述文件也可以看出,此种事务的处理,产生了三个调查程序:一个是公证机关的调查,一个是建筑师的调查,一个是两个公证员出席大会以确定村民是否坚持他们早前意见的调查。

1748 年 7 月 23 日法令决定的 524 里佛 10 苏修缮捐税,由所有地主承担,无论他们是否属于特权阶层,但是,确定承担修缮费用的计算基数是不同的。军役税缴纳人就按照军役税比例分担修缮费用,而特权阶层就按照他们的财富分担修缮费用,如此计算,显然大大有利于特权阶层。

最后,我们可以看出,在那个时期,524 里佛 10 苏的分派,是由作为村中居民的两个征税员决定的。那些征税员,既不是选举的,也不是如通常情形一样轮流担任的,而是由省督以及省督代理人挑选任命的。

路易十四破坏城市自由的借口,是城市财政管理不善。但是,正如蒂尔戈所指出的,自路易十四改革以来,财政管理不善不但继续存在,而且更加恶化。蒂尔戈还说:彼时的大部分城市负债累累。究其原因,有部分原因是城市曾借钱给政府,有部分原因是城市官员奢侈浪费:他们花着居民的钱,却不向居民报告账目,也不用听取居民建议。他们无所顾忌,为所欲为,有时还中饱私囊。

注释二十一

(第二编第三章倒数第一自然段)

举例说明国家既是城市监护人也是女修道院监护人

财政总监授权省督拨款 15,000 里佛给加尔默罗女修道院以帮助其支付欠款时,建议省督确保那笔作为资本的款项用到实处。

如此事件一直在发生。

注释二十二

（第二编第五章第一自然段）

为何在加拿大才是处于评价旧王朝中央行政集权制的最佳之地

在殖民地，人们才能处于评价宗主国政府面貌的最佳之地，其原因在于：在那些地方一切政府特征，通常都得以放大并且显示得更明显。当我想评价路易十四统治时期的精神和弊病时，我就应当去加拿大。在那里，我可以用显微镜观察物体的扭曲状态。

在加拿大，不存在那些由旧现象或者旧社会状况设置的、与自治精神的自由发展公开或者暗中对抗的诸多障碍。在那里，几乎不存在什么贵族阶级，或者说，至少在那里，他们已失去了根基；教会不再拥有统治地位；封建传统已经丧失或者已经模糊不清；司法权力不再扎根于古老的制度与习俗之中；没有任何东西阻碍中央政权的自然发展，没有任何东西阻碍它按照其内在精神制定一切法律。因此，在加拿大，根本不存在城市或省级政府机构，不存在所授权的集体权力和所允许的个人立法创议权。在那里，总督地位比法国省督的地位高得多，政府要掌管的事务比宗主国多得多——那里尽管与巴黎相隔1800法里，但是，政府竟欲从巴黎统辖一切。政府从未采取重大措施让殖民地自然增长人口和繁荣昌盛，相反地，却想方设法强行增加扩大某处的人口：强制耕种土地；强制一切与土地转让有关的案件不交由法院而只交由政府审理；强制采取某种方式耕种土地；强制人们在某些地点定居而不得在其他地点定居，如此等等，不一而足。所有这一切，均发生于路易十四统治时期，而且一切敕令均由科尔贝尔副署。人们早已经感到生活于现代中央集权的统治下,就像在阿尔及利亚的情形一样。实际上,加拿大就是阿尔及利亚一向存在的现实状况的忠实写照。在这两个地方,人们都能看到几乎与人口一样多的政府官员。这种政府,凌驾于一切之上,极其活跃,什么都管,限制人民的一切行动,欲预见一切、掌管一切,总是比被治理者本人更了解被治理者的利益,不停地活动,但却毫无收获。

在美国,英国的地方分权制度得以发扬光大:各个城市几乎成为独立的市政府,几乎成为某种民主共和国。那些构成英国政体及其习惯基础的共和成分,畅行无阻地得到发展。真正意义上的政府在英国管得不多,而个人就大有作为。在美国,政府不再介入任何事务,个人联合起来,什么都可以做好。由于没有上层阶级,加拿大居民比同一时期的法国居民更加服从政府,而英属美洲各地居民则变得越来越独立于中央政权。

上述两个殖民地最终都建立了完全民主的社会。但是,在加拿大,至少在加拿大尚属法国殖民地的时期,平等与专制政府混合在一起,而在英属美洲各地,平等与自由结为一体。两种殖民方式的实质结果如何?我们知道,在 1763 年,即在征服时期,加拿大人口是 6 万人,英属美洲人口则高达 300 万人。

注释二十三

(第二编第五章第五自然段)

举例说明

在全法国统一实施法律并规定只能由行政法院审理特殊犯罪的御前会议所规定的无数的一般规则

我介绍一下所发现的规则:1779 年 4 月 29 日御前会议法令规

定,今后在王国全境内,农民和羊毛商人都必须以某种方式给其绵羊加注标识,违者罚金 500 里佛。该法令规定:“国王陛下谕令,由省督负责执行本法令。”因此,对于任何违反该法令之人,都由省督决定其罚金。另一个例子是:1778 年 12 月 21 日的御前会议法令规定,禁止马车夫将所运载的货物擅自入库,违者罚金 500 里佛。“国王陛下谕令,由骑警队中将以及省督执行这本法令。”

注释二十四

(第二编第六章倒数第八自然段)

上吉耶纳行省三级会议强烈要求增加骑警队,其要求如此迫切,以至于阿韦龙河或者洛特城市委员会考虑自己组建宪兵骑警队。人们往往抱有如此观念:宪兵意味着秩序,秩序意味着离不开政府宪兵。上述三级会议的报告还说:“每天都接到投诉说,乡村没有警察(这该如何办?贵族不管任何事情,资产阶层住在城里,在粗野农民手里的社区没有任何权力)。我们必须承认,除在几个县,有公正并富有慈心的领主会运用权力约束其家奴,防止他们骚扰攻击农民外,其余地区是没有任何人约束那些无知、粗野、头脑发热、胡作非为之人的。”

这就是三级会议的贵族代表自身阶层说话的方式,这就是占三级会议半数成员的第三等级阶层成员在政府档案中代表自己所属阶层说话的方式!

注释二十五

(第二编第六章倒数第五自然段)

在旧王朝,就如今天一样,人们对烟草专营许可证趋之若鹜。

地位最显要者都在为其家属亲友谋求烟草专营许可证。我发现,有些烟草专营许可证是在社交名媛推荐下获得的,另有一些是在大主教推荐下获得的。

注释二十六

(第二编第六章倒数第三自然段)

各地公共生活的消失,到了令人难以置信的地步。从曼恩到诺曼底的一条道路,完全无法通行。有谁提出过要修建这条道路?该条道路穿过的都兰地区?频繁利用这条道路运输牲畜的诺曼底或者曼恩行省?尤其由于这条道路路况很差而受到损害的县?都兰地区、相关行省以及县,都没有提出修建这条道路。走这条道路而在泥泞中挣扎的贸易商人,只好自己向中央政府反映这个问题,写信给巴黎的财政总监,请求帮助他们维修这条道路。

注释二十七

(第二编第八章第十一自然段)

从行省看领地税赋重要性的大小

蒂尔戈在其著述中说:“我必须提醒,这些捐税的重要性在多数富裕行省如诺曼底、皮卡第以及巴黎周围地区大不相同。在这些地区,主要财富来源就是土地出产。这些地区的土地都是大农场,地主从中收取很高的地租。领地最大土地的税赋只及上述地租的最小份额,而且几乎只是象征性的。在较不富裕的行省,按照不同标准征收捐税,领主与贵族几乎不再拥有任何土地。极其细分土地的继承,要负担沉重的捐税,并由各继承人平均负担。这些捐税负担常常吞噬土地出产的大部分,而且领主的收入几乎完全来源于此。"

注释二十八

(第二编第九章第十八自然段)

反对阶层差别的共同利益讨论运动的影响

从18世纪农业行会为数不多的文件中可以看出,共同利益讨论运动起到了反对阶层差别的作用。这些讨论会议,是在大革命爆发的三十年前,在旧王朝全盛时期召开的,而且讨论涉及的只是理论问题——唯有讨论理论问题,人们才能坐在一起辩论涉及不同阶层的种种问题。通过讨论,人们立即从中感受到,人与人是彼此亲近融合的;也可以从中看出,要实施合理改革的思想观点,既是非特权阶层的主张,也是特权阶层的主张。不过,这种讨论涉及的只是农业与资源环境保护问题而已。

我认为,唯有像旧王朝那样的政府,从不寻求自身以外的力量,永远把人分为三六九等,才能维护法国大革命之际存在的荒谬可笑的不平等现象。只要略微接触自治,如此政府就会发生深刻变化,就会迅速改变或者遭到摧毁。

注释二十九

(第二编第九章第十八自然段)

各行省自由,是与习俗、习惯、记忆融为一体的古老自由,而专制制度是后来呈现的,因此,即使没有全国自由,在一定时期内,各行省自由也能够存在。但是,倘若认为没有普遍自由,仍然可以任意创造甚至长期维持地方自由,是荒谬的。

注释三十

(第二编第九章第二十一自然段)

蒂尔戈曾在呈送国王的奏折中,以我认为极为准确的方式,概括了贵族捐税特权的确切范围:

1. 特权阶层倘若拥有一块面积为四犁地的农场,可以免缴军役税。在巴黎附近,拥有这种面积的农场,通常应缴纳2000法郎的捐税。

2. 特权阶层绝对不必为其所拥有的林地、牧场、葡萄园、池塘以及城堡周围的大大小小的土地缴纳任何税赋。有些地区的主要出产在于牧场或者葡萄园,拥有这些土地的贵族可以免缴全部捐税,而这些捐税都落在缴纳军役税者头上。这第二种好处极其巨大。

注释三十一

(第二编第九章第二十二自然段)

间接税特权与有差别的普遍税征收方式

我根据有关档案文件判断,蒂尔戈描述的如下图景,也是很准确的:

"在人头税方面,特权阶层享有的特权相当可观。人头税本质上是一种任意征收的税种。除了任意盲目摊派,不可能在全部人口中分配这种捐税。人们认为,比较便利的分派方法,就是以现有的军役税记录档案资料作为其征收基础。特权阶层有专门的征收名册,但是,特权阶层可以找到各种借口为自己开脱,而没有任何人为军役税负担者说话,因此,特权阶层的人头税少而又少,而军役税负担者的人头税几乎与军役税一样多。”

普遍税不平等征收方式的实例:我们知道,地方税是针对每一个人征收的。决定征收此种捐税的御前会议指令规定:“这种捐税,应针对所有应缴纳此税者,不得免除任何人缴纳此种捐税的义务,不得免除任何特权阶层的缴纳义务,应毫无例外地与人头税一起或者根据人头税比例进行征收。”

注意,由于军役税负担者的人头税是与军役税一起征收的,他们的人头税数额就往往比特权阶层的更高,就是说,征收不平等就存在于看似排除不平等的方案之中。

我认为,1764 年起草的敕令,虽然具有建立捐税平等原则的意图,但是,它所有的规定都旨在维护特权阶层在捐税征收方式上拥有的特权。我注意到,其中一个规定,就是所有涉及应税财产价值的措施手段,不能针对特权阶层采用,除非特权者本人或者其代理人在场。

注释三十二

(第二编第九章第二十三自然段)

政府本身承认即使在普遍税征收上特权阶层也拥有优势

1766 年,御前大臣写道:“我看最困难的捐税征收,就在于贵族阶层与特权阶层,其原因就在于征税人员要顾忌他们的感受而顾虑重重。因此,长期而大量拖欠税款的项目,就是贵族与特权阶层的人头税和二十分之一税(那些他们与平民百姓一样要缴纳的捐税)。”

注释三十三

（第二编第十章第四自然段）

《阿瑟·扬1789年游记》就对两国社会状况作了如此精确而全面的描述，我忍不住要在这里说说。

阿瑟·扬游历法国时，碰上了攻占巴士底狱而引发的第一波动乱。由于头上没戴识别革命者的帽徽，被某个村庄的一群老百姓抓住，欲将他扭送监狱。为摆脱困境，他设法跟他们说了如下一小段话：

“先生们，”他说：“刚才有人说，必须像从前那样缴纳捐税。捐税肯定必须缴纳，但不是非要像从前那样缴纳，而是应像英国人那样缴纳。我们要缴纳诸多你们不必缴纳的捐税，但是，第三等级阶层即平民百姓是不必缴纳的，捐税只由富人承担。在我们英国，每个窗户都要纳税，但是，只有六扇窗户的人家是不用纳税的；领主要缴纳二十分之一税和军役税，但是，只拥有一个花园的小地主是不用缴纳一文捐税；富人要为其车马仆人纳税，甚至要为拥有打山鹑的自由而纳税，但是，小地主与上述捐税没有任何关系。不仅如此，而且在我们英国，还有一项捐税，是由富人缴纳以救济穷人的。因此，倘若你们还要继续缴纳捐税，就应该采用另一种捐税缴纳方式，采用我们英国的捐税方式最好不过。

“由于我蹩脚的法语与他们的方言无甚出入，所以，他们完全听懂了我的话；我所说的每一句话都博得了他们的欢呼。他们必定是认为我是一个好人。我也高呼‘第三等级万岁！’以证明我是好人。他们当即欢呼着放我走。”

注释三十四

（第二编第十章第十二自然段）

乔列特选举区某座教堂倒塌后，遇到的是根据 1684 年 12 月 16 日法令规定的方式进行修建的问题，即向所有居民征收捐税的问题。在征税员开始征税时，某侯爵即教区领主宣布，由于他独自承担唱经楼修缮费用，他不希望自己还承担此次教堂的修建费用。其他居民据理力争地说，作为领主和什一税征收人（毫无疑问，所有的封建什一税都归他所有），他应当独自承担唱经楼修缮责任，也正因为这个原因，不能免除他与其他人共同承担教堂修建费用的义务。省督介入作出决定，侯爵主张不成立，征税员应当向其征收修建费用。在档案中，有十多封该侯爵写给省督的信，一封比一封急切，强烈要求由其他教区居民负担他应负担的那份税赋。他甚至自贬身份，称省督为“尊敬的阁下”，哀求省督剔除其应缴份额。

注释三十五

（第二编第十章第十七自然段）

旧王朝政府尊重既有权利、契约以及城市或者行会协会自由的实例

国王发布《文告》宣布：“在战争期间，暂停偿付各城市、大学、社区、医院、慈善机构、手工业行会借给王室的贷款以及要用收取的过路费或者赐予的权利予以偿还的其他款项，但利息继续计算。”

王室不但在战争期间暂停与债权人签订契约规定的借款，而

且还违反向债权人借款时作出的保证金条款的规定。如此情形，在旧王朝多如牛毛，但是，在受到议会或者人民大会制约的政府是从不允许出现的。我们不妨比较一下英国或者甚至美国的情形。旧王朝如此明目张胆地蔑视法律，就像如此明目张胆地蔑视地方自由一样。

注释三十六

（第二编第十章第二十三自然段）

正文中引述的例子，绝非孤例。特权阶层已经认识到，给农民造成沉重负担的苛捐杂税，也给他们自身带来了影响。在大革命爆发的三十年前，完全由特权阶层组成的农业协会就说出了如下一番话：

“与不动产有关的、难以赎回的负担，无论是土地还是封建负担，数量都越来越多，对于债务人是极其沉重的负担，导致他们不堪重负，也因此导致土地本身不堪重负。债务人只有被迫放弃不动产，因为不动产上的抵押早已过多过重，导致无法通过抵押获得贷款，或者导致想卖也找不到买主。倘若上述债务负担可以赎回，那些破产的捐税负担者也难以获得贷款或者借款以清偿那些应付款项，或者难以找到有能力支付那些不动产负担以及税赋负担的购买人。人们中意拥有和开发的不动产，一直都是没有任何负担的不动产，因为只有这样的财产，人们才会相信自己可以安全拥有，不会带来任何纠纷。倘若可以找到切实可行的办法清除上述可赎回的土地负担，就会极大地促进农业发展。当然，相信可以采取如此措施清除负担的地主，就不会请求支持如此安排。因此，找到可以清除土地负担的办法，会是非常有益的。”

注释三十七

（第二编第十章倒数第九自然段）

一切政府职位，甚至征税员职位，都以免税方式支付薪酬——这一特权是由1681年的法令赐予的。1782年，有位省督致信御前大臣：“在一切特权阶层中，人数最多的是盐税征收员、办文人员、王室土地管理人员、邮政人员、负责救济工作的人员以及其他各种各样的国家公职人员。几乎没有哪个教区不存在如此官员，几乎没有哪个教区只有两三个这样的人员。”

省督说：应劝阻御前大臣提出把御前会议的免税法令扩展到特权阶层代理人的雇员以及奴仆的身上。如此免税特权，一般的农民一直在呼吁要扩展到他们身上，以便他们可以不必向拥有免税特权者偿付相关负担。

注释三十八

（第二编第十章倒数第九自然段）

如此官职，在其他国家并非完全没有。在德意志，有少数几个君主曾经设立过如此职位，但数量很少，而且都是无关紧要的职位。大批量设置如此职位的，只有法国。

注释三十九

（第二编第十一章第五自然段）

看到旧王朝有些政府官员，为了搞明白他们的权力边界，就向高等法院起诉，应当不会感到惊讶，当然这事本身看起来是非常奇怪的而且确实也是很奇怪的。但是,当意识到,这些官职既是行政问题,也是私人财产问题时,就会明白所有这一切问题的答案。我们认为是司法权管辖的问题,实质上只是政府卖官鬻爵问题。每一个职位都是政府官职,而且每一个职位的报酬都以其作出的决定为基础进行计算,因此,他们的官职利益性质不可能在不损害其前任官员权利的情形下予以改变。如此情形有无数实例,试举一例予以说明:勒芒骑警队中将曾起诉该市财政税务部门,拉开了旷日持久的诉讼。他试图证明,他负责街道治安工作,因此,所有与铺路有关的决定都应由他负责,而且对于他作出的决定都应给予报酬。该市财政税务部门答辩说,铺路是只是其职责。在此类问题上,御前会议并未作出定论。它主要涉及的是购买官职的利益问题,所以,高等法院予以受理并审理裁决。从这个事例就可以看出,行政问题是如何演变为诉讼问题的。

注释四十

(第二编第十一章第十自然段)

关于1789年贵族阶层陈情书的分析

我认为,法国大革命是唯一一场这样的大革命:在爆发之初,各阶层都可以分别表达他们心中的真实思想、表白他们内心的真实情感。当然,这是在他们的思想情感尚未遭到大革命的歪曲或者改变之前发生的情形。众所周知,这些真实思想情感,记录在三个等级于1789年撰写的陈情书之中。这些陈情书或者奏折,是在充分自由、充分公开的情形下,由三个等级阶层分别撰写的;是由相关等级阶层充分讨论后由该阶层起草人反复斟酌后撰写的,而在那个时代,政府无论何时在向国民发表谈话时,都不会回答其自身提出的任何问题的。有人将那时的陈情书的主要内容编纂为三卷存档备查,如今我们在所有的图书馆均可以查阅到那些陈情书。不过,那些陈情书原件现存于国家档案馆。连同一起存放的,还有起草陈情书的会议记录以及在同一时期内克先生及其代理人之间讨论那些会议的往来通信。所有这些文献,汇编在一起就是多卷本的对开丛书。这是旧法兰西留给我们的最珍贵文献。倘若想了解先辈在大革命爆发之初的精神状态,就必须不断查阅这些文献。

我曾经认为,上述内容的三卷摘要本,也许只是某个等级阶层的陈情书,不能准确反映如此大规模调查的全貌,但是,经比较,我发现整幅的原作作品与缩小的复制品极其相似。

此处列出的贵族等级阶层陈情书摘要内容,反映了贵族阶层中绝大多数人的真实思想感情。从中可以清楚看到,贵族阶层中的绝大多数人顽固要求保留哪些特权、勉强同意放弃哪些特权、主动提出放弃哪些特权。尤其可以从中发现,当时在政治自由问题上激励整个贵族阶层的精神究竟是什么。总之,可以目睹一幅如此怪诞而悲戚的图画!

个人权利:贵族首先要求起草一份措辞明确的宣言,确认所有人的权利,确认所有人的自由,确保所有人的安全。

人身自由:

贵族希望:废除一切残存的封建农奴制度;采取一切措施废除黑奴贸易;人人都享有自由迁徙权或者定居权;无论是在国内还是国外,人人都不被任意羁捕;革除治安管理制度的弊端,警察应受法官监督,即使在骚乱时期也是如此;任何人都只能由法官逮捕和审判;国家的非法监狱以及其他非法关押场所应拆除。甚至有些贵族要求拆毁巴士底狱,巴黎地区的贵族尤其坚持这一点。

对于下令逮捕人的所有密札或者国王密札,必须禁止使用。

因国家处于危急状态而必须逮捕公民并不宜立即交付普通法院审判的，必须采取措施防止滥用职权，例如，必须将逮捕之事通知国务会议，或者采取其他措施。

贵族阶层要求废除一切特别委员会、一切特别法院、一切不受审判的特权以及延期审判的法令等；对那些下达或者推行专横命令者处以最严厉的刑罚；在普通法院这一唯一应予以保留的法院中，要采取必要措施保障个人自由，尤其是刑事犯的自由；必须免费受理审判案件，并撤销没有必要存在的法院。其中有份陈情书说："官员是为人民服务的，而不是人民为官员服务的。"他们甚至要求，每个辖区都要为穷人设立法律顾问委员会并提供免费辩护；必须实施公开预审制度；必须赋予当事人自由辩护权利；涉及刑事犯罪的，必须为被告人提供律师，并在诉讼过程中，由来自被告人所属等级阶层的一定数量居民协助法官审理案件，应根据被告人的犯罪事实或者不法行为作出裁决（在这点上，他们所指的是采用英国的制度）；罚当其罪，刑罚面前人人平等；逐步减少死刑判决；取消刑讯逼供；废除一切肉刑；最后，必须改善囚犯待遇，尤其是交付审判前被羁押的刑事被告人的待遇。

陈情书呼吁，在征募陆海军士兵时，必须切实采取措施保障个人自由；应允许以金钱给付代替服兵役的义务；唯有在三个等级阶层的代表都在场的情形下，才能实施征兵抽签行为；最后，既要维护军队纪律、确保服从军事指挥，又要保障个人权利；必须取消用刀面抽打士兵的行为。

财产自由与不可侵犯：陈情书要求确保财产不可侵犯，除公共利益需要外，不得损害任何财产；因公共利益需要而损害公民财产的，政府必须予以高价补偿，不得拖延；必须废除财产没收的规定。

工商贸易自由与劳动自由：必须保障工商贸易自由，因此，必须取消赐予某些公司的控制权以及其他特权，必须将关税线移至国边境。

宗教自由：天主教是法国唯一占统治地位的宗教，但是，应当允许人人都享有信仰自由，应当恢复非天主教徒的市民权利与返还他们被没收的财产。

出版自由与通信秘密不受侵犯：必须保障出版自由，法律必须事先确定哪些是为了维护公共利益的限制规定。除涉及教义的书籍外，任何人都不受教会的审查；其他书籍只要可以让人知道作者与出版者就可以出版。许多人提出，涉及出版的犯罪，只能交由陪审员审判。

陈情书坚持认为，通信秘密必须得到尊重而不受侵犯，不能把信件用作控告的理由和手段。陈情书直截了当地说，擅自拆阅他人信件是最可恶的间谍行为，因为它背离了公众的信任。

教育与教学问题：贵族阶层的陈情书只谈到要积极关心、支持教育，要把教育扩大到城市和农村，要根据适合学生兴趣爱好与职业规划的原则开展教育，尤其要进行国民教育，对他们进行公民权利义务的教育。陈情书甚至要求，为学生撰写教义问答教材，将国体要点用学生可以理解的浅显形式编写。不过，陈情书并未指明应采用哪些措施方法推广教育，而只限于呼吁为贫困贵族子弟修建教育设施。

必须关心人民：大量陈情书呼吁，要更多地关心平民百姓。许多陈情书反对警察滥用职权。他们在陈情书中说：经常有大量手工业者和工人未经审判或者无故就被投入监狱或者其他羁押场所，有的只是犯了一点小错，有的甚至只是受到怀疑而已。如此做法，侵犯了天赋自由权。所有陈情书都要求彻底废除徭役。多数辖区都要求允许赎回领主出租磨坊、面包烘炉等设施的权利以及收取通行费的权利。大量陈情书要求减轻诸多封建捐税,要求废除世袭领地税赋。有一份陈情书说,减轻土地负担而便于买卖,于政府有利。其理由,正是人们为一举废除一切领主权利和出售一切限嗣继承土地而即将提出的理由。许多陈情书要求减轻鸽舍权对农业的损害。陈情书呼吁,立即废除专供国王打猎的诸多设施,即取消王室狩猎权,因为这种狩猎权侵犯了私人财产权。陈情书呼吁,要用负担较轻的捐税取代现行捐税。

贵族阶层呼吁,要努力促进农村的发展繁荣与福祉;要在农村建立粗布纺织厂,以便在农闲季节雇用农民;要在省政府监督下,建设公共粮仓,未雨绸缪应对饥荒;要保持食品价格稳定;要改进耕作方式,要优化农村土地;要增加公共工程建设,尤其要加强排涝工程建设而预防洪涝等;最后,各省要鼓励发展农业和商业。

陈情书提出:要把济贫院分设在各区的小型救助所,要取消乞丐羁押所,代之以慈善工场;要在省三级会议指导下,设立救济基金,并由各行省出资,派出内外科医生、助产士深入各乡镇为穷人免费行医;法院永远不得向打官司的平民百姓收费;最后提出,应为盲人、聋哑人、弃婴等兴建各种设施。

当然,在上述所有问题上,贵族阶层只提出了他们的改革愿望,并未提及如何改革的诸多细节问题。贵族阶层不像下层教士那样长期生活在下层阶层之中,也不像下层教士那样接触民间疾苦,因此,他们很少考虑该如何祛除那些苦难。

贵族担任公职、贵族地位等级以及荣誉特权问题:主要是在或者说仅仅是在贵族等级以及社会地位的差异问题上,贵族阶层背离了普遍要求改革的精神。他们虽然作出了若干重要让步,但是,却顽固坚持旧王朝的种种原则。他们感觉到,他们在这方面是在为自身的生存而战斗。贵族阶层的陈情书坚决要求维护教士和贵族阶层的特殊地位。他们的陈情书甚至要求,采取措施维护贵族等级阶层的纯洁性,呼吁禁止以金钱购买贵族头衔,要求某些职位不应赐予贵族头衔,并认为,唯有长期为国家立功效力方可拥有贵族称号。陈情书希望,调查并起诉假贵族行为。所有陈情书最后都坚持要求,必须维护贵族的一切荣誉。有些陈情书提出,要给贵族配发从外表就可辨认的特殊标识。

尽管存在社会地位的差异,但是,人们无法想象出比上述要求更为典型、更能证明贵族与平民完全相似的东西。总之,在上述陈情书中,贵族虽然对其诸多许多权益表现出极其灵活的态度,但是,对于自身的荣誉特权却表现出紧抱不放的态度。虽然他们希望保留已经享有的一切特权,而且还想设计一些他们没有享有的特权,但是,他们已经感觉到,自己身处民主浪潮之中,并惧怕葬身其中。奇哉怪哉!他们凭本能已经感受到这种危险,但却对此没有清醒认识。

在官职分配方面,贵族要求取消捐钱购买法官职位的做法;提出倘若出现此类职位空缺,就由国民推荐候选人给国王,由国王依据年龄能力而不是阶层等级予以任命。至于军人晋升问题,多数陈情书认为,不应排斥第三等级,只要有军功,任何军人都均有权得到晋升,直至晋升到最高职位。有好几份陈情书写道:“贵族等级不赞成将第三等级阶层人士排除在军职大门之外的法律。”贵族只要求,保留贵族直接担任高级军官而无须经由低级军阶逐步晋升的贵族特权。几乎所有陈情书都提出,要确立常态的、适用于一切人的军职晋升制度,不得把军衔全部留作恩赐;除高级军官职位外,其他各军职均可凭服役年龄而取得。

在教士职务问题上,陈情书提出,要恢复有俸圣职选举制度,或者至少由国王设立一个委员会,在有俸圣职分派问题上向国王提出建议。陈情书最后建议，今后分发年金时，更不应区别对待，不应再集中在某些家庭，任何市民都不得同时拥有一份以上的年金，不得同时领取超过一个职位的官俸；必须废除职位继承指定权。

教会与教士问题：由于这不涉及贵族权利及其组织问题，而只涉及教会特权及其组织问题，贵族阶层就不再认真仔细对待，此时，他们紧盯的只是存在的弊端。

贵族阶层提出，教士不应享有免税特权，必须偿付其债务而不得转嫁给国民，必须彻底改革修道会。多数陈情书认为，修道会已经背离其精神。

大多数辖区提出要减轻什一税对农业的危害，甚至有大量陈情书提出要废除什一税。有一份陈情书说："大部分什一税是由教士征收的，这些教士极少把它用于佑护人民。"从中可见，第二等级阶层的一言一语并不大宽容第一等级阶层，也不再彬彬有礼地对待教会。有几个辖区正式承认，三级会议有权取消某些宗教等级，有权将教会财产另作他用。有十七个辖区宣布，三级会议有权制定教规。许多辖区说，宗教庆典节日太多，妨碍农业生产并助长游手好闲风气，必须取消大量的庆典节日，或者把其挪至礼拜天举行。

政治权利：在政治权利问题上，陈情书承认，所有法国人均有权直接或者间接参政，就是说，享有选举权和被选举权，但是，必须维护阶层等级制度，每个人只能在本等级阶层内部进行提名或者被提名。确立这一原则后，建立的代议制度必须确保国家所有等级阶层人士都享有认真参政的途径。

关于三级会议的表决方式，贵族阶层存在不同意见：大多数人要求按等级分开投票，有一些人认为表决捐税事项时例外，另有一些人最后主张按照如下方式进行表决:“必须根据人头而不是等级计算选票,因为这是唯一合理的计票方式,这是唯一能够摆脱和消灭万恶的团体利己主义之源的方式,这样可以促使人们同舟共济,从而将人们引向国民有权希望三级会议达到的结果,即三级会议既是爱国的,又是具有伟大品德的、而且是开明的大会。”不过,这项改革倘若操之过急,在人们目前的精神状态下可能会有危险,所以许多人认为,必须谨慎进行,必须由三级会议判断是否最好将依人头表决这件事推迟至下几届三级会议。无论如何,贵族阶层都提出,每一等级都有权保持一切法国人所应有的尊严,因此,必须废除旧王朝第三等级被迫服从的那些有辱人格的形式,例如下跪这种方式。有份陈情书说:“在他人面前下跪,有损人的尊严,简直是在宣称天生平等的人与人之间存在一种与人的基本权利不相容的高低尊卑。”

关于政体制度和宪法原则问题:在政体形式上,贵族阶层要求维护君主政体,保护国王本人的立法、司法、行政权,与此同时,要制定根本法,确保国王行使其权力时国民享有各项权利。

因此,所有陈情书都宣布,国民有权召集三级会议,三级会议成员人数要足以确保其独立性。陈情书提出,今后要定期召开三级会议,每当新国王继位登基时都应召开三级会议而不必另发召集通知。有诸多辖区甚至希望这种三级会议为常设会议。倘若不能按照法定期限如期召开三级会议,人们有权拒缴捐税。少数陈情书提出,在两届三级会议期间,应设立中间委员会,负责监督王国政府,但是,大多数陈情书明确反对设立这种委员会,并认为这种委员会完全违反政体制度。不过,后者的理由很奇怪:他们担心这种与政府并存的委员会会受到政府的诱惑。

贵族阶层提出:应取消大臣解散三级会议的权力;倘若大臣们

使用阴谋诡计破坏三级会议秩序,应依法受到制裁;任何政府官员,任何与政府存在依附关系之人,均不得成为三级会议代表;三级会议代表人身不受侵犯,不因发表政见而遭到起诉;最后,三级会议应公开举行,为了邀请国民参与讨论,应散发会议印刷资料传播会议讨论情况。

贵族阶层一致要求,调整国家政府的原则均应适用于全国各地,因此,各省、区、教区,必须建立经自由选出、定期任职的成员组成的三级会议或者议会。

有些陈情书认为,必须取消省督与包税官职位;所有陈情书都认为,今后唯有省三级会议有权分配捐税,有权监督行省的各利益团体,而且区议会和教区议会也应如此,它们今后应只服从省三级会议。

权力划分制度:

立法权:关于国王和三级会议的权力划分,贵族阶层提出,法律唯有经三级会议和国王同意,并由负责实施法律的法院注册,才能生效;唯有三级会议有权决定征税并确定捐税数额;唯有在上次三级会议召开至下次三级会议召开的这段期间,才能同意给予财政补贴;未经三级会议同意而征收或者设立的捐税均应宣布为非法,下令征收如此捐税的大臣和税官均应作为贪污犯追究刑事责任。

未经三级会议同意,不得举债;三级会议应当规定,在遇有战争和重大灾害的情形下,政府最高借款限额,而且政府事后必须尽快召开三级会议予以追认。

所有国库均应受三级会议监督;由三级会议确定各政府部门的预算开支,必须尽一切可能杜绝出现入不敷出的情形。

大部分陈情书都要求取消那些令人恼火的捐税:登记税、百分之一的尼埃税、批准税等各种名目的捐税——所有这一切捐税都统归王国领地税务局掌管。有份陈情书说："单是税务局这个名称就足以伤害国民，因为它宣布本属公民的那部分财产归国王所有。"陈情书提出：一切未经转让的王室领地，均应由省三级会议监管；任何有关财政税收问题的敕令、法令，未经全国三级会议同意，均不得颁布。

贵族阶层的思路很明显，无论借款也好，抑或征税也好，就是要将全国财政税收管理权通过全国三级会议和省三级会议赋予人民。

司法权：在司法问题上，贵族阶层同样倾向于让审判权至少在很大程度从属于三级会议。诸多陈情书就是这样宣告其主张的：

"法官行为应当向三级会议负责"；未经三级会议同意不得免除法官职务；未经三级会议同意，不得以任何借口干涉法院履行审判职能；最高法院以及高等法院的渎职行为，应由三级会议审判。依照多数陈情书的意见，未经人民推荐，国王不得任命法官。

行政权：行政权专属国王，但是，必须规定必要的限制，防止国王滥权专权。

例如，关于行政管理，陈情书要求，各政府部门的账目必须印刷公布，大臣应对三级会议负责；同样，国王调动部队对外防御之前，必须将其意图准确告知三级会议。对内，唯有三级会议可以调动部署军队。必须限制部队人数，在平时仅保留三分之二的兵员处于预备状态。外国雇佣军，必须离开王国中心而派往边境地区。

在阅读贵族阶层的陈情书时，最让人感到惊奇的而且任何摘录都无法再现的，是那些贵族具有的时代特征：他们具有时代精神，极其流畅地使用时代语言。他们谈论的，是不可转让的人权以及根本的社会契约原则。谈到个人时，他们通常关心的是个人权利;谈到社会时,他们通常关心的是社会责任。在他们看来,政治原则与道德原则一样绝对,理性是它们的共同基础。他们希望废除残余的农奴制度,认为那是清除人类堕落的最后痕迹。他们有时称路易十六为公民国王,并多次谈到叛国罪,而这一罪名后世通常认为就是他们发明的。他们同其他人一样认为,应当不遗余力地发展公共教育,发展公共教育是国家的责任。有一份陈情书说,三级会议应通过改革青少年教育,塑造国民性格。和同时代其他人一样,他们对法制统一表现出强烈而持久的兴趣,但是,每当触及阶层等级问题时,看法就大不相同。他们与第三等级一样,要求统一行政、统一采取各种措施等。他们提到要进行各种改革,并希望实行彻底的改革。按照他们的想法,所有捐税,无一例外均应废除或者进行改革;所有司法制度均应改革,但是,领主司法除外,它只需进行完善。他们就像其他法国人一样认为,法兰西是政治试验田,是政治示范农场,一切均应推倒重来,一切均应尝试,但生长其个人特权的小天地除外。不过,我们还得替他们说句公道话,就连这块小天地,他们也没有放过。总之,在阅读贵族阶层的陈情书时,完全可以得出结论,倘若那些贵族是平民的话,发动大革命的就会是他们。

注释四十一

(第二编第十一章第十二自然段)

举例说明18世纪中期教省宗教治理结构

1. 一位大主教。
2. 七位副主教。
3. 两类教会法庭,称作“宗教裁判所”。其中一类叫作“大主教裁判所”，主管对主教的审判；另一类叫作“主教裁判所”，具有如下审判管辖权：

(1)教士之间的私人事务。

(2)宗教仪式婚姻的效力。这种法庭由三位法官、一位律师和一位检察官组成。

(3)两种税收法庭。一种叫作“税收裁判所”，受理教区内与教士捐税(称为“应缴纳捐税的教士”)有关的一审案件。这种法庭，由担任主审法官的大主教以及担任法官的其他六位教士组成合议庭。另一种法庭，管辖不服教省各教区一审而上诉的案件。上述所有法庭都允许律师出庭并要求开庭审理。

注释四十二

(第二编第十一章第十四自然段)

行省三级会议上的教士精神状态

我在此处正文中所说的朗格多克行省的情形，尤其符合上吉耶纳行省1779年和1787年召开的行省三级会议的情形。这个行省三级会议的教士代表，是所有代表中最开明的、最积极主动的、最具有自由精神的代表。支持将行省三级会议记录公开的，正是罗德兹主教。

注释四十三

(第二编第十一章第十七自然段)

教士于1789年在政治问题上表现出的自由态度，并非一时冲动，而是在很早以前就已经表露无遗的。他们的这种自由精神，最早于1779年，就在贝里得到充分展示，当时教士主动提出，只要保留行省行政治理结构，就会捐献68,000里佛。

注释四十四

（第二编第十一章第二十二自然段）

请认真注意如下事实：虽然在政治生活上没有什么联系，但是，在社会生活中却仍然存在联系。在等级阶层内部，人们是彼此联结在一起的。贵族阶层与平民百姓，甚至存在密切联系。虽然这些联系发生于社会生活领域，但是，其结果却是让他们感到在政治生活中存在间接联系。存在如此联系的人们，形成的是无规律的、松散的团体。如此团体，在权力压制下，抗压性很强。法国大革命，在打破社会联系纽带后并未用政治纽带代替它们，从而为平等和奴役开辟了道路。

注释四十五

（第二编第十一章第二十五自然段）

法院对专横行为作出裁决的实例

从巴黎行省省督于1781年写给财政总监的报告来看，似乎这个行省允许教区设立两个理事会。一个理事会由教区军民大会选举，由省督代理人担任主席；另一个由省督任命，并监督前一个理事会。在吕埃教区，民选理事会官员不愿遵从省督任命的理事会官员旨意，因此，两个理事会就发生了争吵。省督试图说服德·布勒特伊先生将民选的理事会官员投入拉福尔斯监狱关押两周。后来，那位民选官员遭到逮捕并遭解职而由其他人取代其职位。遭监禁官员就此起诉,高等法院开庭审理,并作出判决:监禁原告并解除民选官员职务,就是任意妄为的暴政行为。要知道,那个时代的司法有时是受到严格控制的啊!

注释四十六

（第二编第十一章倒数第三自然段）

在旧王朝,包括资产阶层在内的有教养而富裕的阶层,根本没有受到什么压迫或者奴役。人们也许会认为,他们所有人通常都享有极大自由,想做什么就可以做什么,因为王权不敢为了平民百姓的利益而阻止他们,而且为了博得他们的好感或者熄灭他们的不满,王权总是觉得有必要抛弃平民百姓。可以这么说,在 18 世纪,与同一时期处于同一阶层的英国人相比,属于上述阶层的法国人,通常拥有远远更大的能力对抗政府,并迫使政府迁就自己。与英国政府相比,法国王权政府有时也认为,在面对同样阶层的上述臣民时,不得不更委屈自己,显得更温和一些、更为缩手缩脚。当然,把自由与自主混为一谈是错误的,人人都像自由公民一样自主。

注释四十七

（第二编第十一章倒数第二自然段）

迫使旧王朝专制政府采取温和手段的原因

除增加已有捐税数额和尤其是新开征捐税外,在一般情况下,几乎没有什么东西能让政府陷入巨大困境或者激起平民百姓的愤怒。在欧洲古老的税收体制中,当统治者大手大脚挥霍钱财时,当他把财政搞得一团糟时,当他需要更多的钱收买更多的人而维护自己的统治时——当他要维持庞大数量的军队或者开始兴建公共工程而支付大量工资或者给予他们大量利益时,他立即想到的就是征税。在这个时候征税,就会直接引起各阶层的不安和不满,尤其是会引起可能煽动暴力革命的阶层即下层人民的不安不满。而在如今,遇到同样的财政困难,政府是改而采取借钱的措施,其直接效果难以看出,而且其最终效果要等下一代才能感受到。

注释四十八

(第二编第十二章第三自然段)

在马延行省,可以找到诸多这种例子。那个行省的主要土地都已经出租给总承租人,他再把土地转租给一无所有的佃农,并给他们配备必不可少的农具。这种总承租人不必为那些佃农提供食宿,或者给旧封建制度的债务人提供食宿。但是,这种新的封建制度,在那些总承租人的实施下,往往比中世纪还严酷。

注释四十九

(第二编第十二章第三自然段)

例如,蒙巴宗居民制作的军役税名单,竟然有罗昂贵族拥有的公爵领地的几名管家的名字,当然,这些管家是以该贵族名义行事的。这位贵族(毫无疑问是非常富有的)不仅结束了他所称的弊端,而且还设法收回了其误缴的、应由居民负担的5544里佛15苏。

注释五十

（第二编第十二章第十二自然段）

教士经济特权如何导致本应与教士亲近者与教士分离的实例

诺赛教区教士声称,居民有义务维修其谷仓和葡萄酒压榨机。他提出在当地征收修缮资金。省督回应说,居民只负责修缮其宿舍。谷仓和葡萄酒压榨机仍然要由教士自担费用维修。

注释五十一

（第二编第十二章第二十一自然段）

如下内容,是在农民于1788年回答省三级会议咨询时呈送的一份报告中找到的。它语调平和地用清晰措辞说:"在军役税征收的弊端上,又增加了执达吏的弊端。在征收军役税期间,收税员与执达吏往往要来五次。他们通常是不合法的士兵或者瑞士雇佣兵。每一次来都要在教区待上四五天,每天都要由军役税征收办公室收取36苏费用。关于军役税的分派,我们不打算报告那些众所周知的弊端以及那些总是心怀恶意、充满偏见的、无能的执法人员造成的损害。无论如何,他们都是不安与争吵的乱源。他们引发的诉讼,对于当事人而言是极其沉重的代价,对于法院所在行省而言是极其有利的。"

注释五十二

（第二编第十二章第二十五自然段）

中央政府官员确认的三级会议行省所采取措施的优点

1772年6月3日,税收督导官员写给省督的密信说:"在三级会议行省,由于捐税是固定的百分比,每一个纳税人都服从这一规定而且都足额缴纳。倘若增加捐税负担比例,就要按照国王要求增加的捐税比例进行计算(例如,用 1,000,000 里佛代替 900,000 里佛)。如此操作,非常简单易行。但是,在多数行省,捐税征收是因人而定而且是任意专断胡为的:有些人要全额缴纳捐税,有些人只缴纳应缴纳捐税的一半,有些人只缴纳应缴纳捐税的三分之一,有些人只缴纳四分之一,有些人甚至根本不缴纳。在这种情形下,如何给已经缴纳捐税者再增加九分之一的捐税?"

注释五十三

(第二编第十二章第三十四自然段)

特权阶层最初如何理解道路带来的文明进步

某伯爵致信省督投诉,当地修建道路进度拖延而不快。他说,省督代理人没有在修路这件事上尽心尽力,没有强制督促农民完成他们应完成的徭役。

注释五十四

(第二编第十二章第三十四自然段)

为徭役设立的专制监狱

例如,御前大法官于 1768 年写的一封信,就可以读到如下内容:"昨天我在助理工程师 C 先生的要求下,对三个没有完成徭役任务的人作出监禁的判决。听到这个判决,有村妇吵闹不已,说:'你看看那是什么情形!要他们服徭役,又根本不给他们东西吃。你想想,这些穷人多可怜!'"

注释五十五

(第二编第十二章第三十五自然段)

修建道路,有两种资源:

1. 最重要的是徭役,承担了所有必须由人工完成的繁重工作。

2. 最不重要的是一般的征收费用的工作。所收取的费用都交给公路局支配处置,用于修建道路。特权阶层,主要是大地主,在修建道路上,比任何人的利益都更大,但是,他们却不用承担军役税。要知道,军役税与修建道路密切相关,因为军役税就是用于修路的。

注释五十六

(第二编第十二章第三十六自然段)

利用徭役运送犯人的实例

从1761年管理囚犯的专员写给省督的信件中,可以看到,强制农民用车运送犯人。农民们极其不愿意做这种活,而且经常遭到狱吏的粗暴对待。专员写道:“看看吧,狱吏是多么粗鲁多么残暴多么侮辱人,尽管如此,农民往往还是表现出很不愿意做这种活的态度。”

注释五十七

(第二编第十二章第三十六自然段)

蒂尔戈描述过运输军事物资的徭役者遭受的苦难和严酷。我在相关档案中阅读其描述后,没有感觉到有任何夸大的成分。他尤其讲到,最大问题就是负担的极端不平等。运输军事物资的徭役,几乎完全落在少数几个教区,原因就是这几个教区不幸所处的位置。那些徭役要走的路程,通常是五六里格有时甚至是十里格或者十二里格,来回走一趟必须花上三天时间。可是,付给他们的费用,只有他们开支的五分之一。做这种徭役,往往是在夏收季节。在夏收后,耕牛几乎都已经很累而且往往是累病了。正因为如此,承担徭役的当地人宁愿掏出十五至二十里佛的金钱,也不愿意提供自家的耕牛与四轮车。最终的结果,必然是造成一片混乱,士兵往往采取暴力强迫农民充当徭役。何况官员提出的徭役,往往几乎都是多于他们应负担的数额。有时,他们迫使车夫不顾可能使牛马具有崴脚的危险而驱赶拉车的牛马。何况士兵装载的东西已经极其沉重。有时,士兵恼火于慢吞吞的牛马,就挥剑戳它们。倘若见到此情此景的农民稍有抗议,就会遭到士兵的粗暴对待。

注释五十八

(第二编第十二章第三十六自然段)

徭役运送各种物资的实例

罗什福尔的海军总督抱怨,被迫服徭役的农民根本不想拖运海军从各省采购的建筑木材。我们可以从他写的信中看出,在1775年,农民仍然负有服徭役的义务,不过,总督会支付固定的报酬。把这封信送给图尔行省省督的海军大臣,要求省督准备海军所需要的车辆。省督杜克罗兹尔拒绝提供如此徭役。海军大臣就写信威胁他说,将把他不服从指令的行为呈报国王。该省督立即于1775年12月11日回信坚持说,他任职图尔省督十年期间,从未分派过如此徭役,因为如此徭役必定导致滥权专权弊端,而且所确定支付如此徭役的车马价款从未予以支付。他说:“由于路况糟糕,天气糟糕,要驮运的物资又如此沉重,马匹总是被崴脚。”让省督如此语气坚定的,可能是蒂尔戈于1774年7月30日所写的一封信。那时,蒂尔戈刚刚进入内阁。在信中,蒂尔戈说,他从未授权里摩日征用徭役,并支持杜克罗兹尔先生在图尔不提供徭役。

从信中其他内容来看,供应木材往往需要这种未经国家以及有关人员授权采取的徭役,因为这样的话,他们可以省下至少三分之一的运输费用。有位省督代理人举例说:“从砍伐木材的地方运到河边的道路,几乎无法通行。这段路有六里格,返程要花两天。支付运输人员的工资费用,就要每立方法尺每里格六里亚。这相当于每趟就要15法郎15苏。这几乎难以足额支付小地主及其帮手和拉车的牛马费用。因此,徭役本人的付出,他的时间,他的车马,几乎都得不到补偿。”1776年5月17日,国王下令采用徭役。大臣把这一命令传达给省督。此时,杜克罗兹尔已去世,他的继任人艾斯卡罗比亚先生急急忙忙遵令贴出命令说:“省督代理人将在各教区分配徭役任务,各教区应当按照省督代理人确定的价格,按照木材所在地的教区理事会确定的时间地点,集中徭役把木材运至指定地点。”

注释五十九

(第三编第一章第十自然段)

有人说,18世纪哲学的特点,就是崇拜人类理性,就是无限信赖理性可以主宰一切,并藉此任意修改法律制度和风俗习惯。这一点应当予以澄清:真正而言,有些哲学家并不崇拜人类理性,而是崇拜他们自己的理性。从未有人像他们那样对人类的共同智慧缺乏信心。我可以列出诸多人,他们几乎就像蔑视仁慈的上帝一样蔑视民众。他们对上帝表现出的,是一种竞争对手所具有的傲慢;对民众表现出的,则是一种暴发户所具有的傲慢。真正恭敬地服从多数人的意志,就如同服从神的意志一样,于他们而言,都是格格不入的。几乎所有革命家后来展现出来的都是这一双重性格。这与英国人和美国人对其多数公民的意见、感情所表现出来的那种尊重,不可同日而语。在英美国家,理性是自豪与自信,绝对不是蛮横无理。因此,他们的理性走向的是自由,而我们的理性,只不过发明了全新的奴役形式而已。

注释六十

(第三编第二章第十一自然段)

通常对待农民方式的实例

1768 年,国王恩准索米尔附近的布兰奇教区的军役税减少 2000 法郎。教士企图从减少的金额中抽取一部分用于建造钟塔,以减少其宿舍听到的钟声噪音。教士说,那种噪音令人难以忍受。村民反对并投诉。省督代理人站在教士一边,并在晚上派人羁捕了三位领头的居民。

另有一些例子:有一位妇女羞辱骑警队的两个骑兵,国王下令将其送监狱关押两周。有一袜子生产商说了骑警队的坏话,国王也下令关押两周。省督答复大臣询问时说,他已经将那位生产商送进监狱关押,大臣高度称赞了其做法。羞辱骑警队行为的发生,与暴力羁捕乞丐有关。这种暴力羁捕行为显然触怒了人民。在羁押袜子生产商时,省督代理人将该事广而告之说,谁敢继续羞辱骑警队，谁就将受到更严厉的处罚。

从省督及其代理人的通信中可以看出，省督下令将那些捣乱之人关押，并非为了审判他们，而是要限制他们的人身自由。

省督代理人曾请求省督下令将其羁捕的两个乞丐处以终身监禁。有一位父亲投诉说，只是因为其儿子没有持有相关证明文件旅行，就把他作为流浪人员而予以羁捕。某地主要求羁捕其邻居，他说：那个人定居于他的教区，他曾帮助那个人，但是，如今那个人恩将仇报，对他不好而惹恼了他。巴黎省督请求其在鲁昂的同僚，帮帮那位地主，因为那是他的朋友。

对于任何希望释放乞丐之人，省督都会回答说："那些羁押场所并非监狱，而只是矫正乞丐和流浪人员的场所而已。"如此思想观点，竟然体现在刑法典中，这表现出旧王朝的传统保留得是多么好啊！

注释六十一

（第三编第二章第十七自然段）

弗里德里希大帝在其回忆录中写道："丰特奈尔[14]和伏尔泰、霍布斯[15]、科林斯、沙夫茨伯里[16]、博林布鲁克这些伟人，给予宗

---

〔14〕 伯纳德·丰特奈尔（1657年—1757年），又译"丰特内尔""冯特内尔"，法国哲学家和作家，以理性作为反对宗教权威和封建统治的武器，提倡科学实验精神；1697年任法国皇家科学院院长；著有《关于宇宙多样性的对话》（又译"《关于多重世界的对话》"）。——译注

〔15〕 托马斯·霍布斯（1588年—1679年），英国政治家、哲学家。创立机械唯物主义完整体系，指出宇宙是所有机械运动着的广延物体的总和；提出"自然状态"和国家起源说，指出国家是人们为了遵守"自然法"而订立契约形成的，是一部人造机器人，反对君权神授，主张君主专制。——译注

〔16〕 沙夫茨伯里（1621年—1683年），英国政治家、辉格党领袖，曾任英国财政大臣和大法官（兼上院议长）。1679年支持通过《人身保护法令》（又称"《沙夫茨伯里法案》"）。——译注

教致命打击。如今,人们开始审视那些伟人素来盲目崇拜的东西,理性终于击倒迷信,对自己向来深信不疑的神话嗤之以鼻。自然理性论造就了大量宗派信徒。倘若伊壁鸠鲁主义严重损害了异教徒的偶像崇拜,如今的自然理性论也同样严重地损害了我们祖先所接受的犹太教观念。思想自由盛行于英国,为推动哲学进步作出了巨大贡献。"

从上述话语可以看出,弗里德里希大帝在写下上述几行文字时,亦即在18世纪中期时,仍然把当时的英国视为不信教的发源地。从上述话语还可以看出一件更令人震惊之事:一位最精通人文科学和人性的君主,似乎并不知道宗教对政治的影响,其原因在于,其导师的精神缺陷,改变了其精神品质。

注释六十二

(第三编第四章第十五自然段)

18世纪末在法国呈现的这种进步精神,在同一时期也呈现在整个德意志,而且也同样到处都伴随着改革政治制度的愿望。看看一位德意志历史学家对当时德国正在发生的事情所作的描述:

"18世纪下半叶,"他说:"新时代精神逐渐被引入教会统治领域,从那里开始改革。工业技术和宽容精神得以广泛传播。在一些大国居统治地位的开明专制,已在德意志初露端倪。应当说,在18世纪的任何时期,在教会统治领域,都从未见过像法国大革命前最后几十年出现的那样杰出、那样值得尊敬的君主。"

我们必须注意,他所描绘的图画,多么像法国当时呈现的图景:改良与进步运动在同一时期兴起,最有资格进行统治的人物在大革命即将吞噬一切的时刻出现。

我们还必须承认,德意志的整个教会领域,都如此明显地卷入了法兰西的文明与政治运动。

注释六十三

（第三编第四章第十八自然段）

英国司法制度表明：政治体制虽然存在无关宏旨的问题，但仍然可以实现创立时设定的主要目标

有些国家的政治体制虽然存在这样那样的问题,但是,倘若其所遵循的总原则以及其精神富有生命力,这些国家就具有走向繁荣昌盛的能力。倘若观察研究 20 世纪的英国司法制度,就可以最清楚地认识到这一点。布莱克斯通[17]的研究观察,就向我们证明了这点。

首先,我们发现,英国存在两大引人注目的多样性:

1. 法律的多样性:

(1)英格兰、苏格兰、爱尔兰和大不列颠的各欧洲属地如马恩岛、诺曼底群岛等以及各殖民地,均具有各不相同的法律。

(2)英格兰本身就存在四种法律:习惯法、成文法、罗马法、衡平法。习惯法又分为适用于整个王国的普通习惯法和适用于某些领地、城市或者有时甚至仅仅适用于某些阶层的特殊习惯法如商业习惯法。上述习惯法,有时彼此大相径庭,例如,有些习惯法与主流的英国法截然不同:有的规定,所有的子女应平均分割遗产;

---

〔17〕 威廉·布莱克斯通(1723 年—1780 年),英国法学家。主要著作《英国法释义》对英美法律界和法律研究影响深远,系统阐述了英国法,认为英国法可以与罗马法和欧洲大陆的民法相媲美。——译注

有的规定更为奇怪,把长子继承权赋予最年幼的子女。

2. 适用法律的法院的多样性:

布莱克斯通说,法律设立的不同法院,其多样性令人惊讶。兹简略介绍如下:

(1)首先遇到的,是在英格兰以外设立的法院,如苏格兰法院和爱尔兰法院,它们并非都从属于英国最高法院,但是,我想,它们最终都从属于英国上议院。

(2)至于英格兰本身的法院,倘若我没记错的话,按照布莱克斯通的分类,有如下法院:

①根据普通法设立的十一类法院,其中有四类法院,似乎早已废弃不用。

②有三类管辖范围遍及全国的法院,不过,它们各自专门管辖某一方面的案件。

③有十类特殊法院。其中有一类是地方法院,有的是根据议会的不同法令设立的;有的是因传统而留传的,或是在伦敦,或是在各郡的市镇。此类法院数量众多,其组织结构和适用的规则五花八门,无法一一详述。

因此,倘若按照布莱克斯通的介绍,仅仅在英格兰,在他进行著述的那个时代,即在 18 世纪下半叶,就存在二十四类法院。这些法院,其中有许多又进一步分为大量各具特色的法院。倘若撇开自那个时期以来几乎已经消失的几种法院,仍然还剩下十八类或者二十类法院。

现在,让我们考察分析一下其司法制度,可以很容易看出它存在哪些不完善之处。

尽管法院种类繁多,但是,却往往缺少离诉讼人很近、花费很少、能就地审判小案件的基层一审小法院。如此情形,导致司法不畅而且诉讼代价高昂。同样的案件,几个法院都拥有管辖权,导致一审法院从诉讼开始阶段就不清不楚。几乎所有上诉法院都受理初审案件,而且如此处理的,有些时候是普通法法院,有些时候是衡平法院。上诉法院也种类繁多。唯一中心点是英国上议院。行政诉讼与普通诉讼并不分开,这在大多数法国法律人看来是一大缺陷。最后,所有这些法院都要从四大不同的法律体系中寻找裁决依据。其中之一是遵循先例原则;另有一大体系是衡平法,这种法律体系的建立依据不甚明确,其目的是通过法官的自由裁量权,修正成文法或者习惯法中过时或者过于苛刻的规定,但并非质疑挑战习惯法或者成文法的规定。

英国司法制度确实存在不少问题。倘若将英国司法制度这架古老而庞大的机器同法国司法制度这一现代化工厂相比,倘若将杂乱而不统一的英国司法制度与简单、统一、内在协调的法国司法制度相比,英国司法制度存在的问题一定会更加突出。然而,自布莱克斯通那个时代以来,世界上没有哪个国家像英国那样彻底实现了其伟大的司法宗旨。就是说,在英国,不管一个人的地位如何,不管他是控诉个人或者国王,他都更有把握让世人听到他的控诉,而且唯有英国法院,才能更好保障其财产、自由与生命。

当然,这并非说,英国司法制度的缺陷有助于实现我所说的伟大司法宗旨。这只是说明,任何司法制度都存在无关宏旨的缺陷,这些问题只能对司法宗旨带来轻微的危害。但是,任何司法制度中存在的根本缺陷,不仅会危害司法宗旨,而且会摧毁整个司法制度,尽管它们在无关宏旨的方面具有诸多完美品质。前一种缺陷最容易发现,而且通常最先搅动人民心灵的就是那些缺陷,因为诚如人们所说,它们是一目了然的。后一种缺陷往往更为隐蔽,法学家或者法律从业人员并非总能发现或者强调如此缺陷。

此外,请注意,由于所处的时代不同或者所处社会的政治制度不同,同样的品质,既可以是次要的,也可以是主要的。在贵族时代,在不平等时代,通过司法程序,可以削减某些人的特权,可以为弱者对抗强者提供保障,可以确保国家的统治地位。倘若这一切只是涉及两个人之间的诉讼,当然是公允的,而且都是根本品质,但是,随着社会状况和政治体制转向民主制时,其重要性就会削弱。

倘若根据上述原则研究英国司法制度,就会发现,尽管存在所有那些让我们邻邦的司法制度变得模糊、困惑、拖延、代价昂贵和不方便等的诸多不足,但是,人们已经采取无数预防措施,确保强者绝不能通过牺牲弱者而获益,确保国家绝不能通过牺牲个人而获利。越深入了解这种法律制度的细节,就会越加明白,英国司法制度为每个公民提供了各种自卫武器,其每一项制度设计,都是为了给每个人提供最大保障,以防止司法不公和预防法官贪赃枉法。在民主时代,如此贪赃枉法现象尤为危险,因为那是法院屈从政府权力的结果。

因此,无论从哪个角度观察,英国司法制度尽管存在诸多无关宏旨的缺陷,但是,我都认为,它优于法国的司法制度。当然,法国司法制度,虽然几乎不存在英国司法制度具有的缺陷,但也不具有英国司法制度具有的主要品质。我们法国的司法制度,虽然对于解决私人之间的诉讼纠纷,可以提供出色的法律保障,但是,对于解决个人与国家的讼争问题,所提供的保障是软弱无力的,而这正是在法国这样的民主社会,必须永远加强的司法制度内容。

注释六十四

（第三编第四章第二十自然段）

巴黎地区拥有的优势

在政府慈善方面，就如在捐税征收方面一样，巴黎地区处于有利地位。例如，1787 年 5 月 22 日，财政总监致信法兰西岛地区的省督：国王已经决定，巴黎地区该年度用于慈善工程的总额是 172,800 里佛。此外，还有 100,000 里佛专门用于为农民购买耕牛之用。从这封信中可以看出，172,800 里佛的拨款总额，是由省督根据政府确定的总原则进行分配并上报财政总监批准即可。

注释六十五

（第三编第四章第二十三自然段）

旧王朝行政架构，由不同时期设立的众多的各种行政部门构成。大多数部门往往是为了征收捐税而不是为了行政管理而设立的，而且有时不同部门的业务是相同的。要避免混乱与冲突，唯有相关部门都基本不运作或者根本不运作。倘若那些部门想有所作为，即刻就会陷入彼此碍手碍脚而动弹不得的境地。因此，与大革命爆发前的三十年、四十年相比，大革命爆发前的几年，对行政机器运转的混乱不堪以及复杂无比的投诉，多得多。但是，政治制度的运转却没有相应地变得更糟，而是有了极大改进，而且政治生活也更加活跃。

注释六十六

（第三编第五章第八自然段）

肆意妄为的增税行为

国王此说关于军役税的言论，完全适用于二十分之一税。从如下通信，我们就可以得出这一结论。1772 年，财政总监泰雷[18]在图尔行省大幅增加 100,000 里佛的二十分之一税。可以从该省省督、能干的行政长官、善良的杜克罗兹尔所写的密信中得知，如此做法，导致杜克罗兹尔痛苦不堪并陷入窘境。他说："垂手就获得了先前增加的 250,000 里佛捐税，这可能对作出如此残酷的增税决定以及六月来信起到了鼓励作用。"

注释六十七

（第三编第五章第十五自然段）

蒂尔戈在一份王室通告序言中谈到农民时的措辞

他说："这个社区委员会，主要由王室派遣人员以及无法自己管理自己的、粗鲁无知的、贫穷的农民组成。"

注释六十八

（第三编第六章第六自然段）

旧王朝兴盛时期革命思想是如何自然渗入人民内心的

1779 年，有一位律师写信给御前会议，要求颁布法令，在整个

[18] 泰雷，法王路易十五财政总监，操纵全国粮食买卖，增加盐税，为人贪狠。——译注

王国重新确定稻草收购的最高限价。

注释六十九

（第三编第六章第六自然段）

1781 年，总工程师致信省督，谈论额外赔偿问题："赔偿请求人似乎没有认识到，所给予的赔偿是图尔行省才有的，能收到部分赔偿就已经非常幸运了。倘若我们按照请求人的要求予以赔偿，四百万也不够啊。"

注释七十

（第三编第七章第十自然段）

大革命并非因为这种繁荣而发生的。可是，那种必然产生大革命的精神——那种新社会积极活跃的、不安于现状的、机智灵敏的、锐意革新的、雄心勃勃的、民主的精神——已经开始推动一切事物的发展，在霎那间就颠覆旧社会之前，已经具有动摇旧社会和发展新社会的能力。

注释七十一

（第三编第七章第十五自然段）

1767 年不同行政权力的冲突

例如，法兰西岛行省议会的常务委员会声称其拥有管理贫民院的权力，而省督则希望自己仍然拥有这项权力并说："贫民院并非由行省提供的资金支持运转的。"在双方争论期间，该常务委员会与其他行省议会的常务委员会联系,咨询他们的意见。从它收到的回答中,我们发现香槟行省的议会常设委员会向法兰西岛行省通报说,它也遇到同样的问题而且正在抵制其省督的做法。

注释七十二

(第三编第七章第二十七自然段)

我在法兰西岛第一届议会会议记录中,偶然发现了其发言人所发表的如下言论:"到目前为止,理事会的工作任务,与其说是一种荣誉,不如说是一种极大的负担,必定足以吓到那些有财富有教养有身份地位之人。"

注释七十三

(适用于全书各章节)

大革命时代的封建法学家认为其时仍然存在的封建权利

我并非要撰写论述封建权利的论文,也不是意图探究其起源。我只是想说说在18世纪还残存哪些封建权利。它们在历史上起着重要作用,而且在压迫者的心中占有如此地位,让我不得不感到很好奇:在摧毁它们的大革命时代,它们的真实情况如何?抱着这种想法,我当时首先研究的是土地赋税清册或者领地赋税清册,而且选择的是最近年份的土地赋税清册。但是,这种方法让我一无所获,这是因为,封建权利,虽然是在整个欧洲都是由一套统一的法律制度体系调整,但是,具体到各行省或者县区,是千变万化的。因此,我决定采取如下的不同方法。封建权利曾经引发了无数诉讼,这些诉讼涉及诸如以下一些问题:那些封建权利,如何获得?

如何失去？由哪些内容组成？哪些根据王室特许而获得？哪些通过私人契约而获得？哪些根据当地风俗习惯或者传统而获得？在出售时，如何计算其价格？每一种权利按照其重要性，各代表多少金钱？所有这些问题，曾经而且仍然众说纷纭，不知有多少法律专家投入心血研究它们。这些人，有的在18世纪下半叶撰写了有关著述，有的在大革命爆发前不久仍在撰写论述它们的文章。他们并非所谓的博学法学家，而只是法律从业人员，其目的就是为澄清这个如此吸引人的专业法律问题并为人们执业提供指导规则。正是有了那些专家的认真研究，我们才可以详细而清晰地了解那些封建法律。下面将我的分析研究以最简略方式简介如下。我所讲述的内容，主要来自艾德姆·德·弗雷曼维尔于1750年撰写的著作以及勒诺顿于1765年撰写的《领地封建税赋的历史与现实考察》一书。

年贡：年贡（封建法律规定的、因占有土地而以现金或者土地产物支付的永久地租），在18世纪仍然存在，而且深刻改变了诸多地主的境况。它仍然是与土地不可分的，就是说，在某人拥有的土地进行分割时，可以要求任一土地所有人承担所有年贡。它不受时效限制。根据某些风俗习惯，负有年贡的土地所有人不得以取消年贡的方式出售土地，就是说，年贡债权人可以同样价格买回该土地。但是，巴黎的风俗习惯不承认此种权利。

售地金：在习惯法占统治地位的法国大部分地区，在通常情况下，出售负有年贡的土地要缴纳售地金，这笔售地金是在出售时缴给领主的。因各地风俗习惯不尽相同，售地金数额也有所不同，但总体而言，数额都相当大。在成文法占统治地位的乡村，也同样存在售地金，其数额一般为售地价格的六分之一，并称作“转让金”。不过，在这些地区，售卖如此土地，应征得领主同意。在全国，年贡都给领主设立了如下特权，其债权优于其他任何债权人的债权。

田租：凡是负有年贡的土地，都要把当年收成的一部分作为田租缴纳给领主。田租数量依各地习惯法和私人之间的契约而有所不同。在18世纪，一般都还存在这种封建税赋。我相信，即使在习惯法占统治地位的地区，田租也是要根据契约设定的。田租可以是专属于领主的，也可以随土地流转。但是，解释这两种情形有何不同并没有任何实际意义，只需知道如下内容就足矣：前者就像地租，有三十年期限；后者没有期限限制。负有田租的土地，未经领主同意，不得抵押。

博得捐：这种捐税仅存在于纳韦尔和波旁奈依，系负有年贡的土地每年以现金、谷物和家禽的形式缴纳的税赋。这种捐税会产生非常严厉的后果：倘若有三年没有缴纳这种捐税，土地就会被领主没收。负有这种捐税的土地，其产权是不完整的：即使已被继承人合法继承，领主仍然有权收回被继承的土地。这是所有封建土地税赋中最严酷的税赋。后来，这种封建税赋被法律逐步限制于农村地区，因为该法律认为："农民就像驴子，什么重物都可以背负。"

马西捐：这种捐税很特别，只存在于极少数地区。它是领主自然死亡时，由负有年贡土地的占有人缴纳的一定数额金钱。

转地什一税：在18世纪，仍然存在大量的转地什一税。一般而言，这是根据契约设立的封建税赋，并非是由于拥有领主土地而负担的封建税赋。

帕西捐：它是在收获季节征收的捐税，与田租、转地什一税非常相似，主要存在于波旁奈依和奥弗涅地区。

卡珀特：它是波旁奈依独有的捐税。它是针对葡萄园征收的捐税，而田租是针对农田征收的捐税。它是以农产品形式征收的捐税,占葡萄收成的四分之一。

农奴:那些仍然保留农奴制度遗迹的风俗习惯,称为农奴习俗。不过,此种习俗已经很少。在农奴习俗仍然占统治地位的地区,没有土地或者说几乎没有多少土地,完全没有保留农奴制度的痕迹(所引述的这段话,写于1765年)。农奴,即法学家们所称的奴役,有人身奴役和土地奴役之分。

人身奴役,系专属于人身的:无论这个人走到哪里,都负有受奴役的义务;无论这个人把其财物放在哪里,领主都有权获得该财物。学者们收集了几个与这种奴役有关的法院判决。其中一个,是1760年6月17日作出的,没有支持纳韦尔领主所主张的在一个叫皮埃尔·特吕谢身上的奴役继承义务。特吕谢是仍然保留农奴习俗的纳韦尔地区的一个农奴的儿子,他父亲与巴黎的一个自由民妇女结婚,并在巴黎去世。法院否决领主主张的理由是:巴黎是农奴的避难所,不能恢复农奴制度。这个判决表明,只有在农奴死于领地时,领主才对农奴的遗留财产具有主张权利的请求权。

土地奴役,是因占有土地而负有的受奴役义务。只有退租或者迁至它处,才能摆脱土地奴役。

徭役:它是领主享有驱使、利用农民及其牲畜为自己干活的权利。任意徭役,即领主可以为所欲为的徭役,已经完全废除。很早以前,徭役就均已经削减为一年内为领主工作多少天的义务。

徭役也有人身徭役和土地徭役之分。人身徭役,指生活在领地上的每一个人都要无偿工作的情形。土地徭役,是与占有土地有关的徭役。教士、贵族、司法官员、律师、医生、公证人、银行家、名望之士,都可以免除徭役。那时的封建法学家引述了1735年8月13日的判决说明徭役。该判决认定,公证人可以免除领主所要求的履行契约规定的每年为领主工作三天的徭役。他还引用的一个徭役判决,是 1750 年作出的。在该判决中,法院认定:倘若徭役既可以支付金钱的方式履行,也可以劳动的形式履行,选择权就在债权人手中。徭役必须以书面形式确定。在 18 世纪,领主徭役已经极其罕见。

磨坊、烤炉等使用税:阿图瓦、佛兰德斯、海诺特行省不存在这种捐税。倘若没有合法依据,巴黎是严格禁止这种封建税赋的。所有居住于领地之人,都负有缴纳这种捐税的义务,神职人员与贵族,甚至比其他人更经常缴纳这种捐税。

除磨坊烤炉使用税外,还有其他诸多类似的使用税:

第一,工厂使用税。例如,印染厂使用税、软木厂使用税、麻纺厂使用税等。有好几个习惯法地区(如安茹、曼恩、都兰等)都存在这种封建捐税。

第二,葡萄压榨机使用税。只有极少几个地方存在这种捐税。洛林和曼恩存在这种捐税。

第三,公牛使用税。没有提到哪个习惯法地区存在这种捐税。它是由契约设立的。屠宰场使用税也是如此。

一般而言,第二种使用税相对罕见。除非存在极其明确的习惯法文本或者非常明确的契约规定,否则,不存在此种捐税。

葡萄先采权:在 18 世纪的全法国,仍然存在这种封建特权。它属于领主的管治权范畴。行使这种权利,领主无须与他人订立任何契约,但是,这种特权对每一个人都具有约束力。勃艮第的习惯法就规定,每年的葡萄收获季节,领主拥有比他人先一天采摘葡萄的特权。

葡萄酒先售权:这种权利,根据前述作者的介绍,是一群领主们根据习俗或者私人契约享有的。这种习俗或者契约规定,在其他任何人出售葡萄酒之前,领主在一定期限内——通常是一个月或者四十天——享有在自己的领地上先出售葡萄酒的权利。在习惯法占统治地位的大区域,只有图尔、安茹、曼恩和马尔什存在并承认、保护这种权利。1751 年 8 月 28 日,间接税法庭作出的一份判决,允许客栈老板在葡萄酒先售权期间出售葡萄酒,但是,这只是一种例外,而且只能出售给陌生人,并且所售之酒必须来自领主葡萄园。承认并保护这种葡萄酒先售权的习俗,通常都要求以书面契约形式确认这种权利。

放牧权:这种是大法官领主允许领地居民在其司法管辖区域内或者废弃的土地上放牧养牛养羊的权利。在成文法地区,不存在如此权利。它只是在习惯法地区颇为有名的一种权利。在波旁奈依、纳韦尔、奥弗涅和勃艮第,它的名称各不相同。其基础是推定一切土地最初都属于领主的,在以封地、自由保有地或者其他形式把大部分土地分配转让出去而收取一定租金后,领主仍然享有在那些土地上转让唯一适合的用途即放牧的权利。放牧权系由习惯法设立的,但是,只有担任大法官的领主有权享有这一权利。不过,他必须证明他拥有相关契据,或者至少在很久以前,就存在并承认他拥有的这种权利。

通行费:上述作者说,领主的收取通行费的权利,最初存在的是大量的因过桥、过河和过路而收取费用的权利。路易十四取消了诸多通行费。1724 年,国王下令成立专门委员会调查收取通行费权利契据的状况并取消了其中一千二百项收费项目,而在 1765 年,每天都有通行费被取消。勒诺顿说,作为一种捐税的通行费收取首要原则,不但要有产权依据,而且必须有王室恩准的依据。通行费收取关卡上方,就有"根据国王敕令"的文字。收取通行费的其中一个条件,是必须附有所有客商都必须按照其标准支付的收费价目表。这个收费价目表,是得到御前会议法令批准的。勒诺顿说,这种收费权利,必须通过无间断的占有权以证明确认。虽然立法者采取了很多预防措施,但是,近代以来,所收取的通行费数额已经大幅上涨。他说:“我了解到,在一个世纪以前,有个地方的通行费收取的出租金额,是100里佛,如今已经涨至1400里佛。另有一个地方的通行费收取的出租金额,原来是39,000里佛,现在是90,000里佛。”调整、规范通行费的敕令与法令,是1669年法令第二十九章以及1683年、1693年、1724年和1775年的法令。

我上面所提及的法学家,虽然总体上很支持封建权利,但是,他们也承认,在收取通行费上,存在诸多极大弊端。

过渡费:收取过渡费的权利,明显不同于收取通行费的权利。后者只针对贸易货物征收,而前者针对人、牲畜以及运输工具征收。这种权利,唯有得到国王批准才能享有,而且收费价目表是由设立或者批准收取过渡费的御前会议法令规定的。

莱德权:这种权利,不同地方有不同名称。它是针对运往集市售卖的商品征收的捐税。前述封建法学家说,诸多领主错误地认为,这种权利是担任大法官而附带拥有的权利,是纯粹属于领主权的权利。其实,这是一种必须得到国王同意才可以征收的捐税。无论如何。此种权利只能由大法官领主行使,并从中提取治安管理费用。这种权利,虽然从理论上而言,似乎没有国王恩准就不能行使,但是,事实上,它往往是根据封建契据和长期习惯而行使的。

不过,可以肯定的是,没有国王恩准,就不能设立集市。

领主们无须国王授权,就可以管理规范其领地内采用的度量衡。正因为这样,所以,上述权利是建立于习惯法或者长期的集市所有权上的。上述法学家说,国王试图统一度量衡的一切努力均证明是失败的。在采用习惯法的地区,在统一度量衡问题上,没有取得任何进步。

道路权:道路权是领主对道路拥有的权利。主道,即称为王室道路的道路,全部属于王室政府。这些道路的建设、维修以及在道路上的犯罪行为,都不属于领主以及领主法院的管辖范围。不过,领地范围内的一切私人道路,毫无疑问都属于领主法院的管辖范围。领主对那些私人道路具有完全的控制权;私人道路上的一切犯罪,除国王保留了管辖权的外,都属于领主法院管辖。在此之前,领主对穿越其领地的主要道路负有维修的义务。为了弥补其维修费用,国王就恩赐他们拥有在那些道路上收取通行费的权利。但是,后来国王收回了那些道路的控制权。

河道权:所有可供船只或者木筏通航的河流,都属于国王所有,尽管它们要穿越领地,尽管存在与此相悖的产权契据。这是1669年的御前会议法令所作的规定。领主在这些河流上拥有的任何权利——捕鱼权、磨坊桥梁等修建权或者征收通行费权——都必须得到国王恩准。有些领主声称,他们在这些河流上拥有治安权或者执法权,但是,前述任何权利都是非法拥有的。

当然,位于领主领地范围的小溪是属于领主的。他们在这些小溪上,就如国王在可通航的河流上拥有权利一样,拥有财产权、治安权和司法权。所有领主大法官对于领地范围内的非通航河流,均拥有领主权。只要拥有大法官职位,就足以证明他们拥有上述权利,无须其他任何事实或者证据予以证明。有些地方的习惯法,例如,贝里的习惯法,允许人们不经领主同意,就可以在流经其土地的领主河流上修建磨坊。布列塔尼的习惯法也赋予了某些贵族这种权利。但是,一般而言,唯有得到大法官领主的允许,才能在其河流上修建磨坊;为了保护农田,未经领主大法官同意,不得在领主河流上修建建筑物。

雨水、池塘、泉水、水井:落在主要道路上的雨水属于领主大法官所有,只有他才有权处置这些雨水。他有权在其司法管辖区内的任何地点挖建池塘,也可以在其佃户的任何土地上挖建池塘,但应就所占所淹没的土地对佃户予以补偿。好几个习惯法地区都是这么规定的,其中,特鲁瓦和纳韦尔的习惯法就是如此规定的。其他个人只能在他自己的土地上挖建池塘;即使是在自己的土地上挖建池塘,根据习惯法规定,也必须征得领主同意。在有习惯法要求征得领主同意的地区,该习惯法也规定,领主不得因此而向佃户收取任何费用。

捕鱼权:在船只或者木筏可通航的水域的捕鱼权,专属国王。唯有他才有权同意他人捕鱼。是否侵犯了国王的捕鱼权,唯有其法官才有权作出裁决。然而,诸多领主在这些水域还是享有捕鱼权。当然,这种捕鱼权,要么是国王恩赐的,要么是非法取得的。至于非可通航水域,要是没有领主大法官的同意,即使钓鱼也是禁止的。1749 年 4 月 30 日作出的判决,就根据这一规则判决渔民有罪。即使是领主自己在钓鱼时,也要遵守普遍适用的捕鱼规则。此外,领主大法官可以封地转让或者以收取年贡的形式授予他人捕鱼权。

打猎权:打猎权不能像捕鱼权那样予以转让出租。它具有人身专属的属性,是属于国王的专属权利;即使是贵族,倘若没有国王恩准,也不能在其领地上或者封地上行使如此权利。这个原则,是由 1669 年法令第三十章规定的。领主法官有权管辖授予与打猎有关的案件,但是,与红色野兽(我猜想,可能是指大型动物,如鹿等动物)有关的除外,与红色野兽有关的案件必须由王室法院管辖。

打猎权,是完全禁止平民百姓拥有的权利,即使是自由保有土地的平民也不能拥有打猎权。国王并没有恩准他们享有这一权利。这一规定非常严格,领主也不能擅自允许他人打猎。虽然法律规定是如此严格,但是,在实践中,领主不但经常允许贵族打猎,而且也经常允许平民百姓打猎。大法官可以在其管辖范围内打猎,但只有他们享有这种权利。他们有权在其管辖范围内制定颁布与打猎有关的法令等规章制度。所有封建领主,即使不享有大法官职权,在其封地内也有权打猎。既不享有封地也不享有大法官职权的贵族,可以在其居住地附近的土地上打猎。曾有判决认定,在大法官管辖领域内拥有猎场的平民百姓,必须开放其猎场,任由领主打猎,但是,这个判决很古老,是1668年作出的。

禁猎权:如今,对土地不拥有产权者,无权设立禁猎区。平民百姓和贵族都可以设立禁猎区,但是,唯有贵族才拥有森林所有权。

鸽舍权:有些地方习惯法规定,只有大法官才能拥有鸽舍;有些地方习惯法规定,拥有封地者也有权拥有鸽舍。在多菲内、布列塔尼和诺曼底,平民百姓无权拥有鸽舍或者鸽子,唯有贵族可以拥有鸽子。对于杀死鸽子者,处罚非常严厉,常常被施以肉刑。

根据上述封建法学家的介绍,18世纪下半叶存在的主要封建权利就是上面所说的那些。他们还说:“普遍都存在上述权利。还有一些封建权利,不怎么为人所知,存在范围也不怎么广,只在某些地方的习惯法中存在,或者以某种特别权利存在于某些领地。”那些是极其罕见的权利,或者是限制颇多的权利。如此权利,上述法学家共列举了九十九种。其中大多数直接影响的是农业,要么是收获季节缴纳给领主的捐税,要么是运输或者销售土地产物时缴纳给领主的捐税。上述法学家说,诸多如此权利已经过时而不复存在。但我认为,其中有一些封建税赋,一直到1789年在某些地方仍然还存在。

从18世纪封建法学家的介绍中,了解了哪些封建权利仍然存在后,我很想知道,在当时的人们眼中,那些封建权利的经济价值究竟如何。

上文提及的法学家勒诺顿提供了我所需要的材料。他提供的是法院评估1765年即大革命前二十四年存在的各种封建权利的计算规则:

司法管辖权:他说:"有些习惯法把司法管辖权的价值评价为高、中、低三等,而且中等价值为土地十分之一的收入。当时的领地司法管辖权极其重要。艾德姆·德·弗雷曼维尔认为,我们如今的司法管辖权价值的评估,不应高于土地收入的二十分之一。我认为,这个评估价值仍然太高。"

荣誉权:虽然这类权利难以用金钱衡量,但是,勒诺顿是一个非常讲究实事求是之人,不会轻易被外表迷惑,他建议把其价值评估为很小的一笔数额。

领地徭役:勒诺顿提出了评估徭役价值的规则,而且这个标准有时得到执法机关的承认和实施。他把牛一天的工作估值为20苏、人一天的工作估值为5苏再加上食物的价值。这就是当时的平均报酬水平。

通行费收取权:关于通行费收取权的价值评估,勒诺顿说:"任何领主权利价值的评估,都不应低于通行费。通行费的上下浮动是非常大的。如今由于国王和行省已经收走了对贸易最有用的道路和桥梁的管辖权,其他许多通行费收取权都毫无用处,而且每天都在遭遇被废除的命运。"

捕鱼权、打猎权:捕鱼权可以出租并可以准确评估其价值。打猎权无法出租,它是一种具有人身属性的权利,因此,是一种荣誉权,而不是一种可以带来出产的权利,难以用金钱衡量。

勒诺顿接着谈到磨坊烤炉等使用税、葡萄酒先售权、莱德权、放牧权等，这些封建权利是经常碰到的，也是仍然存在的最重要封建权利。他说："除此之外，还不时遇到其他诸多封建权利。倘若要在此处一一列举，会花费很多时间，甚至是根本不可能做到。从以上所举例子，人们可以找到评估其他我们没有专门评估其价值的权利价值的规则。"

年贡价值的评估：多数习惯法规定，年贡价值占土地收入的3%。它之所以具有这么高的价值，是因为年贡还附带其他收益，例如售地金。

转地什一税和田租：转地什一税价值评估不能少于土地收入的4%，因为此种捐税不必操什么心血、不必付出任何劳动、不必付出任何代价。田租，倘若其附带的售地金归领主所有，其价值评估一般为土地收入的3%，否则，其价值就等同于什一税。

地租，倘若不附带售地金或者赎回权——就是说，不附有任何领地费用，其价值应评估为土地收入的5%。

大革命前法国存在的各种土地保有权的价值评估

勒诺顿说，只知道法国存在三种土地产权：

1. 自由保有土地。这种土地产权没有任何负担，不负有任何领地税赋，无论是经济上的还是荣誉上的。

无论是贵族还是平民，都可以成为自由保有土地的所有人。拥有自由保有土地的贵族，享有司法管辖权，或者享有与其人身有关的封地税赋，或者享有与其人身有关的年贡。当然，如此土地的分割，遵循封建法律制度的规定。拥有自由保有土地的平民，不享有司法管辖权，不享有封地税赋，不享有年贡。如此土地的分割，遵循平民之间存在的习惯。勒诺顿认为，自由保有土地的所有人，是唯一拥有完全土地产权的地主。

自由保有土地的价值：比任何形式的土地产权都更高。根据奥弗涅和勃艮第的习惯法，其价值是 2.5% 。勒诺顿认为，实际上更高，3% 可能更准确。

必须注意的是，拥有自由保有土地的农民，是在领主司法管辖权范围内，因此，应受领主司法管辖权的管辖。这种情况，并非是臣服于领主，而是受替代王室法院的领主法院管辖而已。

2. 封地保有土地。

3. 年贡保有土地或者普通保有土地。

封地保有土地的价值较低，因为其负有的封地税赋较大。

(1) 在成文法地区以及几个习惯法地区，封地义务几乎等于零，因为它只是一种口头和行动上的封建臣服。

(2) 在其他习惯法地区，例如勃艮第，封建义务不仅指封建臣服，而且指承担风险，即当所有人没有对领主表现出“臣服和效忠”时，土地就会被领主没收。

(3) 有些地区例如巴黎等诸多地区的习惯法规定，封建义务不但指“臣服和效忠”的义务，而且指以一定条件将土地交回领主的义务。

(4) 还有一些地区如普瓦图等，其封建义务是附有罚款的效忠誓言以及骑马出征的义务。

负有第一种封建义务的封地保有土地，其价值必定比其他的更高。巴黎习惯法规定它们占 5% ，勒诺顿认为这是相当合理的。

为确定年贡保有土地或者普通保有土地，有必要先把它们分为三类：

(1) 仅需支付年贡的土地。

(2) 不但负有年贡而且负有其他义务的土地。

(3) 负有对物地租或者博得捐的限嗣继承土地。

在18世纪，上述两种普通保有土地非常普遍，第三种非常罕见。勒诺顿说，第一种比第二种的价值高，第二种比第三种的价值高。事实上，从严格意义上而言，第三种普通保有土地之人，几乎难以称为土地所有人，盖未经领主同意，根本不能转让其土地。

土地赋税清册：它指上述封建法学家所引述的人们制作并不时更新的领地登记簿籍。我已在正文中提到的这种"土地赋税清册"，记载了确立所有领主权利的一切契据。无论是经济权利还是荣誉权利，无论是属人权利还是属地权利，或者是兼而有之的权利，在"土地赋税清册"中都有登记。"土地赋税清册"记载了土地所属领地的习惯、土地负有的税赋、租约等。上述法学家说，根据巴黎习惯法，领主可以每三十年更新一次"土地赋税清册"，相关费用由该清册登记的土地拥有人支付。他们说："但是，倘若可以发现每一百年有一全新的土地赋税清册，就会是很幸运了。"倘若没有获得称为"清册登记准许书"的授权，就不能更新相应的清册内容。这对于持有领主土地的土地所有人而言，是非常麻烦的程序要求。倘若领地位于几个高等法院的管辖范围内，就由御前大法官签发"清册登记准许书"，否则，就由高等法院签发上述准许书。法院会任命公证人。公证时，领主附庸、贵族、土地保有人、佃户、承担年贡之人以及受领主法院管辖之人，都要现身于公证人面前。"土地赋税清册"必须附有领地地图。

除"土地赋税清册"外，每个领地还保存有其他登记清册，其中一种叫作"里弗斯"的结算登记册，登记领主及其管家从土地保有人处收到的税赋金额、缴纳税赋之人姓名以及缴纳日期等。

附　录

附录一：论三级会议行省尤其是朗格多克行省[1]

托克维尔

在此处，我无意详细研究大革命时期仍然存在的各三级会议行省状况。

首先简略说说存在多少三级会议行省，哪些三级会议行省在当地依然很活跃，它们与王国政府的关系、在哪些方面偏离前面所阐述的一般规则、在哪些方面回归一般规则，最后再剖析其中一个行省，以便管中窥豹而掌握三级会议行省大致演变情形。

法国大多数行省从前都一直存在三级会议这种机构。就是说，每个行省均在王国政府之下，由当时人们所说的三个等级阶层进行治理，

---

〔1〕 这一附录，系原著初次出版时就存在的附录。——译注

即由教士、贵族和平民阶层代表组成的议会进行治理。与中世纪的其他政治制度一样，这种行省制度几乎在欧洲所有文明国家都可以找到，而且具有相同特征，至少在渗透着日耳曼风俗习惯与思想之地就是如此情形的。例如，德意志诸多邦国的三级会议就一直存续到法国大革命时期；在其他曾经存在三级会议的地方，也只是直至17、18世纪，三级会议才消失。两个世纪以来，君主们无处不对它们发动战争，时暗时明，但从未间断。然而，君主们从未尝试顺应时代发展，改革这一制度，而只是一有机会或者别无选择时，就企图摧毁或者扭曲这一制度。

1789年，法国只有五个较大行省和几个微不足道的行政区还存在三级会议。严格而言，只有两个行省即布列塔尼和朗格多克还存在省内自由，其他各行省三级会议已经丧失活力而徒有其名。

下面将专门论述朗格多克行省状况，并把它作为特殊考察对象而详细分析。

在所有三级会议行省中，朗格多克面积最大、人口最多。它拥有近200万居民和2000个村社，或者如人们当时所说，拥有2000个公社。此外，除了是最大的三级会议行省外，它也是所有三级会议行省中治理得最好而且是最繁荣的行省。因此，挑选朗格多克最合适，可以说明在旧王朝时期，省内自由状况究竟如何，如此自由在省内自由最具活力之地究竟在何种程度上从属于王权。

在朗格多克，唯有国王下达召开三级会议谕令并将开会谕令发至所有三级会议成员，才能举行三级会议。因此，当时有位时评人语带讥讽地说："构成三级会议的三个团体，其中之一的教士代表，由国王指定，盖提名主教职位和有俸圣职人选的是国王；其他两个团体的代表也是如此，盖国王根本无须采取流放或者提起诉讼的手段，而只要不把开会谕令发至有关的三级会议代表，就可以阻止其参加会议。”

三级会议,不仅必须遵照国王谕令日期召开,而且必须遵照其谕令日期散会。按照御前会议的规定,其会期通常是四十天。国王派其代表出席会议,其代表可以随时参加会议,并在会议上陈述政府观点主张。三级会议还受到其他严密监督:三级会议未经御前会议批准,不得作出重大决策,不得通过采取任何财政措施的决定,例如,未经国王特别批准,不得征税、借款或者提起诉讼;三级会议所有规章制度,甚至有关会议的议事规程,未经批准不能生效;三级会议收支,即如今所说的会议财政预算,每年都要接受审计监督。

此外,中央政权在其他地方拥有的政治权力,在朗格多克也同样拥有。它制定颁布的法律、没完没了地制定颁布的一般规章制度、采取的一般措施,就如适用于各选举区行省一样,也适用于朗格多克。在这里,中央政权也同样实施其一切天然职权,也拥有同样的警察与官员;在这里,也如同其他各地一样,不时设立大量需要高价购买的新官职。

朗格多克,也像其他行省一样,由省督管治。这位省督在各区都有其代理人,由其代理人与各公社保持联系并领导他们。此处的省督完全像在选举区行省一样,履行其作为监督人的行政角色。哪怕是远在塞文山脉峡谷中的最小村庄,除非得到巴黎御前会议法令的授权,否则无权开支一分钱。如今称作行政诉讼的司法审判制度,如同在法国各地一样,在朗格多克也得到广泛实施,甚至得到实施的范围还更广。省督拥有一切涉及道路问题案件的初审管辖权,而且一切有关道路问题的诉讼案件,或者其内容与政府有关的诉讼案件,一般均由省督进行审判。如同法国其他各地一样,政府也袒护此处的所有官员,保护他们免遭受其欺压的居民不知天高地厚的指控。

朗格多克有别于其他行省并受人羡慕的特色，究竟在哪里？朗格多克完全不同于法国其他地方之处，有如下三方面：

1. 它拥有一个由重要人物组成的三级会议。这个会议，得到居民的信任和王权的尊重；任何中央政府官员或者当时人们所称的王国官员，均不得参加；每年开会时，人们都严肃而自由地讨论其行省的特殊问题。由于王国政府官员只能靠边站，这个开明的三级会议就得以完全不同的方式行使其权力。因此，尽管其官员及其职能并无变化，但是，其行事方式就与其他各地处处不同。

2. 在朗格多克，有不少公共工程系由王国政府及其下属机构筹资兴建，有些工程系由中央政府提供部分资金并主导兴建。但是，大多数工程，系由朗格多克行省独自筹资兴建；倘若国王谕令同意上述工程的规划和预算，就由三级会议选定的官员负责施工兴建，并由三级会议从其代表成员中选择专人监督施工。

3. 最后，朗格多克行省有权按照自己选择的征收方式，自行征收部分王室捐税以及获准征收的供其本身使用的一切捐税。

下面看看朗格多克行使上述特权能够得到什么好处。这是值得认真观察的。

在各选举区行省，最令人惊奇的特点之一，就是几乎完全没有地方捐税，而全国性捐税负担却往往很重，但是，各省却几乎不能将所征收的那些捐税用于本行省。朗格多克则不同，它每年用于其行省公共工程的数额巨大，例如，1780 年，就超过 200 万里佛。

面对如此庞大的开支，中央政府有时也感到吃惊，担心朗格多克行省开支过大而财力枯竭，无法缴纳应缴纳给中央政府的那部分捐税，因此，批评其三级会议开销毫无节制。我看过一份三级会议答复此类批评的报告，并摘录如下部分内容供读者参考，这比我口干舌燥地描绘这个小小政府的精神状态要有效得多。

报告承认,朗格多克确实已经兴建而且将继续兴建一些巨大工程。但是,该报告并未作出检讨,而是宣布,倘若国王不反对,朗格多克将继续兴建上述工程。它已经改善或者修建穿越全省的主要河道,并正在延长修建路易十四时开凿但已经不够用的朗格多克运河。这条运河,穿越下朗格多克,经由塞特和阿热而直抵罗讷河。它已经把塞特港改造为贸易港,并将花费巨资予以修建。报告特别强调,所有这些开支,不仅对全省而且对全国都具有重大意义,当然,由于朗格多克从中受益最多,应由其自己负担这些开支。报告说,它还正在排干埃格—莫尔特沼泽地,把它改造为耕地。但是,它主要致力于修建道路,已经修建从全省各地至王国各地的道路,甚至修建了省内城市以及乡镇之间的道路。即使在冬季,所有这些道路的维护保养都极其出色,与邻近大多数行省,如多菲内、凯尔西、波尔多选举区(注意,它特别注明是选举区)那些缺乏维修、崎岖不平的道路形成鲜明对比。在这点上,确实如此,商人与旅行家都有公论,例如,十年后游历此地的阿瑟·扬就在游记中写道:“朗格多克,三级会议行省!拥有良好的道路,而且没有利用徭役修建这些道路。”

报告继续写道:倘若国王恩准,该行省还有很多计划,例如,将着手维修公社之间的道路(乡间小道),这种道路和其他道路同样有益。报告认为:“倘若不能把农产品运到当地市场出售,怎么可能运往远方?”报告进一步说:“在公共工程问题上,三级会议的一贯原则是,应当关注的,不是工程是否巨大,而是工程是否有用。”河流、运河、道路,可以给土地产物以及工业产品增值,可以随时保证将上述产品以最小成本运往各地,从而扩大繁荣全行省的商业活动。因此,工程开支尽管不小,但却可以使朗格多克变得更为富裕。此外,由于几乎均衡地在全省各地同时有节制地兴建此类工程,各地工资价格稳定,贫民得到救济。朗格多克行省最后颇为自豪地说:“国王无须像在法国其他各地一样,花钱在朗格多克兴建慈善工场。我们也不要求国王在这方面恩赐我们,因为我们每年自己可以兴建各类有用工程,并让人人都有工作。”

我越研究由国王恩准,但通常不是由他倡议,而是由朗格多克行省三级会议在其职权范围内制定的那些一般制度,就越赞赏其中展现的智慧、公正和温情,就越感觉地方政府的政策优于我所看到的王国政府在其他地方实施的政策。

朗格多克行省划分为三个称为司法总管辖区的大区、几大称为主教区的行政区和若干公社或者镇村。所有这些组成部分,在三级会议都有各自的代表,都拥有各自的小型政府。它们或者是由三级会议领导,或者是由国王领导。倘若是与各个组成部分有关的工程,只要相应所属组成部分提出要求,就可以动工兴建;倘若工程对主教区也受益,主教区就应承担部分建设费用;倘若司法总管辖区也受益,它也应承担建设费用;最后,即使工程只与某个公社有关,但是,该工程为其所必需而且又超出其能力范围的,则主教区、司法总管辖区、朗格多克行省均应资助该公社的工程,其原因在于,三级会议不断强调:“我们体制的根本原则,就是朗格多克各个组成部分是完全团结一致的,应当不断互帮互助。”

在整个行省兴建的工程,准备期很长,必须先提交与该工程有关的各级政府进行审查并征得其同意。所雇用的工人,必须支付报酬,根本不存在使用徭役的情形。我曾提及,在选举区行省,因公征收的业主土地,要么补偿费很少,要么迟迟不补偿,甚至往往根本不补偿。1787 年,各地召开省议会时,其中一大抱怨就是这个问题。甚至存在如下现象:在评估前,就有人以故意毁坏或者改变应征土地的方式,摆脱补偿义务。在朗格多克,政府征收的每一块土地,都必须在工程建设前予以认真评估,并在开工后第一年内清偿补偿费。

我所详细摘录的该行省三级会议就公共工程制定颁布的这套规章制度,中央政府尽管没有予以学习模仿,但也表示赞许。御前会议批准了施行上述规章制度,将其交给王家印刷厂印刷,并下令所有省督传阅参考该文件。

前面关于公共工程的介绍,完全适用于该行省另一同样重要的部门即税收机关。尤其是在税收问题上,王国和该行省简直是恍若两个不同的世界。

我已在别处说明,朗格多克制定颁布的军役税分配征收所遵循的制度,有一部分就是我们今天征收捐税所遵循的制度。此处不再赘述,只想再多说一句:朗格多克行省对自己的捐税分配以及征收制度的优越性很有自信,因此,每次国王设立新税,该行省三级会议都会毫不犹豫地决定以重金买下其征税权,完全由自己的官员以自己的方式进行征收。

朗格多克尽管如我所列开支众多,但井然有序,其信用十分可靠,甚至连中央政府也向它求助并以行省名义向它借款,而且朗格多克贷款给国王条件非常优越,胜过省内自我贷款的条件。我发现,在最后几年,朗格多克以其行省名义借给国王 7320 万里佛。

可是,王国政府及其大臣却视这些特殊自由为眼中钉、肉中刺。黎世留首先破坏这些自由并将其废除。软弱而不问政事并且什么都不喜欢的路易十三[2],深恶痛绝这些自由。布兰维利埃[3]

---

〔2〕 路易十三(1601 年—1643 年),法国波旁王朝国王(1610 年—1643 年在位),系亨利四世长子。路易十三亲政后,开始在法国实施专制统治,后介入三十年战争并得以恢复法国的国际地位。——译注

〔3〕 布兰维利埃(1658 年—1722 年),法国历史学家,曾任行政官,著有《法国旧政府史》《论贵族》等。——译注

说:路易十三恐惧外省享有的一切特权,只要听到有人提起其名字,就会火冒三丈。那些灵魂脆弱之人,总是憎恨他们不得不花费其精力的东西,其憎恨强度之强简直无法想象。他们唯一剩余的男子汉气概全都用在那里而且显得颇为强势,但是,在其他场合则虚弱得不堪一击。幸运的是,到路易十四的童年时期,朗格多克的政治制度得以恢复。路易十四把它视为自己的业绩,十分珍重。至路易十五时期,它被暂停两年后又得以复活。

设立市政官员之举,让行省面临风险。这种风险,虽不是直接的,但也不小。令人讨厌的市政官员制度,不仅摧毁了城市政体,而且还改变了行省的整个结构。我不知道,从前的三级会议第三等级阶层代表是否经选举产生,但是,很早以前,就已不再是经选举产生,而城市市政官员在三级会议中是资产阶级和其他下层人民的唯一法定代表。

只要城市行政官员是通过自由普选而产生并且任期一般很短,那么,即使没有得到专门授权但凭卖官鬻爵而拥有权力,也几乎不太会引人注意。在三级会议内,市长、行政官或者行会理事尽管是代表全体居民的,也许会以全体居民之名讲话,仿佛他们就是由全体居民专门选定的一样,但是,人们会很快明白,这种通过卖官鬻爵而获得官职之人是完全不一样的。这种人代表的只会是他自己,或者最多只代表他所在小集团的小利益或者情感。可是,凭卖官鬻爵而获得权力的行政官,却仍然拥有民选行政官所拥有的权力。如此这般,就立即改变了整个制度的性质:在三级会议中,坐在贵族和教士身旁和对面的,就不再是人民的代表,而只是若干孤立的、拘谨的、毫无能力的资产者,其结果是导致第三等级阶层在政府中日益处于附属地位,尽管这时的第三等级阶层在社会上日益富有和强大。不过,朗格多克的情形有所不同:朗格多克行省一直在向国王购买其设立的官职,并为此债台高筑,仅1773年就高达400万里佛以上。

当然,还有其他更为关键性的因素把新精神带入古老的制度之中,让朗格多克三级会议具有其他行省三级会议所不具有的无可争议的优越性。

在朗格多克行省,就如王国南方大部分地区一样,军役税是针对土地而非人征收的。就是说,军役税是根据土地价值而非土地所有人的社会地位确定的。当然,确实在行省内有些土地享有免缴军役税的特权。这类土地虽然在过去曾为贵族拥有,但是,随着时代和工业技术的发展进步,其中有一部分已经转到平民的手中。当然,另外,也有贵族拥有已经转变为应缴纳军役税的土地。这种从人转移到物的免税特权,无疑更为荒谬,但是,如此情形鲜有为人们所察觉的,因为它不再带有侮辱性,尽管它仍然让人感到不快。就是说,免缴军役税的特权,不再牢牢地与阶层等级思想联结在一起,不再产生与其他任何阶层对立的某一阶层利益,不再为所有阶层共同关心的政府事务设置障碍。因此,事实上,朗格多克行省的各阶层都加入了政府,彼此融合在一起,彼此地位完全平等,此乃其他任何地方都望尘莫及之处。

在布列塔尼,所有贵族都有权以个人身份出席三级会议,有点类似波兰议会。在朗格多克,贵族阶层唯有通过代表参加三级会议,由二十三名贵族在三级会议中代表其他所有贵族;有二十三名主教代表教士阶层出席三级会议;尤其值得注意的是,城市平民阶层在三级会议中的选票与上述两个等级的选票相等。

在朗格多克,各等级在一起召开三级会议,议事作出决定不依等级而依人头,因此,第三等级在三级会议中就必然拥有举足轻重的地位,第三等级阶层逐渐把自己的精神渗透到整个三级会议之中。更重要的是,名为总理事的三位行政官员,是以三级会议名义处理日常事务,而且这些职位一直都由法律界人士担任,就是说,都是平民。贵族虽然拥有维护自身地位的能力,但是,却再也无力独自进行统治。尽管教士大部分由贵族出身,但是,他们与第三等级相处得十分融洽,并热情参与第三等级阶层的计划,携手共进,大力帮助所有居民改善物质生活,支持他们发展工商业,并经常以自己广博的人文知识和特有的处理事务能力为第三等级阶层服务。就王权与三级会议存在冲突争执的问题,前往凡尔赛宫与御前大臣进行辩论的,几乎一直都是人们选定的教士。可以说,在整个 18 世纪,朗格多克行省都是在贵族控制下,在教士支持下,而由资产阶层进行治理。

正因为有朗格多克行省这种特殊政治制度,新时代精神才得以和平地渗透到古老的制度之中,而且在什么也不破坏的情形下,就改变了一切。

其他各地本来也可以如此。那些君主当初倘若不是仅仅考虑坐稳江山,只要把用于废除或者破坏行省三级会议的部分顽固劲头拿出来,就足以按照朗格多克模式,改革完善各行省三级会议,并使之适应现代文明发展需要。

附录二：论 1789 年前后法国社会政治状况[1]

托克维尔

第一部分

法兰西对当今人类命运的影响，是好是坏？唯有未来才知道。不过，没有人能够否认，它确实已经发生影响，而且至今仍然具有很大影响。

倘若探究法国人如何通过武力、文字或者榜样产生巨大影响，就会发现，在诸多原因中，或许最主要的是如下原因：数世纪以来，欧洲一切古老国家都在默默地摧毁其国内的不平等现象。法兰西在自己国家引爆了革命，而革命在欧洲其

---

〔1〕 这篇文章，并非《旧制度与大革命》的有机组成部分。它是托克维尔为《伦敦与威斯敏斯特评论》所撰写的一篇论文，由约翰·斯图尔特·密尔翻译为英文，首次发表于 1836 年，后收录于法文版《托克维尔全集》。本文有助于理解《旧制度与大革命》的相关背景，故予以翻译供读者参考。——译注

他地区举步维艰。法兰西第一个清晰地看准了它的意图,而其他国家只能在犹豫不决的探索中感受到这种要求。它随手摘取五百年来流传于世的思想精华,在欧洲大陆上率先创立这门新科学,而其邻国历尽艰难险阻,也只是汇集了这门科学的细枝末节而已。别人只敢在心里想想的东西,法兰西人敢于说出来;别人尚在朦胧憧憬的东西,法兰西人敢于马上付诸实施。

长期以来,封建欧洲各自为政,存在数千个各类王国。在当时,每一个国家乃至每一座城市,都彼此隔绝、互不干涉。它们各自的思想观点、风俗习惯以及治国办法也不尽相同。当然,人们并非由于认为那些思想观点、风俗习惯以及办法合理或者公正而偏爱它们,只是因为感觉它们比较适合而已。

中世纪末期,欧洲一片混乱。各民族彼此观望、渗透、了解、模仿。每一个民族对自身特有的那套制度都已失去信心,而在邻国又未看到更为完美的制度。于是,各民族自然而然地梦想拥有一套共同制度。这套制度,既不是只适用于本国,也不是只适用于外国,而是可以适用于一切国家。

就在人们犹豫不决而开始梦想摆脱旧轨道的束缚时,法兰西民族率先一举割断与昔日的联系,抛弃旧风俗习惯,挣脱传统束缚、阶级偏见、乡愿精神、民族成见以及宗教统治,宣布真理只有一个,它不会随时空变化而变化,它是绝对而非相对的,它存在于事物的深处,每一个人都能发现它而且都应该践行它。

人们经常谈论法兰西思想的影响,这是不准确的。作为法兰西的思想,它的力量是有限的。人们是从普世角度,我敢说,是从人性角度,理解这些思想的。法兰西民族之所以拥有更大力量,不在于其哲学,而在于其哲学方法。他们敢为天下先,大胆采用如此方法,就是说,其影响在于其尝试方法,而不在于其尝试结果。法兰西的哲学只适用于他们自己，但是，其方法是一种工具，一切从事破坏的双手都可以使用。

因此，法兰西民族只是在政治革命与哲学革命、民族革命与思想革命领域处于领先地位，但是，他们并未制造这些革命。从这里，就可以看出法兰西的鼓动力。法兰西的力量主要并不在于它在自身中发现了什么，而是在于它在其所影响的那些民族之中发现了什么。它就像罗马人一样，带着异邦人去征服异邦。法兰西并未在其周围散布革命种子，它只是培育已经存在的种子；它绝非创世的上帝，而是破晓的曙光。

五十年来，几乎所有欧洲国家多多少少都受到法国大革命的影响，而且其中大多数虽然受到影响却不知何故，它们听任其中一种共同力量的推动而不知动力为何。走遍法兰西周围国家的观察家们，不费吹灰之力就已经发现，各国的诸多思想潮流、事件，都是法国大革命的直接或者间接产物，但是，他们同时也已经觉察到，在那些国家，人们对大革命的产生原因及其在法国本身所引起的结果却一无所知。从来没有哪个国家对邻国会发生那么大的影响，而且其影响那么不为其邻国所理解。我们认为，如此情况在英国表现得尤其明显。

二十年来，这两个西方大国和平共处，有着重大交流。诸多习惯，已成为两国人民的共同习惯；诸多思想观点，在两国之间互相渗透。法国人汲取了英国法律制度中的宪政自由原则和法律秩序思想。英国的诸多民主风气以及公民平等理论，似乎都源自法国。可是，这两大民族天生就存在巨大差异，因此，即使他们不再互相仇视也仍然无法互相理解，即使他们互相模仿也仍然无法互相了解。英国人周游法国，每日走遍东西南北，一般也不知道有何事发生。在伦敦可以读到详细报道东西印度发生何事的出版物，人们基本了解生活于遥远地带的民族的社会政治状况。但是,英国人对法国诸多制度只有肤浅认识;对法国国内流行的思潮、存在的偏见、发生的变化、盛行的习俗,一知半解;不知道其近邻的党派划分、居民类别和利益分歧,即使略知一二,也只是道听途说;他们每一个人拥有的都是一种比完全无知更有害的半懂不懂,他们也丝毫不想完全弄懂。

所以,这两大民族仿佛是在朦胧中摸索,在微光下相觑,在无意中巧遇。

写这些书信〔2〕,绝不是要详细介绍法国的现状。倘若是抱着这个目的,恐怕毕生也无法实现。作者的唯一目的,就是阐明若干重要问题。研究分析这些问题,一定有助于顺利引导善于思考的人们理解其他所有问题。

有一些看不见的而又是几乎万能的锁链,把某个世纪的思想与前个世纪的思想,把儿辈志趣与父辈爱好,连接在一起。无论后人如何彻底地向前人宣战,但是,要与前人作战容易,要做到与他们截然不同却很难。因此,谈论某一时期的民族而不讲清其半个世纪以前的状况,寸步难行;谈论一个过去五十年几乎一直处于不断革命状态之中的人民时,这一点尤其必要。那些只凭道听途说却未曾仔细注视法国人民所历经的连续变革的外国人,只知道在法国人民内部发生了重大变化,却根本不知道在如此漫长的变迁中,旧制度有哪些被抛弃,有哪些被保留。

本文第一部分旨在阐明法国在1789年那场伟大革命之前的状况,否则,难以理解法国目前的现状。

法国旧王朝末期的教会,在某些方面类似于如今的英国国教。

---

〔2〕 据说,托克维尔原本打算就此撰写若干书信阐述其思想观点,但是,实际上只写成本文。——译注

路易十四摧毁了具有巨大影响的个体团体,解散或者贬抑了一切团体,只给教士留下一种独立生活的外表。教士保留了举行年会的制度,可以自行制订税则;教士占有王国数量巨大的土地,并千方百计挤进政府机关。教会尽管依然信奉天主教的主要教义,但是,对罗马教廷则抱近乎敌对的态度。

路易十四的一切统治活动,无非都是迈向专制统治。他让法国教士远离其精神导师,但让他们保留财富和权势。他想永远充当教士的主宰,因此,他亲自选定教会首脑。他认为,教士的强大对自己有利,因为只有教士强大,才能够帮助他驾驭人民,并与他共同抵御教皇的侵犯。

路易十四统治下的法兰西教会,既是宗教机构,又是政治机构。从路易十四驾崩至法国大革命的这段历史时期,信仰逐渐削弱,教士和人民彼此逐渐疏远。导致这一变化的原因很多,恕不一一列举。18 世纪末,法国教士仍然拥有财产,仍然介入一切国家事务,但是,全体国民的思想正从各个方面摆脱教会的控制;教会作为政治机构的作用,已远远超过其作为宗教机构的作用。

要让当今英国人明白法国贵族当时的状况,并非易事。在英语中,没有哪个词语可以精确地表示法语“noblesse”(贵族)这一法国旧概念。英语“nobility”(贵族)一词含义,略多于法语“noblesse”,而英语“gentry”(绅士)一词含义则略少。法语“aristocratie”(上层阶层)是一个不加注释就无法理解使用的词。“aristocratie”的通俗含义,一般是指各上层阶层的整体。法国贵族阶级是一个贵族团体,但是,倘若仅仅说就是由它构成国家的“aristocratie”(上层阶层),就属错用,因为在它左右,还有同它一样有教养、同样富裕而且几乎同样有影响的一些阶层。因此,当时的法国贵族与今天的英国贵族的关系,乃是种与属的关系;它指世袭贵族阶层,而非"aristocratie"(上层阶层)。在这点上,它和大陆上所有贵族阶级都相似。这并非说在法国,人们不能通过捐官或者国王敕封而成为贵族,但是,敕封贵族虽然可以使一个人脱离第三等级阶层的地位,却不能真正拥有"noblesse"(贵族)地位。新封的"gentilhomme"(贵族绅士)可以说是停留在两个等级阶层的界线上,比其中一个等级阶层地位略高,比另一个等级阶层地位略低。他从远处望见那唯有他的子孙才能进入的福地。事实上,出身才是贵族阶层吸收新成员的唯一途径,就是说,生而为贵族,却不能变为贵族。

散布在王国地域上的近两万个家族[3]构成这个巨大团体。在某种理论上,这些家族之间是平等的,因为这种平等是建立在共同出身之上的。亨利四世说过:"我只不过是我的王国内的第一贵族。"这句话道出了18世纪末法国贵族中仍然盛行的精神。不过,贵族与贵族仍然存在种种巨大差异:有些贵族仍然拥有大量土地,有些贵族在父亲的庄园周围几乎无法维持生计;有些贵族在宫廷度过绝大多数时光,有些贵族在边远外省自豪地保持着世代相传的隐居生活;有些贵族拥有高级军阶后就企图拥有高官厚禄,有些贵族拥有一定军阶后就心甘情愿告老还乡。

倘若要忠实地描绘贵族等级阶层,就得先不怕麻烦而分类叙述:必须区分佩剑贵族与穿袍贵族、宫廷贵族与外省贵族、旧贵族与新贵族。这个小小的社会,就如整个大社会(小社会只是它的一部分)一样存在诸多层级和差别。不过,人们在这巨大团体内仍然

---

〔3〕 根据莫欧先生、米肖蒂埃尔先生和拉瓦锡等的名著,可以得出如下结果:1791年,佩剑贵族与敕封贵族数量一共只有83,000人,其中只有18,323人属佩剑贵族。当时的贵族阶层只占王国人口的3%。虽然由于拉瓦锡的名气而让上述数字具有权威性,但是,我难以相信它们完全准确。窃以为,贵族人数实际上多于上述数目。参见拉瓦锡《论法兰西王国的领土资源》,1791年版,第10页。——原注

可以看到某种一致的精神。它让整个团体都遵守某些约定俗成的规则，按照某些一成不变的惯例治理，并维持某些全体成员共有的思想精神。

与中世纪其他各地的贵族一样，法国贵族是从征服中诞生的[4]，在从前享有同样多而且可能比它们更多的巨大特权。法国贵族几乎拥有全部知识和全部社会财富：它拥有土地并统治居民。

但是，到18世纪末期，法国贵族已经徒有其名。它既丧失对君主的影响，也丧失对人民的影响。国王虽然还从贵族中遴选政府主要官员，但是，这只是本能地遵守旧惯例，而并非承认这是一种既得权利。在很早以前，法国就不再存在那种能够震慑君主并在自己辖区保留治理权的贵族。

彼时的贵族，对人民的影响更小。国王与贵族存在天然的姻亲关系，因此，他们之间是本能地甚至是不知不觉地彼此亲近。但是，贵族与人民的联合，却并非自然而然之事，唯有以极大的灵活性和通过不懈的努力，才能产生并维持两者之间的关系。

贵族倘若真想保持对人民的影响，唯有采取两种方法：统治人民，或者与人民联合起来节制统治人民之人。换言之，贵族必须继续当人民的主人，或者变成人民的首领。

法国贵族远非其他阶级的首领，无法和其他阶级一起反抗专横的王权。但是，王权却曾经联合人民，展开反对贵族专制的斗争，而且在此以后，王权又联合贵族阶级，迫使人民服从王权。

另一方面，很早以前，贵族就不再参与具体国家事务的管理。他们通常参与的只是一般国家事务的管理：统帅军队，担任大臣，充斥宫廷。但是，他们并未参与真正的行政管理，即参与同人民直

---

〔4〕　系指公元5世纪末6世纪初，法兰克人在克洛维率领下征服高卢而建立墨洛温王朝的历史大事。——译注

接发生联系的事务。法兰西贵族待在城堡里闭门不出,不为君主所知,与四周居民格格不入。社会每天都在变化,而法兰西贵族却纹丝不动。在贵族周围,是国王的官吏,他们进行审判,征收捐税,维持秩序,为居民谋取福利,并领导居民。拥有大量土地的大贵族厌倦无所事事的生活,遂来到巴黎,生活于宫廷之中。这里乃是显示他们伟大之处的唯一舞台。小贵族迫不得已定居外省,过着游手好闲、碌碌无为的生活,令人生厌。就这样,有些贵族虽无权力但拥有财富,本来能够对人民有所影响,却甘愿远离人民;有些贵族被迫与人民为邻,但是,在人民眼里,仿佛是贵族唯一代表的他们,却暴露出贵族制度的无用和累赘。

法国贵族将公共行政管理的琐碎事务交给别人,自己一心追求显要的国家官职。这表明,法国贵族热衷于权力的表象甚于权力本身。由于中央政府乃天高皇帝远,对外政策、一般法律对于每个公民的处境和福祉的影响,只能是间接的而且常常是看不到的。地方政府却与他们天天见面,不断地在那些最敏感之处触及他们,影响着一切细微利益,而人们极为关心的正是这些东西。地方政府是人们敬畏的主要对象,它把人们的主要期望都吸引到自己身上,并通过无数无形的锁链锁住他们,在不知不觉中带领他们。正是在村庄的治理中,贵族奠定了后来藉以领导整个国家的权力基础。

对于那些尚存的贵族来说,幸运的是,企图摧毁贵族的那股势力,并不比贵族本身更了解贵族权力的这一奥秘。要是让我摧毁强大的贵族,我绝不费力去清除国王身边的贵族代表,我绝不急于抨击贵族最显赫的特权,我绝不首先对贵族的立法大权提出异议,而是会让贵族远离穷人的住宅,防止贵族对公民的日常生活发挥影响;宁可容许贵族参与制定国家的普遍法规,也不让贵族控制一座城市的警察;宁可把重大社会事务交给贵族处理,让贵族保持飞黄腾达的外表,也要从贵族手中夺走人民的心——权力的真正源泉。

然而,法国贵族还拥有一定数量的特权,因此,他们高高在上而有别于其他公民。但是,人们很容易发现,在他们先辈的特权中,法国贵族只保留了那些让贵族令人憎恨的特权,并未保留那些让贵族受人爱戴或者敬畏的特权。

贵族享有向军队输送军官的特权。无疑,贵族要保持某种个人能力或者强有力的团体精神,输送军官自然是一种重要特权。

但是,法国贵族既不具备前者,也不具备后者;他们在军队里和在任何地方一样,只不过是国王手中的被动工具。他们只想从国王那里得到晋升和恩宠,因此,他们在战场上,就像在宫廷一样,只是为了取悦国王。我所讲的那种权利,对贵族家族有利,而对作为政治团体的贵族阶级则毫无用处。在一个基本上崇尚武功、军事荣誉历来被视为最高俸禄的国家,这一特权激起了对享有特权者猛烈的仇恨和无法平息的嫉妒。它没有让士兵听命于贵族,却让士兵成为贵族的天敌。

出身贵族之人,不但免缴部分捐税,而且每年还向领地居民征收大量名目繁多的苛捐杂税。上述特权并未让贵族的财富增长多少,却让他们成为仇恨与嫉妒的公敌。

对享有特权者来说,最危险的特权是经济特权。人们一眼就能看出这种特权的范围有多大;看清楚后,心中就十分不快。经济特权所产生的金钱数额有多大,所产生的仇恨怨愤就有多大。追求荣誉、渴望领导国家之人,数量不是太多,但是,不想发财致富之人却少而又少。根本不在乎谁统治他们之人,数不胜数;漠不关心私人财产变化之人,却寥寥无几。

因此，与其他特权相比，经济特权虽然更次要但危害更大。法国贵族宁可舍弃其他东西也要保留经济特权，结果从不平等中保留下的，就是一些有害无益的东西。他们漠视人民，折磨人民，造成人民贫困。他们不是以领路人和首领身份出现在人民中，而仿佛是受君主宠幸的外国人而出现在人民中；他们无可赏赐，就无法靠期望维系人心；他们只能取得事先确定的、在一定程度上一成不变的金钱数额，因此，只会招人憎恶，而根本不能让人畏惧。

除经济特权外，法国贵族还拥有大量纯荣誉性特权。这就是爵位、公共场所的指定座位、穿戴某种服装、佩带某种武器。这些特权，有一部分昔日是贵族权势的天然附属物；另有一部分是其权势被削弱后的补偿物。这两部分特权，有害无益。

在权力的实质内容遭到抛弃后，还想保住权力的外表，就是玩火自焚；生机蓬勃的外表有时能够支持衰弱的躯体，但是，最常见的是，躯体终被压垮。表面强大者，只会招人憎恨，却难以抵御因仇恨而产生的侵犯。崛起之力和衰落之力，都必须谢绝荣誉特权，千万不要追求如此特权。只有基础稳固、力量强大的权威，才配拥有荣誉特权。

关于法律制度与风俗习惯的叙述，同样适用于舆论观念。

现代贵族已经抛弃了祖先的大部分思想观念，但是，还有不少极其有害的思想，他们却仍然顽固地坚守着。在这些有害思想中，首当其冲的，就是禁止从事工商业的偏见。

这种偏见产生于中世纪。在当时，占有土地和统治人民是一回事。在那个时代，不动产财富的概念与有权有势的概念紧密联系在一起，而纯动产财富的概念则意味着地位卑微低下。尽管在那个时代后，占有土地与进行统治不再是一回事，其他财富在激增而且更具有重要性，但是，舆论观念却依然如故，产生偏见的那些原因已经消失,偏见却依然存在。

因此,贵族家庭在面临破产危险时,却不能采取大家普遍采取的发财致富手段。从整体看,贵族阶级不断走向贫困。他们抛弃了通向权力的直接道路后,也离开了能够通向权力的间接道路。

贵族不仅不能依靠工商业发财致富,而且习俗舆论还禁止他们通过联姻将通过这种方式得到的财富占为己有。娶富家平民之女,贵族认为是屈尊之举。可是,他们的此类婚姻并非罕见;因为他们的财产比他们的愿望下降得更快。这种庸俗的联姻,让某些贵族富裕起来,但最后却让贵族阶级本身失去了仅存的名声威力。

在称赞那些贵族超越偏见以前,必须注意他们的动机。要对之下判断,得立足于行动者自己的观点而非真理的绝对普遍观点。倘若人们认为公众舆论观点有问题才反其道而行之,就肯定是有德行的好事。但是,对于人类道德而言,因某种偏见妨碍自己而鄙弃它,与因某种正确思想危及自己而抛弃它,是同样危险的。贵族起初认为娶平民之女会降低身份,这是错误。倘若仍然拥有如此信念而与平民联姻,则可能是更大的错误。

18 世纪,有关替代继承财产的封建法律依然有效,但是,这些法律给贵族财产提供的保护微乎其微。

我倾向于认为,上述法律的影响往往被夸大。要产生巨大效果,需要特定环境,但是,法律无法产生如此环境,因此,这不取决于法律。

当贵族并不因热衷于发财致富而日夜操心,其他阶层也几乎对于上帝安排给他们的命运逆来顺受时,替代继承权在社会风气方面所起的作用,就终于造成整个社会的麻木和停滞。平民与贵族相比根本没有更多机会获取财富,而贵族也没有机会失去其财富,因此,所有的好处都落在贵族手中,每一代人易如反掌地占着上一代人的位置。

但是，倘若除贵族外，其他所有人都挤破脑袋发财致富，那么，在如此国家，贵族的财产很快就会成为其他阶层企图攫取的猎物：每个人都会利用贵族的无知、冲动与弱点，争先恐后地拼命将贵族拥有的大量非生产性财产纳入普遍的商业活动中。不久，贵族自己也会迫不及待地参与这种活动。

平民由于只有拿财富这一共同特权反对其敌手所享有的五花八门的特权，当然就会在贵族面前炫耀其庞大财富。反过来，贵族又会模仿他们，一心想学他们摆阔气，却又不知钱从何来，于是，很快就会陷入经济拮据状态，导致入不敷出。最终，贵族就把保护他们的法律视同敌人而竭尽全力逃避法律。当然，我并非说，在当时，替代继承法没有延缓贵族走向破产的境地。我的意思是，替代继承无法阻止贵族走向破产。法律往往会朝某种方向起作用，但是，还有一种比法律更活跃的东西，往往会从反方向起作用。它，就是人类的冲动。

在大革命爆发之时，法国法律仍然规定几乎全部家产都归贵族长子继承，贵族长子有义务将家产原封不动地传给后代。可是，大量封建领地已经脱离贵族阶级之手，其他许多领地也已被瓜分。在贵族内部，不仅可以看到极富与极穷之人，这种现象与贵族的存在并不矛盾，而且还可以看到一群既不贫也不富、拥有中等财产之人。如此状况，已经与民主制相似，而不与贵族制相似。倘若仔细考察贵族阶级的结构，就会发现，贵族构成的是一个与其他阶级对立的、拥有贵族特权的民主团体。

但是，威胁法国贵族生存的危险，更多的是来自其周围及其外部发生的变化，而非来自其内部发生的变化。

随着法兰西贵族的财富日趋萎缩、权力日益丧失，国内另一个阶级迅速占有财产并靠近政府。贵族阶级由于在这两方面都遭遇失败,无论是绝对看还是相对看,都变得虚弱。似乎要在贵族阶层废墟上崛起的那个咄咄逼人的新阶层,已取名叫第三等级阶层。

要让英国人懂得法国贵族是怎么回事,是十分困难的;要向英国人说明第三等级指什么,也同样绝非易事。

人们最初可能认为,在法国,介于贵族与平民之间的中产阶层构成第三等级,其实,并非如此。的确,第三等级包括中等阶层,但是,它也包括原本就与中等阶层格格不入的各色人等。最有钱的商人、最富足的银行家、最干练的实业家、作家、学者、小农场主、城市小店主以及耕种土地的农民,都是第三等级的组成部分。实际上,非教士、非贵族的一切人,都属于第三等级阶层。在第三等级阶层中,有富人,有穷人,有目不识丁的人,有有教养的人。就第三等级本身而言,它也拥有自己的贵族,它的成员囊括了法兰西民族的所有成分,或者不如说:它本身就形成了一个完整的民族;它与特权等级共同存在,但没有特权等级它仍然独立存在;它有自己的观点、偏见、信仰、精神。1789 年,第三等级下令起草的用以指示其代表的陈情书,就非常清楚地表明了这一点。第三等级几乎与贵族阶级一样担心,自身会与对方混在一起。它宣布,反对以金钱为条件敕封贵族,因为这会让第三等级的某些成员混入贵族行列。在三级会议召开前夕举行的选举中,原来要在第三等级中投票的著名化学家拉瓦锡,就被从选举团中除名,理由是:他已购得有资格受封贵族的职位,因而丧失了与平民一起投票的权利。

所以说,第三等级阶层是与贵族阶层杂聚于同一块土地上的,但是,它们形成的是两个彼此迥异的民族,尽管生活在同一法律下,彼此却形同陌路。在这两个民族中,一个在不断恢复力量,并获得新力量,而另一个则天天都是有失无得。

法兰西国民中这个新民族的产生，威胁着贵族阶级的生存。贵族完全处于孤立之中，这对于贵族而言，是更大的危险来源。

第三等级和贵族之间存在的这种彻底分裂状态，不仅加速了贵族阶级的衰亡，而且还会摧毁法国的整个贵族制度。

贵族制度的产生和维持，并非偶然。和所有其他事物一样，贵族制度也服从于某些也许并非不可能发现的固定规律。

无论何种社会，都存在一定数量的独立于人们所制定的法律之外的真正或者传统财富。这种财富，就其性质而言，只能属于少数人。在这些财富中，我把出身、产业和知识置于首位。所有公民都高贵、有教养和富足的那种社会状况，是不可设想的。上述财富彼此之间存在巨大差异，但都拥有共同的特点，即只能在少数人之间进行分配，而且由于同一原因，所有拥有上述财富之人，都具有与众不同的爱好和排他观念。如此财富促成同样多的贵族成员，如此财富分散或者集中于同样的一些人手中。如此情形，始终存在于各个历史时期的所有民族之中。当所有具有这类特殊优越条件的人，都同心协力从事治理工作时，就会产生一个强大而持久的贵族制度。

18 世纪，法国贵族内部只拥有这些贵族制度天然成分中的某些成分，而其他若干成分则存在于他们之外。

贵族自我孤立于富足而有见识的平民之外，却以为自己是始终学习先辈的榜样。他们没意识到，当他们模仿先辈时，他们是在背离先辈曾经实现的目标。在中世纪，出身确实是全部社会权利的主要来源，但是，在中世纪，贵族是富有的，他还把有学问的教士召到他身边。当时的整个社会都交给这两种人统治，而且当时的人们认为社会理应如此。

但是，到 18 世纪，许多有钱人不再是贵族，许多贵族不再富有。在知识方面,也同样如此。因此,第三等级就成为了贵族阶级的天然部分,但却是与贵族主体相分离的部分。由于他们不支持贵族主体,因此,必定要削弱主体,而且必然要与主体作战,必然要把主体摧毁。

贵族的排他性,不仅使第三等级的首领们脱离贵族阶级的整体事业,而且还将使所有期望有朝一日变成第三等级之人脱离该事业。

大部分贵族阶级已经灭亡,这并非因为贵族阶级在世上建立不平等,而是因为贵族阶级要永久维护会损害一些人而使另一些得益的不平等。人们憎恨的,是特定的不平等,而非一般的不平等。

我们也不能认为,贵族阶级灭亡,主要是由于贵族特权泛滥成灾。其实,这些巨大的特权,倒是维持了贵族阶级。倘若人人都相信,自己有一天能够加入杰出人物所属团体,那么,这种团体权利越大,就会使尚未跻身其间之人觉得无比珍贵。倘若如此,则这个制度本身的弊病,也成为其力量。何况跻身贵族行列的机会微乎其微,不过,只要目标高远,这也无关紧要。最吸引人的,不是小小成功的可靠性,而是飞黄腾达的可能性。倘若增大追求的目标,就不怕减少实现目标的机会。

穷人并非不可能最终掌权的国家,比穷人根本没有希望掌权的国家,更容易把穷人永远排除在政府之外。误以为有朝一日可以因受宠信而掌权的臆想念头越高,就可以不断地让穷人看不见其真实苦难。这是一种完全凭运气的赌博:可能的赢头之大,吸引着其灵魂,足以让其全然不顾一败涂地的可能。如此之人,爱贵族就像爱买彩票一样。

法国不同贵族成分之间存在的这种分裂,在贵族内部埋下了内战种子,从中获利者唯有民主力量。第三等级主要成员受到贵族阶级的排挤,因此,为了对贵族阶级作战,不得不依靠一些饮鸩止渴的危险手段。第三等级本是贵族阶级的一部分,它是在反抗贵族阶级的另一部分,是被迫宣扬平等的普世思想,目的就是与敌对的不平等的特殊思想作斗争。

甚至在贵族阶级内部,不平等每天也都遭到抨击,尽管这种不平等不是原则上的,但至少也是实际上存在的。佩剑贵族傲慢斥责穿袍贵族,而穿袍贵族则抱怨佩剑贵族享有优势地位;宫廷贵族喜欢嘲笑乡村贵族微不足道的领主权利,而乡村贵族则对宫廷贵族享有的恩宠感到愤怒;出身古老贵族世家的贵族看不起敕封贵族,而敕封贵族则嫉妒世袭贵族拥有的尊荣。不同种类特权者之间的所有这一切非难指责,都损害着特权集团的总体利益。人民对其头领们的辩论冷眼旁观,只从他们的言语中摘取于己有用的东西。在国民中逐渐传播的唯有平等才符合自然秩序的思想、实现治理良好的社会的根基是诸如平等之类中的普世思想等,一直深入了贵族的头脑中。因此,他们虽然还享受着特权,但也开始把拥有特权视为一种福分,而不是视为体面的权利。

一般而言,与法律制度相比,风俗习惯更紧跟思想潮流。贵族制度虽然在政治社会中还占上风,但是,社会风尚已经是民主占上风,在被法律制度分隔的人们之间,已经建立起无数联系。

对促进公民社会的这种混合格外有利的,是作家每日每时所争得的地位。

在财富是贵族制度的唯一基础或者仅仅是主要基础的国家里,金钱除能给所有社会成员都带来享乐之外,还能带来权力。由于有这两种好处,金钱就将人们的全部想象力都吸引过来,而且可以说,金钱最终成为人们追求的唯一荣耀。在如此国家,文学一般得不到大发展,因此,文学艺术才能无法吸引公众的注意力。

在血统贵族统治的民族中,人们无法看到为获取财富而迸发的这种普遍冲动。人类心灵不会受同一欲望的单方面推动,而是具有天然多样的人类爱好。倘若是文明开化的民族,其中必有大量公民珍惜精神享受,并推崇制造精神产品的人们。许多雄心勃勃的人蔑视金钱,由于出身平民不爱经商,遂研究文学,文学研究就是他们的归宿。他们追求文艺荣誉,这是他们可以得到的唯一荣誉。因此,他们在政界之外,为自己创造了一个无可争议的显赫地位。

在有钱就有权的那些国家,人的重要性多多少少都与其拥有的财富有关,而财富每时每刻都会有失有得,因此,贵族终日都在提心吊胆,生怕丧失自己拥有的社会地位,生怕其他公民瓜分其贵族特权。政界盛行的变动不居,让贵族的灵魂永远处于不安状态。他们只能忐忑不安地享受财富,急急忙忙地抓住财产带来的好处。他们不断用不安的眼光打量自己,看看到底丢失了什么。他们用充满疑惧与嫉妒的眼光审视他人,为的就是发现他们周围是否发生了什么变化。倘若有所变化,他们就会感到不安。

唯独建立在出身基础上的贵族阶级,才会不太在意身外闪闪发光之物,因为贵族阶级拥有的优势地位,具有如下性质:既不能被瓜分,也不会丧失。人可变富,但是,贵为天生。

一直以来,法国贵族愿意向作家伸出双手,乐于与作家接近。18 世纪尤其如此:这是一个无所事事的时代,贵族几乎和平民一样,不负有治国之责,而知识的传播,正好给他们带去高尚的文艺享受乐趣。

路易十四统治时期,贵族尊重和保护作家,但是,贵族并未与作家真正融合在一起。他们分别形成两个阶级,彼此经常接触,但却从不混同。到18世纪末,情况有所不同:并非是作家可以分享贵族特权,也不是作家在政界拥有公认地位。贵族阶级并未邀请作家加入贵族行列,而是诸多贵族已经加入作家行列。因此,文学变成了一个中立地带,平等就栖身于此。文人和大领主在这儿相会,彼此并不寻衅,并不害怕。在这个世外桃源里,盛行的是人们所憧憬的民主;在这里,每一个人都是其天然优势的产物。

上述形势,虽然十分有利于科学与文学的飞速发展,却远远不能满足从事科学与文学创作之人的需要。他们确实拥有显赫地位,但是,这种地位并不明确,而且总是引起争议。他们可以分享大领主的喜悦,但是,他们始终无法拥有领主权利。贵族和他们走得非常近,让他们能够看到出身具有的一切具体好处,但是,贵族仍然与他们保持相当的距离,他们无法分享或者品尝那些好处。仿佛在作家面前放着一个平等的幻影,当他们靠近想抓住它时,平等就立即消失得无影无踪。就这样,贵族阶级如此宠爱的作家,就成为第三等级中最焦急最不安的成员,并在特权者的宫殿里诽谤种种特权。

如此民主倾向,不仅出现在经常与贵族交往的作家身上,而且出现在已变成作家的贵族身上。大多数成为作家的贵族都在高谈作家们普遍接受的政治学说,但是,他们不仅丝毫没有将贵族精神引入文学,而且还把可以称为文学精神的东西带入贵族阶层之中。

在上层阶级逐渐衰落,中间阶级逐步上升,一种无形的运动让他们日趋接近之时,土地分配所发生的变化,格外有利于建立和实施民主制度。

几乎所有外国人都以为,法国的土地分割,是在继承法律发生变化而且没收隶属贵族的大多数领地的时期才开始的。如此看法,是错误的。在大革命爆发之时,大多数行省的土地已被分割完毕。法国大革命只不过把个别地区存在的这一现象扩大到整个法国而已。

导致土地聚集于某些人手中的情形,存在诸多原因,其中第一个就是物质力量。征服者夺取被征服者的土地,并在少数同伙中瓜分。如此这般,就剥夺了原所有者的权利。当然,或许还有其他原因,例如有人自愿出让土地。

设想有这么一个民族:工商企业众多、产品丰富;这个民族很有知识,每个人不费吹灰之力就可以发现工商业提供的一切发财机会。假定在这个民族的法律、风俗习惯、思想观念中,土地仍然是得到他人尊重与获取权力的主要源泉。那么,发财致富的捷径,就是出卖土地而投资商业。另一方面,享受既得财产的最佳方式,就是把钱从商业中抽回而购置土地。土地遂成为奢侈与雄心追求的目标而非贪财的对象。获取土地时,人们渴望得到的,是荣誉与权力,而绝不是收获。如此这般,虽然有小片领地出售,但是,人们只愿意购买大片领地。卖主和买主的目的与地位,是不同的。前者是追求富裕的穷人;后者是有钱人,欲将大量多余钱财用于享乐。

倘若在上述普遍原因之外,再加上立法的特殊作用——因为立法在有利于动产转移的同时,却使获得土地变得费钱又费周折,导致唯独嗜好拥有土地的富人,才有办法获得土地——就会很容易明白,在这样的民族中,小片土地必将不断趋于消失而融入数量不多的大片土地之中。

随着工业手段的完善和增多,知识传播又让穷人发现这些新工具,则我刚才说描述的运动必将加速。工商业繁荣将更加有力地促使小所有者出卖土地。如此这般,就会不断创造庞大的动产财富,而庞大动产财富的拥有者随后将购买大片领地。就这样,土地过度聚集现象就会存在于文明的两端:在人们尚处在半野蛮状态,只知道珍惜而且可以说只认识土地之时;在人类已经变得非常文明开化并发现了其他无数发财致富方式之时。

我上面描绘的景象从未在法国发生。在法国的野蛮人征服时代[5],土地从未普遍、系统地在征服者之间进行划分,这与诺曼底人侵入英国[6]后发生的情形不同。法兰克人不如诺曼底人那样开化文明,控制暴力的技术不如诺曼底人高明,而且法兰克人征服年代比诺曼底征服时代更加久远,其影响消退得更早。在法国,许多领地似乎从来就没有受到封建法律的支配,服从封建法律的领地似乎比其他许多欧洲国家面积要小,所以,法兰西的土地从未聚集在少数人手中,或者至少说很久以前就已经停止聚集于少数人手中。

我们已经知道,大革命前很久,土地就不再是敬重和权力的主要来源。与此同时,工商业发展不快,人民虽然经开化,梦想追求更好的生活,但是,却远未获得可以发现成功捷径的知识。对于有钱人而言,土地不再是奢侈品;对于穷人而言,土地是谋生之道,可以说是唯一谋生之道。有钱人出卖土地,是为了方便享乐和增加享乐;穷人购买土地,是为了增加财富。就这样,土地悄悄地脱离贵族之手,开始由人民瓜分。

随着旧地主土地的丧失,大量平民逐渐获得了土地。但是,他们是费了九牛二虎之力才实现这一目的,而且是凭借极不完善的手段获得的。大片土地日渐减少,却没有积聚起大宗流动财富。在原来的大领地上,人民节衣缩食、惨淡经营,出现了诸多小土地所有人。

---

〔5〕 指法兰克人于430年—450年入侵事件。——译注

〔6〕 指诺曼底人于1066年侵入英格兰事件。——译注

土地分割方面的这些变化,大大促进了不久就会爆发的政治大革命。

有些人认为,不必在公民社会中引入某种平等,就可以在政治领域中永久建立完全的平等。我认为:这些人犯了致命错误。谁也不能不受惩罚地让人们时而极强、时而极弱,让人们在某一点上达到极端的平等,在其他点上却忍受极端的不平等。倘若如此,不用很久,人们肯定会渴望全面强大或者变得全面软弱。不过,一切不平等中最危险的,就是由于不分地而产生的不平等。

拥有土地之人,会产生特别的思想、观念与习惯,而拥有动产之人,是不会或者较少产生如此思想、观念与习惯。认识到这一点,是非常重要的。

拥有大宗土地,就会以某种方式让其财富的影响限于某个地方,让它在某些地点对某些人造成更大更持久的特殊影响。动产上的不平等,会让某些人富有;不动产的不平等,会让某些家族富有,会让有钱人之间产生联系,会在几代人之间建立联系,并在国家中建立一个单独的小民族。这种小民族,会在他们自己所在的大民族中,一直拥有某种凌驾于大民族之上的权力。对民主政府而言,最为有害的恰恰是这些东西。

最有利于民主政治的,莫过于将土地分割为一小块一小块的产业。

拥有少量动产者,几乎永远都是或多或少地仰赖于他人的情绪。他必须屈从于某一联合会的规章,或者屈从于某个人的意愿。他得服从于国家工商业命运的最细微变化。他的生活不断因富裕与穷困的无常变化而被打乱。这些支配他命运的动荡变化,几乎都会引起其思想的混乱并常常改变他的爱好。小土地所有者则相反:他只听命于自身的动力,虽然活动范围狭窄,但却是自由的;他的财富增长缓慢,但却丝毫不受意外风险的影响;他的精神与他的命运一样平稳,他的爱好与他的劳作一样有条不紊;因为不依靠任何人,所以,他能在贫穷之中坚守独立精神。

毫无疑问,大量公民心中的这种精神、这种安定、这种单纯愿望、这种习惯和这种对独立的爱好,极其有利于建立和维护民主制度。我认为,在社会地位极端不平等的社会中,即使建立了民主制度,也只是暂时的而不可能长期存在;我认为,在这种社会中,有产者与无产者都处在危险之中:有产者面临突然遭受暴力而丧失财产的危险,无产者面临突然遭受暴力而丧失独立的危险。

要实现民主治理的期望,不仅要求不存在财富的极大不平等,而且尤其重要的是,土地在财富中并不占支配地位。

在 18 世纪末的法国,权利与地位的不平等原则,仍然专制地支配着政治社会。法国人不仅有贵族政治制度,而且还有贵族阶级。就是说,在以不平等为基础的所有政治制度中,法国保留的是最专制的而且我敢说还是最顽固的政治制度。要为国家服务,就必须是贵族。没有贵族身份,人们就很难以接近国王,繁文缛节禁止平民接触国王。

彼时的各种具体制度规定与这种原则是一致的。替代继承、长子继承权、佃租、行会师傅身份,所有旧封建社会的残余依然存在。法国有国教,国教神父不仅像某些贵族制国家一样是特权者,而且是排他性的统治者。就像在中世纪一样,教会不仅是部分领土的所有者,而且是统治者之一。

然而,在很早以前,法国的一切就已经朝着民主迈进。不愿只研究表面现象之人,一定愿意回想教士在道义上的无能状态、贵族的贫困和衰落、第三等级的财富和知识、独特的土地划分、大量拥有一般财富之人、少量拥有巨额财富之人;一定愿意回想那个时代公开宣扬的理论,那些心照不宣但几乎公认的原则。我认为,倘若把所有这些事实归纳概括一下,必定能够得出如下结论:从总体来看,当时这个存在贵族、国教、贵族制法律与惯例的法国,已然是欧洲真正最民主的国家;而18世纪末的法国,从其社会状况、公民组织、思想习俗来看,已远远超过当今最明显地迈向民主的那些国家。

第二部分

18世纪的法国与当今的法国很接近,不仅仅都存在不平等,而且其他诸多目前呈现的所谓新面貌新特点,在18世纪已然依稀可见。

一般而言,最有利于建立和长期维护地方行政制度的,就是贵族制度。

在贵族阶级占有领土的地方,每到一处都可以找到一位或者若干贵族。他们由于出身与财富,天然高人一等,而拥有治理权。在大家地位平等的社会,公民之间大致平等,他们自然要将行政事务即政府管理工作,委托给高出一般人而引人注意的那个人。即使他们不准备把这项责任委托给那个人,他们也常常由于自身的软弱以及彼此之间难以和睦相处,而不得不容忍那个人掌权。

确实,当一个民族一旦接受人民主权原则时,当知识已经得到普及时,当治国科学得到完善时,当尝过中央集权的苦头时,就会经常看到居住于外省和城市的公民们如何努力创建集体行使权力的政权,用以处理自身事务。最高权力在特权的重压下,有时也企图让公共行政地方化,企图在各地建立某种选举贵族制度。实行民主制的国家,人民的本能是选择中央集权制度的,只有深思熟虑后才会选择地方自治制度。但是,如此建立的地方自治,始终存在极大风险。实行贵族制国家,不管中央政权如何,地方政府一直存在,无需中央政府介入就能生存。在民主制国家,地方政府往往是由中央政权创建的,中央政权会剥夺地方政府的某些特权,或者地方政府会自愿放弃某些特权。

民主国家这种天然的中央集权倾向,在创建与过渡时期表现得尤其突出。在这个时期,民主与集权这两种原则都在争夺领导权。

当人民开始成为一种力量并且发现贵族领导所有地方事务时,就会抨击地方政府,尤其会抨击贵族地方政府。一旦剥夺贵族阶级的地方权力,该把这种权力交给谁,就是大问题。

在法国,独揽地方权力的,不仅有中央政府,而且还有国王。其原因值得探讨。

我认为,社会的民主成分有一定的中央集权倾向,但是,我绝不认为,人民会希望一定要把行政权集中于国王一人之手。这个问题取决于形势。人民拥有选择自由时,永远宁愿把行政权委托给一个集体或者民选的行政官,也不愿意把它委托给一个人民无法控制的国王。但是,人民往往不享有这种自由。

当社会的民主部分开始感觉到自己的力量并即将崛起时,它仅仅由众多个体组成的,而且这些个体都同样软弱无力,孤立地与贵族阶级的强大个体进行斗争;它具有那种不要任何治理工具而进行统治的本能欲望。这批为数众多的个体,由于极其分散,又极不善于联合,就本能地感到需要在他们自身和贵族阶级之外,找到一种有组织的力量,以便无须共同协商,就能聚集在这个力量周围,齐心合力,依靠全体的联合,获得他们每一个人所缺乏的那种力量。

不过,民主远未通过法律予以组织起来,在贵族阶级之外,人民能够利用的唯一权力就是国王。国王与贵族,无疑有着天然类似之处,但是,两者并非完全一致。两者倾向相似,但两者利益往往对立。因此,转向民主制的民族一般是从增加王权的权力开始起步。因国王而引起的嫉妒和惧怕,要比贵族所引起的要小。何况在革命年代,权力易手根本不是什么大事。哪怕是剥夺一个敌人的权力再转交给另一个敌人,也是如此。

英国贵族的杰作,是让社会大众长期相信共同敌人就是国王,从而让贵族自身最终成为社会大众的代表,而不再是社会大众的主要对手。

一般而言,唯有依靠国王而彻底摧毁贵族阶级后,人民大众才能向国王讨还他们让国王拥有的权力,并努力让国王依附自己,或者将所授予国王的权力转化为从属权力。

但是,即使社会大众最终将行政权置于其真正的代表手中后,该如何划分行政权,是非常难办之事,其原因:或者是难以从当权者手中夺取权力,或者是因为难以确定该委托谁行使权力。

在人民大众内部,总能找到诸多有教养和聪明能干之人。这些人足以组成政治议会或者组建中央政府,但是,却可能找不到足够的人才组建省政府。各行省人民可能并不愿听任贵族实施统治,但是,人民又暂不具备自治能力,因此,在等待实施地方自治到来时,人们不得不将行政权委托给中央政权行使。

何况刚刚摆脱贵族控制的人民,要花很长时间,才会感到有必要摆脱中央集权。

在长期屈从于贵族制的国家,属于下层阶级的每一个人,自幼就养成了如下习惯:在周围寻找一个最引起其羡慕或者畏惧之人,把中央政府视为他与当地压迫者之间的天然仲裁者,并且往往认为中央政权具有神明之心与超凡智慧。

产生上述两种现象的原因消失后,现象本身仍将继续存在。

在摧毁贵族制后很久,人民仍然心怀本能恐惧,注视着周围发生的一切,难以相信身旁存在公正而睿智的司法以及备受尊重的法律。从前,他们嫉妒高高在上之人;如今,他们嫉妒左邻右舍与他们平起平坐。到最后,他们仿佛都害怕对方,不再认为中央政府能够保护他们免受贵族的暴虐侵犯,于是,又把贵族视为防止他们自己越轨行动的保护人。

由此可见,实行民主制度的民族,开始时几乎都是把权力集中于国王一人之手的。当他们拥有必要的力量和毅力时,就会打碎这个工具,并把权力转到一个依附于他们自己的权威之手。

他们由于变得更加强大、更有组织、更有教养,就会进一步从他们的一般代表那里收回部分行政权而委托给次级代理人。这似乎就是那些因其社会状况、思想风俗而被推向民主制的社会,所走过的道路。这是本能之路,也可以说是必由之路。

在法国,王权覆盖公共行政的一切对象,与民主阶级的诞生和逐渐发展存在关联。随着社会地位更趋平等,国王就更加深入更加频繁地插手地方政府,导致各行省与城市丧失其特权,或者逐渐忘记运用其特权。

人民或者说第三等级竭尽促进这些变革,他们往往主动让出自己偶然拥有的权利,目的是与贵族的权利同归于尽。就这样,省级政府和贵族权力都以同一方式在同一时间被削弱。

法国历代国王在推动这一发展趋势的过程中,都得到法学家在几个世纪内给予他们的大力支持。在法国这样的国家,存在贵族与教士这种特权阶层,他们拥有知识并几乎占有所有国家财富,而民主制度的天然首领就是法学家。法国法学家在要求以人民的名义亲自统治以前,一直积极地从事消灭贵族以有利于王权的工作。他们手法娴熟、手段多样,服务于国王的专制愿望。这种现象,并非法国所独有的。可以相信,法国法学家在为王权服务时,同时也会顾及他们偶然成为其首领的那个阶级的利益。

居维叶[7]说:有机体的各个组成部分之间存在必然联系,只要接触到其中一个部分,就能够重建整体。这一分析,也可以用来了解支配所有事物的大部分普遍规律。

倘若仔细研究人类有史以来世界上发生的一切,就不难发现,在所有文明国家发号施令的专制君主身旁,几乎都有一位法学家。就是这位法学家,把君主那些专横而前后矛盾的意志予以合法化并加以协调。法学家把国王对权力的普遍和无限热衷,与法学家天赋的讲究治理的条理与知识糅合在一起。国王能够迫使人们暂时服从,法学家有本领让人们几乎心甘情愿地长期俯首听命。前者提供强力,后者提供法律。前者靠专横跋扈掌握统治权,后者则靠法制掌握统治权。他们结合在一起,建立令人窒息的专制制度。只知有君主而不知有法学家者,只了解专制暴政的部分内容。只有同时考虑这两部分,才能知道全貌。

除上述一般原因外,还存在其他若干次要而偶然的原因,它们会加速把所有权力集中于国王手中。

巴黎很早就在王国内取得了压倒一切的独特地位。法国有不少重要城市,但是,人们只看到巴黎这座大城市。自中世纪始,巴黎就开始成为知识、财富和王国政权的中心。权力集中于巴黎,让这座城市的重要性不断增加;巴黎日益强盛反过来又有利于权力集中。国王把国家事务引到巴黎,而巴黎则把国家事务引向国王。

---

〔7〕 居维叶(1769 年—1832 年),法国动物学家,比较解剖学和古生物学奠基人。有“第二个亚里士多德”之誉。他的“器官相关法则”理论认为:动物的身体是一个统一整体,身体各部分结构都有相应的联系。著有:《比较解剖学讲义》《四足动物化石骨骸的研究》《按结构分类的动物界》等。——译注

法国从前是由通过条约获得或者通过武力征服的省份组成的。长期以来,这些省份之间,是属于民族与民族的关系。随着中央政权最终把国土的各个组成部分都置于同一行政制度之下,它们的明显差异逐渐消失。随着这些差异的消失,中央政权发现这更有利于把其活动范围扩展到整个国家。因此,国家统一有利于政府统一,而政府统一有助于国家统一。

18 世纪末,法国仍然划分为三十二个行省。有十三个高等法院在各行省独自开展审判活动,分别以不同方式解释法律。各行省的政治体制五花八门:有些行省保留的是某种国民代议制,有些行省则始终没有实行国民代议制;有些行省采用封建法,有些行省采用罗马法。所有这些差异,都是表面的,也可以说是外在的。事实上,整个法国早已只有一个灵魂:从王国的这一端到另一端,同样的思想在各地盛行,同样的习俗在各地得到遵循,同样的舆论观点在各地存在,人之精神处处受到同样的培养并走向同一方向。一句话,法兰西虽然有众多行省、有诸多高等法院、有五花八门的民法、有千奇百怪的习俗,但是,它毫无疑问是当时欧洲内部联系最密切、必要时最能团结一致采取共同行动的民族。

王权,是这个由各种同质部分组成的伟大国家的中心;在掌握重大事务的领导权后,就渴望拥有琐碎事务的管理权。

一切强大的政权,都企图实行中央集权,但是,其成功程度取决于其固有性质。

当议会拥有压倒一切的权力时,中央集权就会有名无实,盖此时唯有依靠法律才能实行中央集权,而法律无法预料一切。即使法律可以预料一切,但是,实施法律唯有依靠官员和不间断的监督,而立法权对此无能为力。所以,议会可以集中政权,却不能集中行政。

在英国,议会有权插手社会上的几乎所有大小事务,却没有听说存在行政权集中的现象,因此,国家权力最终给个人意志留下很大的独立空间。我认为,这并非这个大团体天性节制权欲之故。它珍惜地方自由,并非因为尊重地方自由之故,而是因为身为立法机构,缺乏有效手段制服地方自由。

但是,当行政权具有压倒一切的力量、占据统治地位者也有能力让其全部意志顺利贯彻执行时,这个中央政权就能逐渐将其影响扩展到一切事物,或者至少在其机构内部不受任何限制。倘若把这个政权置于一切都自然趋向中央的民族中,而这里的每一个公民都无法单独进行反抗,几个人又不知该如何合法联合反抗,所有人又几乎都遵循同一风俗习惯、平静地屈从于同一法律,人们就无法知道专制暴政的底线在哪里,就无法明白专制政府在掌控国家重大事务后,为什么就不会进一步掌控家庭事务。

在1789年前,法兰西呈现的,就是这样一幅图画。王权已直接或者间接地夺得一切事务的领导权,完全可以为所欲为。在大多数行省和城市,王权已干净利落地取消了地方政府;在其他地方,王权也未留下更多东西。法兰西民族已成为欧洲民族中最统一的民族,其行政程序也最为完善,后来称为中央集权的制度已至巅峰状态。

刚才已阐明,法国的政体正在走向专制,但是,却出现一个奇怪的鲜明对比:人们的思想观点以及舆论却日益自由。政治制度中的自由消失了,但是,思想观点以及舆论中的自由却依然保留。自由的保障越少,对于个人就越珍贵,仿佛每一个人都继承了从国家各大机构那里夺得的种种特权似的。

在摧毁主要敌手后,王权就主动止步:胜利让王权变得温和,似乎进行争斗就是为了夺取特权,而不是为了运用特权。

认为法国的自由精神是与1789年的大革命一起诞生的，这是人们常常存在的严重误解。在任何时代，自由精神一直是法兰西民族的突出特征，但是，这种精神是间歇性显示的，可以说是断断续续呈现的。它并非出于深思熟虑，而是出于本能，来去无常，既猛烈又软弱。

在胆识和行动上，封建时代的法国贵族从来都是最自傲最独立的贵族。在中世纪法国公社和直至17世纪初（1614年）不同时期召开的历届三级会议中展现的民主自由精神，比任何时期的都更为强劲甚至几乎可以说是更为粗野。

即使在王权继承其他所有权力后，人们虽然服从王权，但绝不卑躬屈膝。

必须将服从的事实与其原因区别开来。有些民族相信国王拥有绝对统治权而屈从于国王的专横；有些民族把国王视为国家的唯一代表或者上帝在人世间的化身；还有些民族崇拜继贵族专制寡头而出现的王权，是怀着欢乐与感激的宁静心理去服从王权的。在这些服从中，无疑都存在一些偏见：可以表明是知识不足、思想谬误，却并不表明是心灵卑下。

在17世纪，法国人与其说是服从国王，不如说是服从王权；他们服从国王，不仅因为他们认为国王强大，而且因为他们相信国王仁慈合法。可以这么说，他们对服从有一种自由般的爱好。因此，他们在服从中掺入了某种独立、坚定、微妙、任性和易怒的成分，而这些成分足以说明，他们在接受主子时仍然保持自由精神。这位国王尽管能够任意支配国家财富，但是，在约束人们最细微的行动或者压制最微不足道的舆论上，却往往显得力不从心；一旦出现反抗，臣民就会得到舆论的庇护。这种庇护，比自由国家的公民常常得到的法律保障更为有效。

但是,上述情感与思想,是过去一贯自由的民族或者后来变得自由的民族,所不能理解的。前者从未体味,后者早已遗忘;两者在服从专横权力的现象中,只看到可耻的卑躬屈膝。在那些尝到过自由而后又丧失自由的民族中,服从确实永远具有这一特征。但是,在从未获得自由的民族的服从中,往往贯穿着一种必须承认的道德观念。

18 世纪末,法国人将始终视为自身特点的独立精神格外发扬光大,导致其性质完全改变。法国人的自由概念在 18 世纪经历了一番改造。

实际上,在人类精神中,存在两种形式的自由。它可以是共同权利的拥有或者特权的享受。人们想在行动中或者某些行动中享有自由,并非是因为所有人均拥有独立的普遍权利,而是因为每个人本身拥有保持独立的特殊权利。这就是中世纪人们所指的自由。在贵族制社会,人们也几乎都是这样理解自由的。在贵族社会,社会地位极其不平等,人类精神一旦习惯于特权,就会将尘世所有财富的使用权列入特权范围。

这种自由概念,由于只与设想出这一概念之人或者至多与其所属阶级有关,就能在缺乏普遍自由的国家存在。有时甚至会出现如下情形:人们拥有的对自由的必要保障越少,对自由的珍爱反而更加强烈,此乃所谓物以稀为贵。

接受这种贵族式自由概念者,会狂热推崇个人价值和强烈喜爱独立。它赋予利己主义以某种能量以及某种奇怪的力量。这种概念,虽然是个别人设想的,但是,往往会让人们做出最卓越的行动。当它得到全民采纳时,就会打造出一个前所未有的最伟大民族。

罗马人认为,在所有人类中,只有他们才配拥有独立。他们认为，这种自由，绝非来自天性，而是来自罗马。

按照现代民主概念，我敢说，准确而言是自由概念，就是每个人既然都天生就获得为人处世的必备知识，那么，就应当是生来平等而且拥有不可剥夺的权利。在只涉及他本人的一切事务上，他独立于其他人，有权决定自己的命运。

在这种自由概念深入人心并牢牢扎根后，独裁专横政权只不过是一种物质现象或者暂时的偶然现象。因为每一个人既然对自己拥有绝对权利，那么，最高意志只能是来自全体意志的联合。因此，服从失去了其道义基础，在公民那雄壮自豪的美德与奴隶的卑下之间，再也没有中间道路。

随着人民地位的平等化，这种自由概念必然盛行。

法国虽然早已脱离中世纪，思想观念虽然早已朝民主方向转变，但是，封建贵族的自由概念仍然得到普遍接受。每个人在保护个人独立不受政权约束时，都着眼于保卫个人的特殊权利而不是承认普遍权利。在斗争中，人们依靠的不是原则而是事实。

在15世纪，某些思想观念激进者，曾经窥见自由的民主概念，但是，又几乎是在头脑中一闪而过。只有到18世纪，才发生变化。

每一个人，推而广之，每一个民族，均享有支配自身行为的权利；这个仍然很模糊、定义不全面、表达欠妥的观念，逐渐被引入所有人的思想之中。它以理论形式凝固在有教养阶层的思想中，仿佛像本能而在人民中间流传。其结果，就是出现了奔向自由的更大冲劲：法国人对独立的一贯喜爱遂演变为有根有据的系统主张，这种主张逐步推广，终于把王权也拉向自己一方。王权理论上永远倾向专制，但是，它开始在行动上心照不宣地承认，公众情感舆论大于权力。路易十五说：“任命大臣的是朕，但是，免除他们职务的是国民。”路易十六在狱中追述他最后的也是最隐秘的思想观念而谈起臣民时,仍称他们为“朕的同胞们”。[8]

直到18世纪,人们才开始谈论普遍人权,提出人人都能把它们作为合法的、不可改变的遗产而要求平等享受;这种普遍的自然权利,每个公民都应当享有。

大革命的二十年前,即1770年,当马尔泽尔布[9]代表王国主要法院之一说话时,他就对国王说:

“陛下,您的王冠只来自上帝,但是,您没有理由不欣然相信,您的权力来自臣民的自愿服从。法国存在着某些属于国民的不可侵犯的权利,您的大臣们不敢对您否认这一事实。倘若必须证明这一点,我们只有提出陛下本人提供的证据。不,陛下,人们尽管费尽气力,也未能使您信服法兰西国民与被奴役人民之间,并无任何差别。”

他进一步说:“既然所有中间团体均软弱无力或者已被摧毁,那就请询问国民吧,因为唯有国民才能聆听尊旨。”[10]

此外,这种热爱自由的感情是通过著作而不是通过法令,是通过个人努力而不是通过集体业绩,往往是通过幼稚、无理性的反对而不是通过严肃系统的反抗,予以表现出来的。

舆论具有的力量,就连那些常常压制它的人也不得不承认,但是,这种力量强弱无常,大起大落:头天强大无比,次日就几乎难以捉摸;它永远毫无节制,变化多端,难以确定;它是没有器官的躯

---

〔8〕 参见路易十六临处死前夕所写遗嘱。——译注

〔9〕 马尔泽尔布(1721年—1794年),法国政治家,曾任巴黎高等法院法官,托克维尔的外曾祖父。曾担任为期十年的王国政府书报审查总监。狄德罗《百科全书》能够度过出版初年的风暴,归功于其保护。因此,马尔泽尔布有“《百科全书》守护神”之誉。法国大革命恐怖时期,担任国王路易十六的辩护律师,曾慷慨留言:“我在国王面前为人民辩护,在人民面前为国王辩护!”1794年4月23日,其本人也被大革命政府送上断头台。——译注

〔10〕 参见《审理间接税案件的高等法院谏书》(1770年)。——原注

体，是人民主权的影子而非人民主权本身。

我想，在所有爱好和向往自由但尚未建立自由制度的民族中，情况都将如此。

我并非认为，在不存在这类政治制度的国家，人们就无法享有某种独立，因为只要有习惯与舆论就足以办到。但是，在如此国家，人们绝不能保证永远自由，因为他们绝不能保证永远要求自由。有时候，即使最热爱独立的民族也甘愿把独立视为其争取的次要目标。自由制度的最大用途，就在于当人类精神不关心自由时，仍然是自由的后盾，并赋予自由具有某种植物性的生命力，让人类精神届时能够回到它那里。这种制度，可以保证人们即使一时厌恶自由也不至于丧失自由。我认为，此乃自由制度的主要优点。当人民执意要当奴隶时，谁也无法阻止其成为奴隶。但是，我认为，自由制度能够让他们在独立中支撑一段时间，而无须他们自己做出努力。

18 世纪末的法兰西，呈现出如下主要特征：法兰西民族与当时世界上存在的任何民族相比，穷人都更少、富人都更少、强者都更少、弱者都更少；不管政治状况如何，在法兰西，平等理论已深入民心，平等爱好已赢得人心；与任何国家相比，这个国家的各个组成部分，都联合得更为紧密，都服从一个更加集中、更加精明、更加强大的政权；自由精神永远生机勃勃，而且在临近大革命时期，具有更普遍、更系统、更民主、更不安于现状的特点。

倘若现在合上历史书，让时光流逝五十年，再回头考察这段时间发生的一切，就会注意到已经发生巨变。但是，在所有这些全新的陌生事物中，我们很容易认出半个世纪前给我们强烈印象的同样的那些特征。可见，人们通常会夸大法国大革命产生的后果。

毫无疑问，从未有过哪一次革命，比法国大革命更为强劲、更为迅猛、更具破坏性、更有创造性。尽管如此，倘若认为通过这场大革命催生了一个崭新的法兰西民族，倘若认为法国大革命竖立了一座大革命之前根本没有基础的新大厦，乃大错特错。法国大革命创造了大量派生的、次要的事物，但是，那只不过是主要事物生根发芽后的进一步发展，而其生根发芽在大革命之前早已存在。大革命只不过是对重大动机产生的结果加以整理、协调和法制化而已，但是，它并非动机本身。

法兰西人的社会地位早已比其他国家之人的地位更为平等，大革命强化了这种平等，并把平等学说理论载入法律。法兰西民族早于其他民族并比它们更加彻底地抛弃了中世纪的分裂状态与封建性质，大革命最终将国家的各个不同组成部分统一起来而形成一个整体。

在法国，中央政权已比世界上其他国家都更严密地控制地方行政。大革命导致中央政权更加灵活、更加强大、更有所作为。

法国人比其他任何国家之人都更早、更清晰地构想了自由的民主思想，大革命赋予国民本身的，即使不是主权的全部内容，至少也是主权的全部外表。

倘若上述东西就是新事物，那只是就形式、就发展而言，而不是就原则、就本质而言。

即使不发生这场大革命，大革命所做的一切也会发生，对此，我深信不疑。大革命只不过是一个狂暴猛烈的过程，人们藉此而使政治状况适应社会状况，使现实适应思想观念，使法律适应风俗习惯。

法国人从旧国家中保留了哪些东西？构成教士、贵族以及第三等级阶层的那些成分，后来变成了什么？哪些新成分取代了旧君主王朝的那些成分？贵族和人民大众的利益表现为哪些新形式？土地财产发生了哪些变化，这些变化的原因产生了哪些后果？国民的整个思想观点、风俗习惯、精神面貌，发生了何种变革？

上述问题，是我以后会写信予以论述的主要内容。

附录三：关于《旧制度与大革命》影响史资料的简介[1]

J. –P. 迈耶

1850年12月26日，托克维尔从索伦托写信给朋友居斯塔夫·德·博蒙[2]："如你所知，很早以前，我就酝酿写新书。我反复思量，倘若我要在世界上留下印记，立言胜于立功。我感觉，与十五年前相比，如今我更有能力著书立说。因此，我一边穿越索伦托山脉，一边寻觅写作主题。这个主题必须紧扣时代，有助于我把事实与思想、历史哲学与历史本身糅合在一起。这就是我写作的前提条件。我时常想起法兰西帝国，那是称为法国大革命的尚未落幕戏剧中的特殊一幕。

〔1〕 本文系迈耶为其主编的托克维尔《旧制度与大革命》撰写的导言，现将其置于附录中。——译注

〔2〕 居斯塔夫·德·博蒙，曾任法国凡尔赛检察官，系托克维尔挚友，他们曾一同游历美国。——译注

可是，想到面临无法逾越的诸多障碍，尤其是想到要重复他人名著所阐述的内容，就不由望而却步。后来，写作主题以崭新形式呈现在我面前，似乎更为接近我的思路。我想，不必考虑撰写帝国历史，而应设法阐明构成我们这个时代链条的主要环节的那些大事的起因、特点及其意义。因此，叙述历史事实，不是本书目的。可以说，事实只是我全部思想观点所依据的牢固而连续的基础。这些思想观点，不仅与我们所处时代及其前后时代和特点有关，而且与创建法兰西帝国的那位卓越人物〔3〕及其给法国大革命、国家命运乃至整个欧洲命运指明的方向有关。因此，要撰写的这本书，篇幅很短，也许一卷也许两卷；可能会有趣，也可能重要。围绕这本新书的框架结构，我绞尽脑汁并颇为兴奋地发现了起初并未引起我注意的诸多真知灼见。不过，有关这本书的一切，目前仍然只是我头脑中漂浮的云影。不知你觉得这一主题如何？”〔4〕

托克维尔也从索伦托致信给路易·德·凯尔戈尔莱。这份落款日期为1850年12月15日的私信，比上面所引用的话语更清晰透露了作者意图。可以在这封信中读到如下话语：“很早以前我就想再写一部大作，如此念头一直萦绕着我。我认为：我真正的价值，就在于所酝酿的著作中；我擅长思考胜于行动；倘若能在世界上留下什么，就会是我的著作，而不是建功立业的回忆。最近十年，虽然在诸多方面我都无甚收获，但锻炼了我对人对事的洞察辨别能力，没有丧失透过现象看本质的能力与习惯。因此，我自认为，与撰写《论美国的民主》时相比，如今我更有能力阐述与政治学有关的宏大主题。可是，究竟该写什么？选好题，就成功了一半。

〔3〕 指拿破仑。——译注

〔4〕 参见《托克维尔全集》，迈耶主编，巴黎伽利玛出版社1967年版，第八卷，第2册，第343页以及随后几页。——译注

要选择公众感兴趣的主题,更要选择能够激励我抛弃一切而为之献身的主题。我是世上最不能违背自己的精神与追求而委曲求全之人:倘若无法从所作所为中得到欢乐,就会认为自己简直不如碌碌无为之人。因此,这几年,我常常寻寻觅觅(无论如何,我心中尚存一点安宁,让我可以跳出所陷入的心烦意乱,而观察一下四周以及其他东西),寻觅可以从哪个主题入手,却一无所获,没有找到让我满意或者心动的主题。岁月如梭,人生苦短,青春已逝,踏入中年,活动范围日蹙。身处孤独之境,油然而生的百般思绪,也可说是躁动不安的心绪,自然而然地催促我更认真深入寻找计划写作之书的主题思想。我袒露自己的想法,就是想征求你的意见。我只会考虑当代主题,而且事实上,公众与我都感兴趣的,唯有当代之事。人们过多关注当今世界呈现的壮哉奇哉景象,乃至无法好奇地关注历史。可是,该选择什么样的当代主题呢?最具有原创性以及最适合我之心性与习惯的主题,就是自由评判近代社会,就是观察思考当代社会,就是展望不久的未来社会。

“但是,当我寻找如此主题的节点时,却无法找到把所有思想联结起来的节点。我看到的是著作各部分,却无法看到其整体。就是说,抓住了经纱,却没有抓住纬纱,无法织成布。必须找到这种节点,把我的思想牢固而连续地串在一起。阐述历史时,一定要用上它。潜心研究一个时代时,借助它就可以把所刻画的零散的时代人物与事件构成一幅完整的图画。唯有法国大革命这幕长剧,才能够连接起这样一个时代。很早以前,我就有如此想法,而且我曾向你袒露如此想法:自 1789 年起至今的这一长长历史阶段,我都视为法国大革命时期;我曾想从中挑选出十年帝国时期,阐述这一惊天动地事业的产生、发展、衰落和灭亡的历程。越思考这一问题,就越感到要选择好所描述的时代。至于这个时代本身,要伟大独特,甚至要独一无二,而且时至今日,至少依我所见,人们所重现的这个时代,都带有虚假庸俗色彩。此外,这个时代本身,能够把强烈的光线投向其前后一时代。这肯定就是法国大革命。它能够让人们对整幕大剧作出最佳评价,最能让人们对整幕大剧提出见仁见智的看法。我的疑虑不在于选择主题,而在于阐述方式。我最初想按照我的思路重写梯也尔先生写过的历史,就是撰写帝国活动,只是撇开军事部分不写,因为梯也尔先生再现帝国战争时,写得春风得意,显得才华横溢[5]。但是,我对用如此方式阐述主题,仍然感到犹豫不决。著书立说,是需要付出长期努力的事业。历史学家的拿手好戏是擅长组织史实,不知道自己能否掌握这种本领。迄今为止,我最擅长的,是评价史实,而非叙述史实。就历史本身而言,用夸张方法叙述历史只能偶尔用之,否则就是多余的。最后,重写帝国史,有步梯也尔先生后尘之嫌,而且公众几乎不会欣赏为此而付出的努力,盖两位作者写同一主题,人们当然认为后者是老调重弹而不值一读。此乃我的疑虑,向你和盘托出,就是想听听你的意见。

"除考虑主题外,也考虑不再写长篇巨著,而是写篇幅不长的著作,也许就是一卷篇幅的著作。确切地说,我不想再重述帝国史,而是想反思和评述这段历史。无疑要指出史实,要以史实为线索,但是,主要阐述的不是史实。我的主要目的,是要让人们理解历史大事,是要让人们明白其之所以发生的种种原因,例如,帝国是怎样产生的;何以能够在大革命创建的社会中建立帝国;采取了哪些手段建立帝国;创建帝国者的真正本质是什么;成功与失败的因素各是什么;对世界命运尤其是法国命运的长短期影响是什么。

---

〔5〕 指梯也尔的著作《执政府与帝国史》(十卷本,1845年—1863年出版)。——译注

我认为,一部伟大著作的内容就在于此。但撰写这样一部著作,面临巨大挑战。最费神伤脑的,是如何把历史本身与历史哲学糅合起来。我还不知道该如何把两者结合起来。可是,又必须把两者结合起来。诚如人们所说,前者是画布,后者是颜料,两者兼备才能作画。我担心,会否造成两者彼此损害的局面;我担心,我欠缺选择可以支持我思想观点的史实而必须具备的高超本领;我担心,能否恰如其分地叙述史实,自然而然地通过叙述史实而把读者兴趣从一种思考引至另一种思考,让著作特点始终清晰可见。这方面著作的杰出典范,就是孟德斯鸠的《罗马盛衰原因论》。可以说,虽然透过罗马历史就可以断看出其盛衰兴亡,但是,在罗马历史中,仍然存在诸多内容有待诠释,才能为人们所理解。正因为如此,孟德斯鸠抛开那些素来奉为楷模的上乘之作,在其著作中展示了我在我所谈论的著作中尚不具备的才能。孟德斯鸠研究的,是一个极其伟大而遥远的时代。他只能在相隔遥远的年代,挑选最具影响的历史大事,阐述极其普遍的道理。倘若他把自己局限于十年的历史时期内,借助的必定是诸多琐碎而具体的历史事实,创作难度必定是难上加难。

“我想通过上述话语让你明白我的心思。刚才袒露的所有念头一直困扰着我,而且我现在仍然在黑暗中摸索,至多是在半明半暗中摸索。我看到的仅仅是宏大主题,但是,我并不清楚在那宏大空间中有些什么。恳请你帮帮我,让我看得更清楚一些。我自信,与其他任何人相比,我都更有能力阐述伟大的思想自由,我都更有能力毫无保留、不偏不倚地评述历史事件与人物。尽管那些人物曾生活于我们这个时代,但是,我可以保证,对于他们,我无怨无恨;对于所谓的王朝、政制、法律、阶级等诸多事物的体现形式,我无意谈论其价值,我只阐述我亲眼所见到的存在状态,而不论它们产生何种效应。我不属于任何教派、党派，除人类尊严与自由的事业外，我没有其他任何事业。这一点，我可以作出保证。就写作而言，人的喜好与天性是有益的，诚如评述人类事务时往往是有害的一样……”

除作者本人，任何人都难以说清楚《旧制度与大革命》的写作目的与方法。也许有必要强调一下，托克维尔在上述信件中谈到了让他头疼的问题，即“历史本身与历史哲学的结合”。事实上，其著作独一无二的特征，就是这两者的“结合”。在托克维尔前后撰写的所有法国大革命史，人们都可以推定其产生的时代，都带有时代的烙印，但是，托克维尔的这部比较历史社会学著作，将历久弥新。无论是维科[6]的《新科学》、孟德斯鸠的《论法的精神》，还是布克哈特[7]的《世界历史沉思录》，都没有陈旧过时，尽管我们的历史学或者社会学研究方法已更趋专业化。毫无疑问，《旧制度与大革命》也应列入这一类经典著作。

历经五年的深入研究，《旧制度与大革命》于1856年6月出版。几乎在同一时间，这部著作也在英国出版，译者是托克维尔朋友、《论美国的民主》译者亨利·里夫。里夫堂姊妹达夫·戈登夫人协助翻译托克维尔的这一新著。里夫写信告诉托克维尔说：“她干得很完美！”在这封写于1856年4月27日的信中，里夫写道：“我越钻研已收悉的章节，就越为之打动而欣喜若狂。它就像一件所有人都为之打动的艺术品，让我得以重新一睹希腊雕塑的印迹与

---

〔6〕 维科(1668年—1744年)，又译“维柯”，意大利政治哲学家、法学家、历史学家和修辞学家，代表作《新科学》。——译注

〔7〕 布克哈特(1818年—1897年)，生于瑞士，19世纪杰出文化史、艺术史学家。主要著作：《君士坦丁大帝时代》《意大利文艺复兴时期的文化》《希腊文化史》《意大利艺术宝库指南》《意大利文艺复兴史》《意大利艺术史论文集》《世界历史沉思录》等。——译注

真容。”作为托克维尔《旧制度与大革命》的第一读者，里夫认为，他与孟德斯鸠《论法的精神》具有同样重要的地位（详见 1856 年 5 月 20 日里夫致托克维尔的书信）。

从 1856 年到托克维尔英年早逝的 1859 年，这部著作在法国先后印行四版：1856 年印行两版；1857 年印行一版；1859 年印行最后一版，但实际上是于 1858 年 12 月印行出版的，是为第四版，此乃我目前主编的这一版本的基础。另一版本印行于 1860 年，也称为第四版。被误称为第七版的新版本，于 1866 年由居斯塔夫・德・博蒙作为他编辑的《托克维尔全集》第四卷予以出版。我发现，1866 年以后还有如下各种版本：1878 年版、1887 年版、1900 年版、1902 年版、1906 年版、1911 年版、1919 年版、1924 年版、1928 年版、1934 年版。本书在法国共印行十六版 25,000 册。在英国，里夫译本于 1873 年发行第二版，增加了取自博蒙主编的《托克维尔全集》第八卷的七章内容；里夫译本第三版于 1888 年印行。1904 年，牛津克拉伦登出版社出版《旧制度与大革命》法文版，附有 G. W. 黑德勒姆的导言与注释。这个版本分别于 1916 年、1921 年、1923 年、1933 年以及 1949 年重印。此外，在 M. W. 帕特森的关心下，巴兹尔・布莱克韦尔出版社于 1933 年出版《旧制度与大革命》又一个英译本，可惜它没有翻译托克维尔在其著作上所加的重要注释。这个版本于 1947 年和 1949 年各重印一次。可见，迄今为止，《旧制度与大革命》在英国已有十三个版本，并已成为英国文化的组成部分。这事不难理解。在 20 世纪初期，牛津大学官方就把《旧制度与大革命》指定为历史学和社会学专业学生的基础教材。在美国，托克维尔的《旧制度与大革命》也于 1856 年出版，译者是约翰・邦纳，出版者是哈珀兄弟出版社。德文版本，在阿诺德・博斯考维茨的关心下，于 1856 年出版，出版者是莱比锡赫尔曼・门德尔松出版社。

《旧制度与大革命》思想观点对现代人的渗透影响，可以随手写一本书阐述。此处仅仅提供一些线索而已。托克维尔朋友夏尔·德·雷米扎在介绍其著作时，就这样写道："有必要回顾他第一部著作体现的深刻思想。二十多年前，他就把这思想运用到欧洲，在其著作《论美国的民主》末尾部分写道：'这些人竟然盲目认为，重新找到了亨利四世或者路易十四的君主制度。但是，在考察若干欧洲国家的现状以及其他欧洲国家的发展趋向后，我确信，不久的将来，欧洲国家不是采取民主自由制度就是采取独裁专制制度，再也不可能采取其他政治制度。'很早以前，他就怀有上述思想观点。自那时起，他就能运用这一思想观点，研究事物力量的强弱及其大致发展走向，洞察其局限性或者适应性。毫无疑问，他一直认为，民主是当代世界的潮流，是未来社会的危险或者希望、伟大或者渺小的关键所在。在这本新著前言中，他以凝练、生动、令人印象深刻的笔触，描绘了民主原则占据统治地位的社会所具有的特点。这幅图画，是由坚定稳健之手勾画的，毫无夸张，毫无省略，是笔法的精确性与着色的真实性融为一体的作品，充分展示了画家的才华，坚守了画家的观点。他的思想、观念以及思维方式，都没有发生变化。无论是历经二十年的从政沧桑，还是走过四年的潜心研究思考而著书立说，他的信念始终没有改变。感谢他，感谢他拥有始终不渝的信念。"除上述评价外，再引述托克维尔另一位朋友让·雅克·昂佩尔的评论："今天，历经议会和宦海浮沉的德·托克维尔先生的理论得到检验，他所秉持的原则，具有特有的权威性。他利用目前形势给他带来的闲暇时光，思考比美国民主更为广阔的历史大事，即法国大革命。他希望通过历史，揭示法国大革命是如何在旧王朝中产生的。为此，他竭力寻找并重建法国旧社会的真实状况，这是前无古人的工作。他的著作，是真正博学的著作，以丰富的原始资料和若干行省的手抄档案为写作依据，其著作尾注旁征博引而令人叹服。他以一己之力完成的这项工作，不仅非常重要、非常有益，而且将激励人们遵循其思路继续研究下去，利用历史解释的方法，理解并诠释法国大革命……”

昂佩尔的评述极其详尽，只能再引述如下内容：“透过德·托克维尔先生的著作，我们非常惊奇地了解到，几乎所有被视为大革命的成果或者战利品的一切东西，早已在旧王朝中存在：中央行政集权、行政监督、行政管理模式、保障官员免受人民起诉、官职繁多而人浮于事、征兵制度、巴黎的优势地位、土地过分分割等，所有这一切，在1789年前就已存在。从那时起，就无所谓地方政治生活，贵族只剩下头衔与特权并对身边事务无法再拥有任何影响力，御前会议、省督或者省督代理人主宰了一切，或者说，是国务委员会会议、省长和市长主宰了一切。就连市镇要翻修教士宿舍或者修建钟楼，都得花足足一年时间，才能获得中央政府批准。如此情形，世上极为罕见。在德·托克维尔先生的著作中，有一精彩附录[8]专门论述说：倘若领主不再能够有所作为，除在为数不多的三级会议行省外，市政府也无用武之地。自路易十四把市政府纳入其营业所并明码标价卖官鬻爵后，真正的城市议会几乎均已绝迹。这场伟大革命的实施，不是出于政治目的而是赚钱目的。如此之事，诚如德·托克维尔先生所说，为历史所不齿。中世纪常见的英雄市镇移植到美国，演变为美国乡镇，实行自理自治，而在法国，却不理不治，国家还袒护为所欲为的官吏，让他们免受被害人起诉，而且国家这么做的目的，就是为了维护专制统治。在阅读这些内容之际，人们就会思考，大革命为何会发生，大革命改变了什么。

〔8〕 即“论三级会议行省尤其是朗格多克行省”，详见本书附录一。——译注

在其他几章,作者就极其出色地阐明了它为何发生,何以产生如此变化……"

关于托克维尔这部著作的风格,杰出的比较文学历史学家评语如下:"简直不敢相信,如此严肃的著作竟然具有如此纯洁的文学品质。不得不说,这位作家的写作风格高人一筹。其写作风格,更为雄浑,也更为灵活。其著作,既有严肃的一面,也有精致的一面。他让读者深入思考时,可以读到以生花妙笔讲述的奇闻轶事或者化义愤为讥讽的辛辣笔触。其内心思想如此新颖,其理性阐述如此智慧,其慷慨激情如此具有感染力。我们听到的,是一个真诚而不虚饰、恳切而不狂暴的声音。这种声音,让人们以作者为荣,让人们尊敬作者,并与作者产生共鸣。"(详见昂佩尔前引书)。

在那个时代的私人通信中,甚至也有人在谈论阅读托克维尔著作的心得。例如,居维利埃—弗勒里就在写给奥马尔公爵的信中说:"你是否读过托克维尔的《旧制度与大革命》? 我觉得,它是一部博大精深的著作,有些章节展示了孟德斯鸠那样的真正才华。不过,该书结论有点含混不清。它虽然对专制暴政深感厌恶,但似乎指责人们不怎么真正同情法国大革命。无论如何,从该书可以推出如下结论——无论作者本人意见怎样——法国大革命是由最合情合理的原因所引发的,上层阶层性情导致其必然发生,无法阻挡的人民大众性情则让这场大革命充满愤怒与理性情绪。于我而言,这已足矣。从文学观点看,这部著作的不足之处,就是作者竟然用启蒙者的语气揭示众所周知的而且早已有人阐述的真理。例如,格拉尼埃·德·卡萨尼亚克《法国大革命原因史》[9]第一卷就极其出色地阐述了其中某些真理……"奥马尔公爵回信写

---

[9] 卡萨尼亚克(1806年—1880年),法国记者、政治家。著有《法国大革命原因史》(1850年版)。——译注

道:"……我想和你说说德·托克维尔先生的著作,我刚刚读完。我是兴致勃勃地阅读它的,并最重视它,尽管我并不完全同意作者观点,也不认为他提出的都是新说。读后印象大致可以概括如下:

"德·托克维尔先生充分阐明,法国大革命的发生,合情合理,在所难免。尽管法国大革命充满暴力,但是,唯有它才能革除弊端,才能解放人民,正如作者所说,才能解放农民。他宽恕法国大革命打造的过于庞大的中央集权以及其他诸多专制工具,因为所有这一切在大革命前早已存在;他宽恕大革命摧毁了可阻止无政府状态或者专制暴政的制衡力量,因为在大革命前它们早已消失。但是,他抨击大革命一直都无法培养任何制衡力量,因为在当时是有可能培养的,因为这种制衡力量在旧王朝早已存在;他抨击大革命恢复了旧王朝的全套政府机器,并建立起比旧王朝专制统治更为合乎逻辑、更为平等、当然也更为全面的专制统治,而且导致六十年后,我们再次坠入专制统治——只有上帝才知道会持续多长时间。

"有点令人失望的是,这部著作美中不足:没有作出结论,没有把好东西充分烘托出来,也没有指明革除弊端的良方;向人民传播真理是好事,但不要用沮丧语气,尤其不该摆出说一个伟大民族不配拥有自由的神态,因为这样只会让压迫者、奴性十足者和利己主义者感到痛快。

"整体而言,这是一部好书,我赞赏它,从内容到形式都值得称赞。诚如你所说,从这本书,可以切实感受专制暴政之恐怖,而这就是我们的敌人。旧王朝已死亡,注定万劫不复,但是,千万不要以为,再也无法在旧王朝废墟上重建专制暴政或者无政府主义的大厦。专制暴政与无政府主义,是大革命的私生子;唯有自由,才是大革命的合法儿女。在上帝帮助下,自由终将驱逐僭越者。"(详见四卷本《奥马尔公爵与居维利埃—弗勒里通信集》,巴黎,1910年—1914年,第2卷,第333页以及随后几页)。

由于《旧制度与大革命》也有英译版,就应说说它在英国受欢迎的情形。我们已经谈到亨利·里夫,其时英国最重要的杂志《爱丁堡评论》总编以及《泰晤士报》主笔,对本书作了颇有分量的热情评价。其朋友G.W.格雷格当时也在如今天一样给舆论定基调的大报《泰晤士报》上发表了两篇分析文章。兹引述其中一些文字:“由于形势变幻莫测,冒险作出预测几乎都是不明智。尽管如此,我们仍然可以充满信心地说,德·托克维尔先生的声誉将越来越高,后人评价还会高过与他同时代者的评价……”格雷格接着对这部著作作了长篇分析评论,这一分析评论终有一天会编入研究亚历克西·德·托克维尔的文集。在这篇深入研究分析的大作篇末,格雷格写道:“我们相信已向读者指出,德·托克维尔先生这部著作极其重要。这是一部充满了鲜为人知的史实的著作,而且从这些史实中产生了堪称为发现而且是具有永恒价值发现的各种史学观点。不过,这部著作,只是他打算撰写的大部头著作的部分内容。他打算,像撰写《论美国的民主》一样,倾注全部心血,运用全部研究成果,撰写这部著作。其实,我们可以把这部著作以及《论美国的民主》都视为其人生作品的松散组成部分,因为它们都旨在从社会发展现状评估社会发展趋势。”

托克维尔的朋友、英国财政大臣和杰出学者乔治·康沃尔·刘易斯勋爵感谢他寄来《旧制度与大革命》,并于1856年7月30日致信给他:“这是我平生读过的、唯一一部让我精神得到满足的著作。它对法国大革命的原因与特点提出了既真实又合理的观点……”我们还能举出托克维尔这部著作在英国受欢迎的例子,但限于篇幅,不再赘述。

下面试举几例说明《旧制度与大革命》对后来几代人发挥的影响。达尼埃尔·阿莱维在其值得人们注意的《法国大革命150周年史学史概述》(巴黎,1939年,第24页)小书中写道:“无论如何,必须提到一部重要著作,即托克维尔的著作……1856年,托克维尔出版了《旧制度与大革命》。这部著作的影响会极其深远,我们以后再谈论它吧。”我现在要谈的正是这种影响。

我们在给《论美国的民主》所附的参考书目中(第一卷第二册第389页),就已经指出,制定1875年宪法的那一代人,深受托克维尔、布罗伊〔10〕和普雷沃·帕拉多尔〔11〕著作的影响。布罗伊公爵的著作《法国政府之我见》(巴黎,1870年),就如诸多参考资料所认为的那样,重现了《旧制度与大革命》所具有的那种氛围。

托克维尔对泰纳〔12〕具有相当大的影响。倘若读一读《现代法国的起源》,就可以发现诸多引自托克维尔著作的文字(例如,泰纳《旧王朝》,第三版,巴黎,1876年,第99页)。泰纳在该书中写道:“在法国创建中央集权的,不是大革命,而是旧王朝。”泰纳对此还添加了如下注释:“德·托克维尔,第二编。这一重要真理是由具有过人洞察力的德·托克维尔先生发现的。”此外,可见《现代法国的起源》附录的预备笔记摘要:《H.泰纳:生平与通信》(第3卷,巴黎,1905年),该书中含有引自托克维尔著作的附注(参见第300

---

〔10〕 布罗伊(1821年—1901年),法国政治家、历史学家,主要著作:《四世纪教会与罗马帝国》《弗里德里希二世与玛丽亚·特雷西亚》和《塔列朗回忆录》等。——译注

〔11〕 普雷沃·帕拉多尔(1829年—1870年),法国记者、政治家、外交家,著有《政治与文学论文集》。——译注

〔12〕 泰纳(1828年—1893年),法国19世纪杰出的文学批评家、历史学家、艺术史家、文艺理论家、美学家。主要著作有《现代法国的起源》《艺术哲学》《拉封丹及其寓言》《巴尔扎克论》和《英国文学史引言》。六卷本《现代法国的起源》的第2、3、4卷为《法国大革命》。如拙译前言译注所介绍的,米什勒也著有七卷本《法国革命史》。阿克顿勋爵曾评论说:“在关于革命的书籍中……不读米什勒的书,就感觉不到革命的伟大;不读泰纳的书,就感觉不到革命的恐怖。”——译注

页、第 319 页)。托克维尔著作对泰纳的影响,值得深入研究。透彻研究泰纳的维克托 · 吉罗在《论泰纳:其著作与影响》(巴黎,1932 年)一书中,仅大致涉及了这个问题。吉罗写道:"……无疑需要花费很长篇幅,才能精准地搞清楚泰纳从托克维尔著作中汲取了哪些材料、得到了哪些助益等等。托克维尔……原本就打算阐述后来由泰纳所阐述的整个主题。但是,在《旧制度与大革命》中,他只完成了其计划撰写的巨著的第一部分;可能同样出色的续篇,留给我们的却只有'笔记'式片段以及刚刚草拟的部分章节,而充满智慧的草案则遭到死亡的猛然打断。泰纳因此有机会运用那些散乱的材料,重新在更为广阔的基础上重建那座托克维尔尚未完成的大厦。泰纳以丰满华丽的风格,取代朴实无华的线条,取代原有建筑物有点外露的庄严,但是,他保留了其中诸多重要内容乃至整体规划。《现代法国的起源》主要思想,就是托克维尔著作的主要思想,也就是我们从前一切历史中存在的最深刻的大革命根源。我几乎可以肯定,泰纳的'地方分权'思想,大部分源自他的这位眼光敏锐而有气魄的前辈。"当然,如我刚才所说,托克维尔与泰纳的联系还有待于进一步研究。这两位思想家的差异,也许可以解释为是由各自知识结构不同所产生的。托克维尔接触社会学问题,主要靠实践经验以及深入研究行政史与行政法律制度,而泰纳接受的主要是文学、哲学与艺术方面的教育。兹摘录泰纳书信中一段话(前引书,第二卷,巴黎,1904 年,第 263 页以及随后几页),以揭示其政治哲学观点。在 1862 年 10 月,泰纳写道:"我确实拥有政治、宗教理想,但是,我知道这种理想不可能在法国实现。这就是我为何只能是思辨家而非实践家的原因。德国施莱艾尔马赫尔时期或者稍后英国的新教自由,堪比如今的比利时、荷兰、英国的地方自由或者城市自由,均采取中央代议制度。但是,新教与法国人天性相违，地方政治生活与法国社会、财产结构相违。因此，唯有淡化过分的中央集权，说服政府在其利益范围允许人们拥有一些发言权，减少天主教与反天主教之间的暴力行为，让大家控制各自情绪。必须将其力量引向其他方面，例如，引向理论科学，引向优美文风，引向某些艺术领域，引向精致工业技术，引向优雅社交生活，引向无私而普世思想，引向促进全民福祉。”（参见《泰纳：其思想的形成》，安德烈・谢弗里荣著，巴黎，1932 年；F. C. 罗《泰纳与英国》，巴黎，1923 年；A. 奥拉尔《泰纳：法国大革命的历史学家》，巴黎，1907 年；奥古斯坦・科尚《大革命史学的危机》载《思想与民主的社会》，巴黎，1921 年；亨利希・冯・西贝尔《旧国家与法国大革命》，收录于《小历史论文》，斯图加特，1880 年，第 229 页以及随后几页）。西贝尔本人就撰写过非常重要的有关法国大革命的著述，分析了《现代法国的起源》第一卷，并推荐读者参阅托克维尔的这部“名作”（参见 H. 冯・西贝尔：《大革命史，1789 年—1800 年》，十卷本，斯图加特，1897 年）。西贝尔于 1853 年开始发表其著作。

众所周知，引发泰纳创作《现代法国的起源》的，是 1871 年法国战败和巴黎公社事件；两相比较，《旧制度与大革命》更偏重于比较政治社会学的研究。托克维尔着眼于研究西方世界的普遍发展趋势，而泰纳只限于论述法国的社会变革。

1864 年，菲斯泰尔・德・古朗治著作《古代城市》问世。[13] 它带有《旧制度与大革命》的深深烙印。C. 朱利昂在其颇受重视的教

〔13〕 古朗治（1830 年—1889 年），又译“库朗日”“古朗士”“古朗日”或者“库朗热”等，法国历史学家。1864 年出版《古代城市》，专门研究古希腊、古罗马以及中世纪早期欧洲社会制度的变革情况，主张各种思想意识尤其是宗教信仰对社会制度的发展具有决定性作用。《古代城市》一书出版后，不断再版、重印，在西方各国广为流传。古朗治 1874 年出版《法国古代政治制度史》第一卷，主张西欧封建制度起源于古罗马的大土地所有制，对古代法国的政治制度和日耳曼人入侵问题有独特解释，对于研究古代社会制度具有重要史料价值。——译注

材《十九世纪法国历史学家文选》(第一版,巴黎,1896 年,此处引用的是 1913 年巴黎第七版重校本)中就写道:“人们推测,菲斯泰尔·德·古朗治所受到的历史影响,主要有:孟德斯鸠关于政体的研究,可能还有米什勒[14]的研究,但更多的是来自托克维尔关于宗教情感在社会生活中所起作用的研究。《旧制度与大革命》对菲斯泰尔的才华有重要影响,不足为奇:在《古代城市》中,可以找到同样的叙述方式、同样的归纳步骤,同样的两三条主线”(前引书第 91 页)。该书其后有好几处,朱利昂又再次谈到这个问题:“在《古代城市》中,相对于米什勒,托克维尔的影响更为明显。其《导言》标题‘论研究古代制度必须研究古老信仰’本身,简直就是《论美国的民主》一书开头的翻版。《旧制度与大革命》的一大功绩,就是论证了诸多过去的政治制度、习惯、思想,在 1789 年后的新法国依然存在,新法国不知不觉成了君主法国遗产的概括继受人。菲斯泰尔·德·古朗治在其《古代城市》著作中,也论证了传统与宗教习俗具有长期的持续性,而且论证得非常精彩:‘对于人类而言,过去绝对不会彻底消失。人类可以忘记过去,但过去总是留在人类身上。每一个时代,都是此前各个时代的产物和总结。它扎根于人类灵魂之中,因此,根据人类身上的不同印记,就可以发现与区分不同时代。’”关于菲斯泰尔·德·古朗治著作思想的评述,可参阅瑞士历史学家 E. 菲特的重要著作《新编史学史》(慕尼黑与柏林,1911 年,第 560 页以及随后几页)、E. 尚皮翁《菲斯泰尔·德·古朗治的政治宗教思想》(巴黎,1903 年)和 J. – M. 图尔纳尔 – 奥蒙《菲斯泰尔·德·古朗治》(巴黎,1931 年,第 59 页以及随后几页)。

---

〔14〕 米什勒(1798 年—1874 年),又译“米什莱”,法国历史学家,被誉为“法国史学之父”,著有《法国革命史》《人民》《法国史》等。——译注

此外,在前述朱利昂的著作中,还可找到对托克维尔著作重要地位所作的极其简洁、极其出色而且对我们有所裨益的评价:“托克维尔著作和《古代城市》,都是19世纪所产生的最出色、最具有原创性的历史著作……”(参见前引书第84页以及随后几页)。朱利昂把托克维尔称为历史哲学家,我们今天也许还要把他称为社会历史学家。马克·布洛赫[15]的《封建社会》可能是当代社会历史学的经典著作。

阿尔贝·索雷尔的伟大著作《欧洲与法国大革命》(八卷本,巴黎,1885年—1904年),也深受托克维尔著作永远充满活力的影响。欧仁·德希塔尔在《亚历克西·德·托克维尔与自由民主》(巴黎,1897年)的著作中,用整整一章篇幅论述《旧制度与大革命》,并阐述了这部著作对阿尔贝·索雷尔的影响,兹引述其中一段:“是否还需要提到,阿尔贝·索雷尔在其杰出著作《欧洲与法国大革命》中,出色地把托克维尔的思想与方法运用于论述大革命政府的对外政策,并证明在对内对外政策上,‘大革命并没有产生不是源自历史、不能由旧王朝政策予以解释的结果,哪怕是最特殊的结果也是如此。’他比任何人都更出色地阐明了托克维尔如下这段话的真理:‘只考察研究法国,就永远无法理解法国大革命。’”[16]

勒普莱肯定从托克维尔著作中汲取了营养。在《在考察欧洲各民族的基础上阐述法国社会变革》(巴黎,1874年,第三卷)中,勒普莱有一段对《旧制度与大革命》作了非常有特色的评述:“路易十五野蛮的不宽容政策,仅仅以摧毁基督新教为目的,仍然保留了

---

〔15〕 马克·布洛赫(1886年—1944年),法国历史学家、年鉴学派创始人之一。著有《法兰西岛》《国王和农奴》《创造奇迹的国王们》《法国农村史》《封建社会》。后两部著作是其最重要的著作。——译注

〔16〕 这句话语出托克维尔《旧制度与大革命》第一编第四章最后一段。——译注

某些人道形式;1793 年雅各宾派的不宽容政策,则旨在完全摧毁所有宗教。"这段话附有如下注释作为其根据:"亚历克西 · 德 · 托克维尔在《旧制度与大革命》的著作中,揭示了这一真理。倘若这部著作有名副其实的书名并得出结论,就将成为杰作。"窃以为,勒普莱对亚历克西 · 德 · 托克维尔的评价并不公正。抱着吹毛求疵和道学家的做派,他是无法理解托克维尔的历史社会学精神的(参见 J. – B. 迪罗塞尔《法国社会天主教的起源,1822 年—1870 年》,巴黎,1951 年,第 672 页以及随后几页)。在《旧制度与大革命》的有名读者当中,还有乔治 · 索雷尔和让 · 饶勒斯,他们的著作《进步的幻想》(第一版,巴黎,1908 年)就非常频繁地引述托克维尔的这部著作;《法国大革命的社会主义史》(A. 马迪厄审订版,八卷本,巴黎,1922 年—1924 年),也同样带有《旧制度与大革命》的印记。

人们还可以引述法国杰出法律史家 A. 埃斯曼的观点。他在《法国比较宪法学要素》(第四版,巴黎,1906 年)一书中,敏锐地掌握了托克维尔的思想观点。

此外,不应忘记那些伟大的法国文学史家,兹列几位如下:圣伯夫《星期一丛谈》(第三版,十五卷本,巴黎,未注明年份,第 96 页以及随后几页)清楚表明,他从未理解托克维尔著作的社会学意义。倘若想想他从前是多么热情地在《星期一丛谈初集》中欢呼《论美国的民主》的出版,就只能推断托克维尔的这位法兰西学院杰出同事可能后来与他产生了矛盾……(参见 J. – P. 迈耶:《亚历克西 · 德 · 托克维尔》,巴黎,1948 年,第 156 页以及随后几页)但是,即使在恶言恶语中,圣伯夫仍然永远是杰出的。与圣伯夫形成对比的,是伯蒂 · 德 · 朱尔维尔。他在《法国文学史》(巴黎,未注明年份,第540页)中写道:“曾师从基佐[17]的托克维尔,于1835年出版的《论美国的民主》,是自《论法的精神》问世以来社会哲学方面的最伟大著作。他二十年后(1856年)出版的《旧制度与大革命》,是一部具有完全原创性、影响极大的新著,是继拉马丁《吉伦特派史》[18]取得轰动成功后不久,在法国至少是在法国思想界,改变大革命神话的著作。从此,人们不再把大革命视为一场出乎意料的英雄或者魔鬼式飓风,而是承认大革命是由众多深远而深刻的原因所引起的结果。泰纳完成了对这种对舆论拨乱反正的任务,但是,开启先河的是托克维尔。”费迪南·布伦蒂埃在颇有价值的《法国文学史教程》(巴黎,1898年)著作中,以笔记形式评述了托克维尔的这部著作:“……这部《旧制度与大革命》著作,甚至在构想大革命起源的方式上都开辟了一个新时代,在叙述大革命的方式上也开辟了一个新时代。托克维尔观察得极其清楚:1. 大革命通过所有废墟与我们最遥远的历史联系在一起。2. 大革命的‘宗教’特征,归因于其爆发原因的深刻性。3. 正因如此,无法依靠任何政治力量铲除其影响。凭借《论美国的民主》和《旧制度与大革命》这两部著作,托克维尔就足以让历史摆脱历史学家的妄评,为我们当代的思想形成作了准备,并赋予历史学具有科学应当具有的一切特征(前引书,第441页)。”居斯塔夫·朗松在其经典著作《法国文学史》(巴黎,1912年)中,也对托克维尔的著作作了精彩评价:“……《旧制度与大革命》的基础是历史学家

〔17〕 弗朗索瓦·皮埃尔·吉尧姆·基佐(1787年—1874年),法国历史学家、政治家,于1847年至1848年任法国首相。1794年4月,其父作为联邦分子被送上断头台。随后,基佐随母流亡瑞士,并在那里接受加尔文教影响下的古典教育。主要著作:《英国革命史》《欧洲文明史》《法国文明史》。1829年,托克维尔与挚友博蒙一起师从基佐,学习法国文明史课程。——译注

〔18〕 关于拉马丁及其著作《吉伦特派史》,详见《旧制度与大革命》前言第一段中的译注。——译注

的思想。托克维尔像奥尔良派历史学家一样,看清了大革命的根源,看清了大革命的结局,看清了一场社会政治运动的结局。但是,正统派和民主派则认为,大革命几乎总是与过去猛然决裂的,是奇迹般突然爆发的。他们当中有些人诅咒大革命,有些人祝福大革命,不过,他们都认为,1789 年和 1793 年的法国与路易十四或者圣路易的法国截然不同。奥尔良派的历史观是为其党派利益服务的,而托克维尔则始终是严肃的历史哲学家,致力于阐明:我们的制度与我们的风俗习惯的发展具有连续性;虽然大革命是 1789 年爆发的,但是,在爆发前,它已进行了一半,因为数世纪以来,一切都在向平等和中央集权发展;封建权利与专制王权的最后障碍越来越碍手碍脚,因为它们是最后一道障碍。他阐述了文学与不信教对大革命的影响,是追求平等的感情压倒自由的激情。托克维尔在阐述封建王朝的毁灭后,打算继续论述新法国是如何从旧法国的废墟中重建的:这几乎就是泰纳在《现代法国的起源》中所实现的庞大计划。但是,托克维尔没来得及完成自己的这部著作(前引书,第 1019 页以及随后几页)。"法国文学史学家们就这样把托克维尔著作的成果传给了年轻一代,希望他们能够从中受益。

在简略介绍《旧制度与大革命》在法国的影响行将结束之际,还想向读者介绍保尔·雅内的重要小书《法国大革命的哲学思考》(巴黎,1875 年)。雅内眼光独到,指出 1852 年是法国大革命历史上的一条具有决定意义的分界线。他在书中写道:"引起了法国大革命哲学真正危机的,是 1852 年:那是一种深深的失望;那是一种对这个国家直到此时都在珍视的各项原则的闻所未闻的背离,至少人们是这样认为的;那是一种为了革命的物质成果而牺牲革命的精神成果的可悲倾向;那是一种在本应从世界上永远扫除的在专制暴政思想影响下产生的新式专制主义;那是一种令人悲伤的信仰——倘若放宽研究视野,把我们的状况与毗邻国家的状况作一比较,就会看到,世界上诸多国家都没有像我们那样,历经如此之多的危机与灾难。随着世事演变,逐步实现了我们曾经梦想、曾经错失的政治自由,甚至从社会自由的某些方面来看,我们是率先实现了这种政治自由。但是,当大西洋彼岸的伟大民族在其整个疆域实现这个自由平等的伟大纲领时,我们就已经开始牺牲了其中的一半,并且只待再晚一些就抛弃另一半。所有上述观点,所有上述思考、经验与比较,都让我们在某种程度上抛弃了一向怀有的革命信仰……法国大革命新理论由此而迈向了崭新方向。人们开始感到震惊,大革命几乎不尊重个人自由,大革命崇拜武力,大革命盲目信奉中央政权是至高无上的权力。人们在思考,大革命在现代社会确立了社会地位平等,但是,谁敢说大革命不会像昔日罗马帝国那样为新式专制暴政铺平道路?没有哪位政论家比托克维尔更为敏锐,托克维尔最先触摸到这种思想。他是拥有这种思想的第一人,他在具有极其独到见解的《论美国的民主》一书中,就在身居和平、温和、立宪的时代,向现代各国预示了'恺撒式专制的'危险。这一令人震惊的预见,在当时并没有任何条件、任何事件、任何明显征兆可资利用。后来,他的上述思想在某种程度都为历史事件所证实,而且他在传奇式的《旧制度与大革命》著作中,以最为罕见的洞察力,再次对上述思想加以论述和发展……"我们无法完整地引述雅内的透彻分析,只能摘要如下:"因此,托克维尔在某种意义上是为大革命辩护,在另一种意义上是在批判大革命,但是,他不同于大革命的一般批评者或者拥护者,不会采取他们通常对革命采取的行为。他为大革命申辩,阐明大革命并非如保守派所说的那样标新立异、那样荒诞不经。他认为,大革命试图根据纯理性以及抽象权利与人道思想,创建全新社会秩序,但是,即使在这一点上,大革命所实现的,也只是此前所有时代已经准备好的东西。所以说,大革命在历史上是正确的,在哲学上也是正确的。另一方面,托克维尔企图让我们关注大革命可能产生的后果:新专制主义、民主专制或者军事独裁专制的建立,抹煞个人、无视权利的结局,中央集权吞并一切地方权力并消灭各种权威的一切生命力。托克维尔也许夸大了上述弊病,但愿如此吧。不过,上述弊端在我们整个历史中早已萌芽,而且通过大革命毫无阻碍地繁衍并恶化到了极点。这就是德·托克维尔先生的著作带给我们的警示……”(参见前引书,第 119 页以及随后几页)

托克维尔警示的,恰恰是大革命的潜在倾向:在民主进程中抹煞个人并一切都讲平均以及危险的全民投票制度。上述警示,深深影响了瑞士伟大历史学家雅各布·布克哈特(1818 年—1897 年)的研究著述。不管他的沉思唯美主义究竟如何,在所有我们提到的思想家中,他可能是思想最接近于托克维尔的。他在致友人信中写道:“但是,事情诚如你所说,有人希望教育大家举行集会。假如甚至连至少百人的集会都没有,大家开始哭泣的日子就要到来。”自从沃纳·凯吉为《论世界史》发表先期研究成果(《历史残稿》,斯图加特,1942 年)以来,我们就明白,布克哈特在多大程度上吸取了托克维尔的思想。19 世纪和 20 世纪的革命,是两位思想家相会之点。我们早已谈到菲特,他在前引著作中用贴切的几页篇幅,论述了《旧制度与大革命》在历史科学发展中具有的地位(参见前引书,第 557 页以及随后几页)。在洛桑执教的社会学家维尔弗雷多·佩尔托具有百科全书式的大脑,他无所不读,当然也没有忘记研究托克维尔的著作。

在意大利，贝内代托·克罗齐[19]的著作也受到《旧制度与大革命》的影响。

我们在《论美国的民主》附录的参考书目中（详见《托克维尔全集》，迈耶主编，第一卷，第二册，第393页）就已指出，德国思想家威廉·狄尔泰[20]发现托克维尔的著作在当代具有重要影响（详见《人文科学中历史世界的构造》，载《狄尔泰全集》，第八卷，柏林，1927年，第104页以及随后几页）。关于《旧制度与大革命》，他写道："在另一部著作中，托克维尔第一次深入研究18世纪法国与大革命的所有政治秩序。这种政治科学也是一种政治应用科学。他沿用亚里士多德学说的论点，论证极其严密，尤其认为应该平衡权利与义务的正当比例，才能建立良好的政治体制。否定这种平衡，就会把权利变成特权，就会导致国家瓦解。上述分析对实践的重要应用，是意识到了中央集权膨胀的危险与个人自由和地方自治的优点。就这样，他从历史本身出发，得出普遍适用的原理，对过去的历史作出新分析，从而加深对现状的理解。"对大革命前的法国历史作过重要研究的德国历史学家阿德尔贝特·瓦尔，一直把托克维尔誉为"我们时代最伟大的历史学家"，并把他视为学习榜样（参见瓦尔：《法国大革命以前的历史——一种尝试》，两卷本，蒂宾根，1905年；参见瓦尔：《法国大革命以前的历史研究》，蒂宾根，1901年）。

在英国，里夫、格雷格、康沃尔·刘易斯和约翰·斯图尔特·

---

〔19〕 贝内代托·克罗齐（1866年—1952年），又译"贝内德托·克罗齐"，意大利著名文艺批评家、历史学家、哲学家。著述颇丰，据说超过八十部，最能体现其哲学成就与观点的著作有：《美学》《逻辑学》以及《实践活动的哲学》。——译注

〔20〕 威廉·狄尔泰（1833年—1911年），德国哲学家、历史学家、心理学家、社会学家。主要著作：《精神科学导言》《哲学的本质》《世界观、哲学和宗教》等。——译注

密尔[21]等人吸收了《旧制度与大革命》的思想,而且正是他们把这部著作原原本本地展示给下一代。戴西[22]在其著作《宪法研究导论》(第一版,1885 年,但是,此处引述的是第八版,伦敦,1915 年)的一个重要段落中,为了阐明他对行政法的重要观点,同时引用了《论美国的民主》与《旧制度与大革命》这两部著作。他首先引述的是《论美国的民主》:“在法兰西共和八年,出现一部宪法,其第七十五条是这样规定的:‘针对除部长以外的政府官员,因职责有关的行为,只能根据行政法院法令进行起诉,而且是由普通法院审理此类案件。’共和八年通过了宪法,但是,这一条没有通过,而留待人们讨论,每天都有公民根据法律规定反对这一规定。我曾经不断努力尝试让美国人或者英国人明白第七十五条的含义,但是,总是劳而无功。他们首先看到的,是在法国,行政法院系位于王国中央的大法院,实行的是一种专制制度,而且早已规定,一切案件都交由这个大法院审理。”

“但是,当我力图让他们明白,行政法院并非一般意义的司法机构而是行政机构,其成员隶属于国王,乃至国王在命令他的称为省督的仆人干一桩恶事之后,能够命令他的另一个称为国务顾问的仆人阻止人们惩治前者时;当我向他们说明,因君主命令而遭受损害的公民被迫向君主本人请求准许得到公正处理时,他们根本不相信竟然有如此荒谬的行为,并指责我说谎无知。旧王朝经常发生这样的事情,即由高等法院向犯罪的政府官员发出逮捕令。

[21] 密尔(1806 年—1873 年),又译“米尔”“穆勒”,19 世纪英国著名哲学家、经济学家、逻辑学家、政治理论家,西方近代自由主义最重要代表人物之一,有“自由主义之圣”美誉。著述颇多,代表作《论自由》《代议制政府》《妇女的屈从地位》。这几本小册子使密尔的名字走出大学的象牙塔,成为英国当时家喻户晓的人物。——译注

[22] 戴西(1835 年—1922 年),又译“戴雪”,英国法学家。主要著作:《宪法研究导论》《十九世纪法律与舆论在英国的关系演讲集》《法律冲突法》等。——译注

有时王权强行干预,要求撤销诉讼。彼时的专制已然明目张胆,人们只得屈从暴力,表示服从。我们在公正幌子下,以法律名义放任和认可了唯有暴力才能强加给他们的一切。”(参见《托克维尔全集》,迈耶主编,第一卷,第一册,第105页以及随后几页;也可参见其附录所列的参考书目,第一卷,第二册,第392页以及随后几页)在这段引文之后,戴西继续写道:“托克维尔经典著作《论美国的民主》于1835年出版,作者时年30岁,其朋友给予他的赞誉,简直可以与孟德斯鸠获得的赞誉媲美。当他在生命末年出版最有分量最为成熟的《旧制度与大革命》这部著作时,他对行政法的态度仍然没有改变。”戴西再次引述托克维尔的话说:“没错,由于旧王朝在行政领域保留司法权极其不妥,我们就从行政权中剥离出司法权,但是,正如人们所见,政府仍然在不断地介入司法权,我们却任其发展。行政越权与司法越权都很危险,但是,行政越权更危险,因为司法干预行政损害的只是程序问题,而行政干预司法则使人们堕落,使人们变得一面是奴性另一面是革命性。”〔23〕戴西还做了如下评论:这些“语出非凡天才之人。他精通法国历史,而且对当代法国也无所不知。他曾担任多年议员,至少担任过一次部长职务。他了解本国的公共生活,就像麦考莱〔24〕了解英国的公共生活一样。也许托克维尔的语言有些夸张,部分原因归于其品质和思想倾向。正是由于这一点,导致他夸大促使他刻苦钻研现代民主薄弱环节与旧王朝罪恶制度之间的亲缘关系。”(详见戴西前引书,第351页以及随后几页)

---

〔23〕 本段引文,详见《旧制度与大革命》第二编第四章第九自然段。——译注

〔24〕 麦考莱(1800年—1859年),英国历史学家、政治家、记者。著有《自詹姆斯二世即位以来的英国史》(简称《英国史》),着重记述自1685年詹姆斯二世即位至1702年威廉三世逝世的十七年期间的历史。麦考莱认为英国光荣革命是最成功的妥协,是一次幸福革命,而且是最后一次革命。——译注

戴西在牛津大学的杰出同事、专攻英国行政司法史的伟大历史学家保罗·维诺格拉多夫勋爵，已经把《旧制度与大革命》的方法与成果传授给了其所有学生。托克维尔著作对刚刚在英国起步的经济史研究，产生了间接而重要的影响。研究英国法律史的历史学家F. W. 梅特兰[25]的经典著作，就带有托克维尔研究成果的深刻印记，对此我们并不感到吃惊（参见P. 维诺格拉多夫：《历史法理学纲要》，牛津，1920年，第一卷，第152页以及随后几页；R. H. 托尼：《宗教与资本主义的兴起》，伦敦，1926年，法译版，1951年；F. W. 梅特兰：《爱德华一世以前的英国法律史》，与F. 波洛克合著，牛津，1895年；F. W. 梅特兰：《英格兰宪政史》，剑桥，1908年）。我们已经提到同样受到托克维尔影响的阿克顿勋爵[26]（见附录参考书目，第一卷，第二册，第391页）。阿克顿勋爵在《法国大革命讲稿》（伦敦，1910年）中的大革命专题著作附录里写道："临近19世纪中叶，当西贝尔著作的头几卷开始问世时，更加深入的研究由于托克维尔而在法国展开。他即使不是发现也是第一个证实，法国大革命不仅仅是决裂、颠覆、突如其来，而且在一定程度上是朝旧君主王朝方向发展的……在所有作家中，他是最令人满意也是最让人感到存在不足的作家。"（前引书，356页及随后几页）

在美国，《旧制度与大革命》只得到最新一代人的赞赏，因为这个年轻的国家很迟才建立历史学。像托克维尔著作中所揭示的那

---

〔25〕 F. W. 梅特兰（1850年—1906年），英国著名法学家、历史学家，人称"英国法制史之父"。著有《爱德华一世以前的英国法律史》《英格兰宪政史》《普通法的诉讼形式》《欧陆法律史概览：事件、渊源、人物与运动》《国家、信托与法人》等。——译注

〔26〕 阿克顿勋爵（1834年—1902年），英国历史学家、政治理论家。著有《自由史论》《法国大革命讲稿》《民主及其批评者》等。体现其政治思考或者思想观点并不断被学界引用而得以广泛传播的名言很多，例如："权力使人腐败，绝对权力绝对使人腐败""社会主义意味着奴隶制度""伟人几乎都是坏人"等。——译注

样,在政治社会学中应用历史研究方法,乃文明成熟的结果。正如黑格尔[27]所说,是密涅瓦的猫头鹰开始在暮色中飞翔。[28] 美国杰出历史学家罗伯特·厄尔甘在《从文艺复兴到滑铁卢的欧洲》(纽约,1939年)著作中附有参考书目,其中有这么一句话:“《旧制度与大革命》对大革命原因的分析,最深刻。”就让我们引用这句话结束对《旧制度与大革命》影响的简介吧。

---

〔27〕 乔治·威廉·弗里德里希·黑格尔(1770年—1831年),德国哲学家。在大学读书时,深受斯宾诺莎、康德、卢梭等人著作和法国大革命的影响。主要著作有:《精神现象学》《逻辑学》《哲学全书》《法哲学原理》等。黑格尔的思想,象征19世纪德国唯心主义哲学运动的顶峰,对后世哲学流派,如存在主义和马克思的历史唯物主义都产生了深远影响。——译注

〔28〕 密涅瓦,又译“米涅耳瓦”或者“弥涅尔瓦”,是古罗马神话中的智慧女神。据说栖落在智慧女神身上的猫头鹰,就是智慧的象征。在希腊神话中,就是名为雅典娜的智慧女神。雅典娜也被雅典人民视为自由与独立的象征,与一只猫头鹰共同守护雅典平安。古希腊哲人毕达哥拉斯将哲学定义为“热爱智慧”,因此,猫头鹰也成为哲学代称。德国哲学家黑格尔用“密涅瓦的猫头鹰在黄昏中起飞”比喻哲学。在黑格尔看来,哲学就像密涅瓦的猫头鹰一样,它不是在晨曦中迎旭日而飞,也不是在午后的蓝天白云间自由飞翔,而只是在黄昏降临的时候才悄然起飞。黑格尔用这个比喻告诉我们,哲学用反思为我们提供关于整个世界的普遍规律的正确认识,为其他一切提供理论武器。——译注

附录四：法国大革命年表[1]

钟书峰　编

1788 年

法国农业歉收，工业受到冲击，经济危机引发社会危机，大革命一触即发。

1789 年

2 月，路易十六被迫下令进行三级会议代表选举。

5 月 6 日，拒绝按等级组成议院的第三等级代表单独称自己为“众议院代表”。

6 月 17 日，西哀耶斯号召代表建立新议会，并命名为“国民议会”。

6 月 19 日，教士等级以 149 对 137 票的微弱

[1] 此处的“法国大革命”，系指狭义的法国大革命历史时期，不同于托克维尔所指的从 1789 年起至 1849 年止的广义的法国大革命历史时期。——译注

多数通过决议宣布加入“国民议会”。

6 月 20 日,第三等级会议厅被封,代表遂在老凡尔赛街的网球场继续开会,并发表著名的“网球场宣言”。

7 月 14 日,巴黎人民攻陷象征封建专制的巴士底狱。

8 月 11 日,国民制宪会议通过一系列废除封建特权的法令,史称“八月法令”。

8 月 26 日,国民制宪议会通过《人权和公民权宣言》(简称《人权宣言》)。

10 月 5 日,由于否决“八月法令”并无意接受《人权宣言》,路易十六被迫服从群众要求,从凡尔赛宫迁往巴黎杜伊勒里宫,国民议会也决定迁往巴黎,史称“十月事件”。“十月事件”后,巴黎政治生活空前活跃,出现各种政治俱乐部,其中地位最突出的是前身为布列塔尼俱乐部的雅各宾俱乐部。该俱乐部初期成分颇为复杂,既有罗伯斯庇尔等民主派,也有拉法耶特等君主立宪派,还有后来的吉伦特派等。

1790 年

7 月 14 日,各地代表齐聚为纪念攻占巴士底狱一周年而举行的全国联盟节上,议员和国王都宣誓效忠国民和法律。

1791 年

路易十六于 6 月 20 日出逃,次日被民众发现,被迫于 25 日返回巴黎,9 月 14 日宣布接受法国历史上第一部宪法即“1791 年宪法”。围绕恢复因出逃暂时停职的国王王位问题,雅各宾俱乐部发生分裂,以拉法耶特为首的君主立宪派退出俱乐部,另立斐扬俱乐部,操纵制宪会议下令驱逐在马尔斯校场反对恢复王位的示威群众,并酿成血案。

8 月 27 日,奥地利、普鲁士联合发表皮尔尼茨宣言,反对法国大革命,要求恢复国王权力。

9 月 30 日,解散完成使命的制宪会议。

10 月 1 日,成立国民立法议会。

1792 年

7 月初,普鲁士军队和由流亡者组成的军队相继向法国边境扑来,战火即将在法国境内燃烧。

9 月 20 日,在凡尔登以南的瓦尔密,由“无套裤汉”组成的法军击退普军,取得“瓦尔密大捷”。

9 月 22 日,国民公会在废除王政后,宣布法国为共和国,史称“法兰西第一共和国”。

在如何处置废王路易十六问题上,吉伦特派与雅各宾内部激进的山岳派发生冲突。前者为国王辩解,后者力主尽快审判国王。后因山岳派发现国王勾结外国等的大量证据后,决定以国民公会作为特别法庭审判路易十六。

1793 年

1 月 16 日,国名公会在一致认为路易十六有罪后进行量刑表决,终以 387 票对 334 票的多数宣判国王死刑。

1 月 21 日,路易十六被推上了断头台。

9 月 4 日—5 日,在示威群众围观下,国民议会通过决议,同意建立革命军,改组革命法庭,实行恐怖政策,制定全面限价法令。由此雅各宾派开始走上恐怖统治道路。雅各宾派政府颁布《惩治嫌疑犯条例》,实行恐怖政策。

1794 年

7 月 27 日,在国民公会会议上,国民公会通过了逮捕罗伯斯庇尔的决议,史称“热月政变”。

7 月 28 日,罗伯斯庇尔等 22 人被送上断头台,法国大革命步入结束阶段。“热月政变”后由热月党人建立的新革命政府,史称“督政府”。

1799 年

11 月 9 日,共和七年雾月 18 日,督政府被拿破仑推翻,史称“雾月政变”,波澜壮阔的法国大革命画上句号。[2]

---

〔2〕 狭义的大革命结束时间,一直存在争议:第一种观点认为,1799 年的雾月政变为革命终结的标志;第二种观点认为,1794 年 7 月雅各宾派统治的结束为革命的终结;第三种观点认为,1830 年七月王朝建立是革命终结的标志。——译注

附录五：法国历史年表

钟书峰　编

墨洛温王朝(481年—751年)

1. 克洛维一世(481年—511年)

2. 克洛塔尔一世(511年—561年)

3. 希尔佩里克一世(561年—584年)

4. 克洛塔尔二世(613年—629年)

5. 达格贝尔特一世,又译“达戈贝尔塔一世”(623年—639年)

6. 克洛维二世(639年—657年)

7. 丕平二世,又译“佩平二世”(687年—714年)

8. 查理·马特(688年—741年)(绰号:“铁锤”查理)

加洛琳王朝,又译“卡洛林王朝”(751年—987年)

1. 丕平三世,又译“佩平三世”(751年—

768 年）

2. 查理一世(768 年—814 年)

3. 路易一世(814 年—840 年)(绰号:“虔诚者”路易)

4. 查理二世(843 年—877 年)(绰号:“秃头”查理)

5. 路易二世(877 年—879 年)(绰号:“口吃者”路易)

6. 路易三世(879 年—882 年)

7. 卡洛曼(883 年—884 年)

8. 查理三世(882 年—887 年)(绰号:“胖子”查理)

9. 厄德(888 年—898 年)

10. 查理三世(898 年—922 年)(绰号:“傻瓜”查理)

11. 罗贝尔一世(922 年—923 年)

12. 鲁道夫(923 年—936 年)

13. 路易四世(936 年—954 年)(绰号:“海外归来者”路易)

14. 洛泰尔(954 年—986 年)

15. 路易五世(986 年—987 年)(绰号:“懒惰者”路易)

卡佩王朝(987 年—1328 年)

1. 于格 · 卡佩(987 年—996 年)

2. 罗贝尔二世(996 年—1031 年)(绰号:“虔诚者”路易)

3. 亨利一世(1031 年—1059 年)

4. 腓力一世(1059 年—1108 年)

5. 路易六世(1108 年—1131 年)(绰号:“胖子”路易)

6. 路易七世(1131 年—1180 年)(绰号:“小路易”)

7. 腓力二世(1179 年—1223 年)(绰号:“高贵王”“奥古斯都”)

8. 路易八世(1223 年—1226 年)(绰号:“狮子”路易)

9. 路易九世(1226 年—1270 年)(绰号:“圣路易”——十字军亲征者;绰号:“完美怪物”)

10. 腓力三世(1270 年—1285 年)(绰号:“秃头”腓力)

11. 腓力四世(1285 年—1314 年)(绰号:“美男子”腓力)

12. 路易十世(1314 年—1316 年)(绰号:“固执者”路易)

13. 腓力五世(1316 年—1322 年)(绰号:“高个子”腓力)

14. 查理四世(1322 年—1328 年)(绰号:“美男子”查理)

瓦卢瓦王朝(1328 年—1589 年)

1. 腓力六世(1328 年—1350 年)

2. 约翰二世(1350 年—1364 年)(绰号:“好人”约翰)

3. 查理五世(1364 年—1380 年)(绰号:“贤明者”查理)

4. 查理六世(1380 年—1422 年)(绰号:“疯子”查理)

5. 查理七世(1422 年—1461 年)(绰号:“胜利者”查理)

6. 路易十一(1461 年—1483 年)(绰号:“国土聚合者”“蜘蛛国王”)

7. 查理八世(1481 年—1498 年)(绰号:“和蔼者”查理)

8. 路易十二(1498 年—1515 年)(属奥尔良支系)

9. 弗朗索瓦一世(1515 年—1547 年)(属昂古莱姆支系)

10. 亨利二世(1547 年—1559 年)

11. 弗朗索瓦二世(1559 年—1560 年)

12. 查理九世(1560 年—1574 年)

13. 亨利三世(1547 年—1589 年)

波旁王朝(1589 年—1792 年)

1. 亨利四世(1589 年—1610 年)

2. 路易十三(1610 年—1643 年)(绰号:“正义者”路易)

3. 路易十四(1643 年—1715 年)(绰号:“太阳王”路易)

4. 路易十五(1715 年—1774 年)(绰号:“深受爱戴者”路易)

5. 路易十六(1774 年—1792 年)

6. 路易十七(1785 年 3 月 27 日—1795 年 6 月 8 日)(注:挂名国王,由革命政权看管,夭折)

法兰西第一共和国(1789 年—1804 年)

其中 1799 年由拿破仑出任终身执政

法兰西第一帝国(1804 年—1815 年)

1. 拿破仑一世 拿破仑·波拿巴

2. 拿破仑二世(1811 年 3 月 20 日—1832 年 7 月 22 日)(注:挂名“罗马人国王”)

波旁王朝(复辟)(1814 年—1830 年)

1. 路易十八(1755 年 11 月 17 日—1824 年 9 月 16 日)

2. 查理十世(1757 年 10 月 9 日—1836 年 11 月 6 日)(法兰西国王:1824 年—1830 年)

七月王朝(1830 年—1848 年)

“街垒国王”:路易·菲利普一世(原为大金融家)

法兰西第二共和国(1748 年—1852 年)

总统:路易·拿破仑(系拿破仑一世继女之子,拿破仑一世原配约瑟芬亲外孙)

法兰西第二帝国(1852 年—1871 年)

拿破仑三世:路易·拿破仑(系拿破仑一世继女之子,拿破仑一世原配约瑟芬亲外孙)

法兰西第三共和国(内阁制)(1871 年—1940 年)

法兰西国维希政府(1940 年—1945 年)

自由法国流亡政府(临时政府)(1940 年—1946 年)

法兰西第四共和国(内阁制)(1946 年—1958 年)

法兰西第五共和国(总统—总理制)(1958 年—至今)

夏尔·戴高乐担任首任总统

附录六：托克维尔年表[1]

钟书峰　编

1661 年　“克雷莱尔”这个古老的贵族家庭，在塞纳河畔的诺曼底取得托克维尔封地后，把姓氏改为“托克维尔”。

1789 年　法国大革命爆发。

1793 年　大革命政府审判路易十六时，亚历克西·德·托克维尔母亲路易丝的祖父马尔泽尔布挺身而出担任路易十六的辩护律师。

1794 年　4 月 23 日，替路易十六辩护的托克维尔外曾祖父马尔泽尔布，遭革命政府处以死刑。正在度蜜月的托克维尔父母，也遭大革命政府逮捕并被判处死刑，因发生热月政变才得以获

[1] 主要网络参考资料（登录时间均为：2013 年 9 月 15 日）：1. http://classiques. uqac. ca/classiques/De _ tocqueville _ alexis/textes _ economiques/textes _ economiques _ dates. html; 2. http://www. tocqueville. culture. fr/en/annexes/chronologie. html;3. http://www. tocqueville. org/chap1. htm。——译注

释,其母为此终身神经惊恐。

1805 年　7 月 29 日,亚历克西·德·托克维尔出生。其父埃尔维的家庭教师勒絮尔神父,用老式宗教教育托克维尔,但除此外,给予其充分自由。

1820 年　年满 16 岁,担任梅茨市长的父亲将其送入梅茨中学,学习修辞和哲学。阅读大量历史和哲学著作,尤其是帕斯卡尔、孟德斯鸠和卢梭等启蒙思想家的著作,深受反封建、反教会启蒙思想的影响,其内心爆发了一场"地震",一种"普世怀疑"穿透了其原本具有虔诚信仰的灵魂。

1825 年　父亲送托克维尔到巴黎皇家法学院学习法律,其后托克维尔获得法学学士学位。

1826 年　游历意大利罗马、那不勒斯、西西里等地,著有《西西里游记》。

1827 年　根据父亲建议,成为凡尔赛初审法院不支薪调解法官。认识终生好友古斯塔夫·德·博蒙检察官。

1828 年　在凡尔赛认识英国女子玛丽·莫特莉。

1829 年　与博蒙一起参加基佐的法国文明史课程。

1830 年　很不情愿地宣誓效忠七月王朝。晋升为助理法官。

1831 年　与博蒙一起获得为期一年半的假期,两人出发前往美国考察。

1832 年　2 月 20 日从美国返航,3 月下旬回国。5 月 17 日,辞去助理法官职务。8 月访问英国。9 月开始撰写《论美国的民主》。

1833 年　与博蒙合作的《论美国的刑事制度及其在法国的运用》出版,并在美国翻译出版。8 月访问英国。

1834 年　《论美国的民主》第一卷完成初稿。

1835 年　1 月,《论美国的民主》第一卷出版,深得基佐、密尔好评。3 月 16 日,与英国人亨利 · 里夫在巴黎见面,后者成为其著作英文版的指定译者。4 月 25 日,与博蒙访问英国和爱尔兰。10 月,英国人约翰 · 斯图尔特 · 米尔撰文高度称赞《论美国的民主》。10 月 26 日,迎娶英国中产阶级女子玛丽 · 莫特莉为妻。完成《论贫困》。与鲁瓦耶 · 科拉尔相识,转而担心温和的民主专制。初步拟就《论美国的民主》下卷架构。

1836 年　母亲逝世。撰写《论 1789 年前后法国社会政治状况》一文并由约翰 · 斯图尔特 · 密尔译为英文后发表于《伦敦与威斯敏斯特评论》。

1837 年　竞选众议员失败。

1838 年　告知博蒙:《论美国的民主》后半部分初稿已经完成。

1839 年　再度竞选众议员,获胜,一直连任至 1849 年。

1840 年　4 月 20 日,《论美国的民主》第二卷同时在巴黎和伦敦出版。欢呼英国占领中国舟山是伟大行动。[2]

1841 年　游历阿尔及利亚,撰写《阿尔及利亚行纪》。12 月 23 日,入选法兰西学院院士。

1848 年　1 月 27 日,在众议院发表演讲,预言法国二月革命。2 月 24 日,法国二月革命爆发,七月王朝覆灭,法兰西第二共和国成立。当选新选举产生的制宪议会制宪委员。在总统选举中反对路易 · 拿破仑 · 波拿巴,但是,后者以 74% 的选票当选总统。

1849 年　5 月,路易 · 拿破仑 · 波拿巴任命其为外交部长;10 月,因奥迪隆 · 巴罗内阁倒台,托克维尔不再担任外交部长职务。

1850 年　患肺结核。12 月 15 日,写信给朋友路易 · 德 · 凯尔

〔2〕 1840 年英国占领中国舟山群岛,托克维尔在致英国友人里夫的书信中,毫不掩饰其心中的欧洲文明优越感和帝国主义倾向:“想到一支欧洲军队进攻这个天朝大国,我只能感到喜悦。欧洲的悦动终于开始挑战中国的停滞!”——译注

戈尔莱说："我认为：我真正的价值，就在于所酝酿的著作中；我擅长思考胜于行动；倘若能在世界上留下什么，就会是我的著作，而不是建功立业的回忆。"12 月 26 日，写信给博蒙说："我反复思量，倘若我要在世界上留下印记，立言胜于立功。我感觉，与十五年前相比，如今我更有能力著书立说。"

1851 年　12 月 2 日，路易·拿破仑·波拿巴发动军事政变，托克维尔与其他议会代表遭反对派逮捕，并被关押 2 天。

1852 年　路易·拿破仑·波拿巴称帝，史称"拿破仑三世"，建立法兰西第二帝国。辞去一切官职，逐渐转向研究写作。开始撰写《旧制度与大革命》。

1856 年　6 月 9 日，父亲埃尔维去世。6 月 16 日，《旧制度与大革命》同时在法国和英国出版。

1857 年　继续撰写《旧制度与大革命》计划中的下卷。

1859 年　4 月 16 日，托克维尔逝世。

1893 年　按照其遗愿，生前撰写的《托克维尔回忆录》首次出版。

1960 年　托克维尔《美国游记》英文版由耶鲁大学出版社出版。

1979 年　美国成立托克维尔学会，出版《托克维尔评论》学术期刊。

再版译者后记

拙译《旧制度与大革命》,由中国长安出版社于2013年4月初版,现改由法律出版社再版。

初版责任编辑、优秀出版人、究竟文化公司总经理吴金岭先生,为拙译顺利出版付出的诸多心血,难以一一列举。出版几部拙译后,再拿到样书,一般没有多大感觉。但是,记得拿到《旧制度与大革命》样书时,看到精美的装帖、贴切的插图、美观的排版、考究的用纸,不禁有一种激动与赞叹!这次为再版而修改拙译时,再细细体会吴金岭先生当初作出的诸多宝贵而中肯的编辑修改,也不禁心生感激与赞叹!也非常感谢吴金岭先生与中国长安出版社同意拙译改由法律出版社再版。

相信由韩满春先生担任责任编辑、享有盛誉的法律出版社再版的拙译《旧制度与大革命》,定会青出于蓝而胜于蓝。感谢韩满春先生和法律出版社作出的努力。

再版拙译,大改动很少,小改动很多。除纠正错漏外,主要是往精练方面努力,由初版的 22 万余字,减至再版的 21 万余字。一般认为,文意相同,行文精练者为佳。再版拙译是否如此,有待读者评价。感谢拙译初版以来,热心读者以各种方式提出的指正意见,有不少已采纳。衷心欢迎并诚挚感谢读者继续指正。

钟书峰

2018 年 8 月 7 日立秋草于鹏城